道幸哲也——[著]
Doko Tetsunari

労働組合法の応用と課題

労働関係の個別化と
労働組合の新たな役割

Application and
Issue of
Labor Union Law

日本評論社

はじめに

　本書は、2018年に公刊された拙著『労働組合法の基礎と活用——労働組合のワークルール』（日本評論社）の続刊として書かれた。前書では、労働者というより普通の市民が自分たちの労働条件や権利を守るために労働組合をどう作り、その活動をどう担うか、そこで発生する問題にどう対処するかを検討した。労働組合の役割・意義を明らかにすることを目的として、その第1部では、雇用をめぐる現状と労働条件決定システムのアウトラインとともに労働組合（法）の基礎知識ともいうべきものを検討した。第2部では、組合の実態をふまえて、組合運動の各段階に応じて実務的（実践的）に重要な法的問題を取りあつかった。

　本書はその第3部ともいうべきものに該当する。労働関係の個別化にともなう組合の新たな役割に注目した。最近の労働法の顕著な特徴として、契約法理や人権法理等に関する個別紛争をめぐる議論が活発になったことがあげられる。しかし、外見は個別的であっても実際は集団的な側面がある紛争は少なくない。就業規則をめぐる紛争がその典型といえる。また、組合が個別組合員（従業員）の権利保護との関連で重要な役割を果たしていることも見逃せない。そこで、本書では労働紛争の集団的性質の可視化を試みるとともに、それをふまえて組合の新たな役割を考察し、今後の労働法全体の見直しのステップとしたい。組合法と個別法の2元構造ではなく、両者の交錯、とりわけ組合法からみた個別法の法理の再構成ともいえる。しかし、この領域については学説上も本格的に検討されていないので課題の発見、追求、さらに問題の共有が中心とならざるをえない。したがって、叙述の仕方も理論的な解説ではなく、私個人の思考過程を示す内容となっているところが多い。組合法を越えた労使関係法を構想する上でも一緒に考えてほしいテーマに他ならないわけである。

本書の全体の構成は以下の通りである。最近発表した論文を基礎に若干の改訂や補正をしている。なお、これらはほぼ同一の問題関心に基づくものなので重複する記述がみられる。この点は許されたい。

本書の問題関心に基づき、労働関係の個別化現象とそれに対する法的もしくは個人レベルの対応の仕方について論じた。

第1に、職場における集団性の端緒を論じた。第1章「個別労働紛争は個別的か──集団性の端緒」では種々な形態の職場における分断をふまえて（分断の諸態様については、特集「複合的分断と法」法時88巻9号（2017年）参照）、どのような観点から集団化、つまり職場においてどのように利害の共通性を認識するかを検討した。やや原理的な議論であり、権利主張の共通の基盤とはなにかの問題でもある。

第2に、労働条件決定に対する集団的関与、とりわけ就業規則法理と組合法との関連を検討した。労働条件の個別化に対し、集団的視点から一定のチェックをする仕組みとしては就業規則と労働協約がある。後者に関する論議は低調であるが、前者はその社会的影響力が増したこともあって活発な議論がなされている。この動向は、組合（法）の退潮を促進した主原因でもある。ここでは、就業規則法制・法理の問題点を、個別意思との調整、集団的な関与の意味、組合法との関連を中心に論じる。意思理論をめぐる学界のホットな争点に対する集団法的視点からのアプローチに他ならない。

具体的には、第2章「集団法からみた就業規則法理」では、集団法理からみた就業規則の問題を全般的かつ多角的に論じた。労働基準法と労働契約法との関連とともに就業規則の作成・変更につき組合としてどう関与しうるかを検討した。組合の新たな役割というかなり実践的な問題関心に基づくものである。

第3章「労働法における集団的な視角」は、労働条件変更をめぐる就業規則法理について、労契法9条の反対解釈が許されるかという学界での論争に参加したものである。就業規則法制における集団的なチェックの意味を考察した。

第4章「協約自治と就業規則の不利益変更の合理性──リオン事件を素材として」では、協約自治の観点から、就業規則による一方的労働条件決定を

めぐる裁判例（リオン事件・東京地立川支部判平成29.2.9労判1167号20頁）を批判的に考察している。就業規則法理応用の最先端（？）ともいえる事案であり、労使自治は危機的な状況である。

　第3に、個別労働紛争と組合の役割をいくつかの視点から論じた。

　具体的には、第5章「協約上の人事協議条項をめぐる法理——個別人事に対する組合の関与」では、協約上の人事協議・同意条項の意義や法的な効力を検討するとともに個々の組合員との関係における組合の擁護義務とも言うべきものを考察した。

　第6章「権利実現への組合のサポート」では、個々の組合員（従業員）に対する人権侵害につき組合はどのように対処すべきかを論じた。職場での苦情や関心をどう共有するかとともに、労働時間やハラスメント事案の法的解決につき組合にどのような役割が期待されるのかを検討した。

　第4に、個別化にともなう非正規労働者の増加に着眼し、主に非正規に対する組合法のスタンスを論じた。企業別組合を前提とした現行労組法理論の見直しが要請されているからである。

　具体的には、第7章「合同労組の提起する法的課題」では、個別化ゆえにとられる組合の組織形態としてコミュニティ・ユニオンがあり、それを支える法理を集団法的側面に留意して検討した。

　第8章「非正規差別と労使関係法」では、雇用形態差別を問題にする立法や裁判例の最近の動向をふまえ、非正規の組合への包摂をめぐる組合内部法理を検討した。労契法20条をめぐる裁判例では労働条件の決定につき労使の協議のあり方が争点となりつつあるので、このテーマを検討するニーズは高まっている。

　第9章「非正規労働者の組織化と法」では、非正規の組織化について現行不当労働行為法理の限界を考察した。現行労組法自体が非正規の組合活動を適切に保護していないという問題意識に基づいている。団結権概念の見直しにつらなる論点である。

　「あとがき」では、前著『労働組合法の基礎と活用』をもふまえて労組法の将来的課題について考えてみたい。

なお、各章の初出の論文は以下のとおりである。

第1章 「個別労働紛争は個別的か――分断に対する集団性の端緒」法時89巻9号（2017年）32-38頁

第2章 「集団法からみた就業規則法理（上）（下）」労旬1869号（2016年）29-43頁、1871号（2016年）32-43頁

第3章 「労働法における集団的な視角」西谷敏先生古稀記念論集『労働法と現代法の理論　下』（日本評論社、2013年）3-29頁

第4章 「協約自治と就業規則の不利益変更の合理性――リオン事件を素材として」労判1167号（2018年）6-19頁

第5章 「協約上の人事協議条項をめぐる法理――個別人事に対する組合の関与」季労261号（2018年）94-108頁

第6章 書き下ろし

第7章 「合同労組の提起する法的課題」日本労働研究雑誌604号（2010年）75-83頁

第8章 「非正規差別と労使関係法」季労256号（2017年）29-40頁

第9章 「非正規労働者の組織化と法」労旬1801号（2013年）7-13頁

2019年1月10日

道幸　哲也

目　次

はじめに　i
略語一覧　viii
本書の問題関心　x

第1章　個別労働紛争は個別的か──集団性の端緒　1
はじめに　1
1　労働組合法にみる集団性の内実　2
2　個別紛争処理の集団（法）的視点　5
3　紛争処理における集団（法）的性質　9
結語　14

第2章　集団法からみた就業規則法理　16
1　集団法的視点からみた就業規則法理の問題点　17
　　1）合理性判断基準としての多数組合の同意　2）個別合意重視の問題点──9条をめぐる論争　3）周知をめぐる問題──制度的周知と契約的了知　4）紛争処理システムとしての問題
2　組合法からみた就業規則　41
　　1）就業規則法制の基本的立場　2）就業規則の作成・変更手続への組合の関与　3）就業規則の不利益変更提案への組合のスタンス──合理性の判断要素　4）協約法理との関係　小括　組合法からみた就業規則法理

第3章　労働法における集団的な視角　64
はじめに　64
1　労働契約法理の見直し　67
　　1）真意性を重視する判例法理　2）集団的な視点からの見直し
2　就業規則法理の見直し　72
　　1）就業規則法理の2面性　2）個別労働者の合意の有効性（労契法9条）
3　個別代理を超えた組合の役割　89
　　1）人事権行使への組合の関与　2）合同労組問題

第4章 協約自治と就業規則の不利益変更の合理性
　　　　──リオン事件を素材として……………………………………………95
　　1　事実関係と判旨　95
　　　　1) 事実関係　2) 判旨（請求棄却）
　　2　検討　104
　　　　1) 本判決判断の特徴　2) 協約破棄と誠実交渉義務　3) 協約解消後の労働条件の決定　4) 就業規則の不利益変更の合理性と労使間協議・団交　5) 本件における協議をどう評価するか　6) その他の問題点

第5章 協約上の人事協議条項をめぐる法理
　　　　──個別人事に対する組合の関与………………………………………117
　　1　人事協議・同意条項の実態　119
　　2　平成以降の裁判例の傾向　120
　　　　1) 協議義務違反として無効とされた例　2) 人事が無効とされなかった例
　　3　組合員の意向と組合の協議義務　129
　　　　1) 全般的な傾向　2) 組合の協議態様を問題にする例
　　4　検討　135
　　　　1) 解雇無効の構造　2) 人事協議における組合の組合員擁護義務

第6章 権利実現への組合のサポート………………………………………143
　　1　意見表明や同僚への働きかけをめぐる紛争　147
　　　　1) 同僚への働きかけに対する抑制　2) 発言・意見表明に対する処分　3) 会社提案に対する拒否を理由とする不利益措置　4) 権利主張を理由とする排除　小括
　　2　個別紛争と組合の役割　158
　　　　1) 労働時間問題　2) 年休問題　3) ハラスメント問題

第7章 合同労組の提起する法的課題………………………………………171
　　1　労働組合かどうか　173
　　2　組合活動の評価　175
　　3　団交　176
　　　　1) 被解雇者・退職者に関する事項　2) 個別人事　3) 交渉のタイミング　4) いわゆる重複交渉　5) 組合組織の不明確性ゆえの拒否
　　4　労働協約　184
　　　　1) 協約の作成・解釈　2) 人事協議条項との異同
　　5　組合法への視座　186
　　　　1) 組織原理　2) 団結権のとらえ方　3) 団交権と構成できるか

第8章 非正規差別と労使関係法……………………………………191
　1　従業員代表制構想　196
　　　1) 厚労省の調査　2) 集団的労使関係システム整備についての提言　3) 従業員代表制構想の問題点
　2　組合法上の解釈問題　205
　　　1) 非正規労働者の組合加入　2) 非正規労働者の組織化と義務的交渉事項
　結語　213

第9章 非正規労働者の組織化と法……………………………………215
　1　労働契約関係での試み　217
　　　1) 差別禁止、平等取扱い　2) 就業規則の作成
　2　集団法での試み　219
　　　1) 非正規による自主的な組織化　2) 非正規に対する組織化

あとがき…………229
事項索引…………232
判例索引…………234

略語一覧

[判決等]

最大判	最高裁判所大法廷判決
最（一～三小）判（決）	最高裁判所（第一～三小法廷）判決（決定）
高判（決）	高等裁判所判決（決定）
地判（決）	地方裁判所判決（決定）

[判例登載誌、雑誌文献等]

民集	最高裁判所民事判例集
労民集	労働関係民事裁判例集
中労時	中央労働時報
判時	判例時報
判タ	判例タイムズ
労経速	労働経済判例速報
労旬	労働法律旬報
労判	労働判例
学会誌	日本労働法学会誌
季労	季刊労働法
曹時	法曹時報
法時	法律時報
民商	民商法雑誌

[主な法令等]

育児介護休業法	育児休業、介護休業等育児又は家族介護を行う労働者の福祉に関する法律
憲法	日本国憲法
個別労働紛争解決促進法（個紛法）	個別労働関係紛争の解決の促進に関する法律
青少年雇用促進法	青少年の雇用の促進等に関する法律
パートタイム労働法	短時間労働者の雇用管理の改善等に関する法律
パート・有期雇用労働法	短時間労働者及び有期労働者の雇用管理の改善等に関する法律
派遣法	労働者派遣事業の適正な運営の確保及び派遣労働者の保護等に関する法律
民訴法	民事訴訟法
労基法	労働基準法

労契法	労働契約法
労組法	労働組合法
労調法	労働関係調整法
労判法	労働審判法

本書の問題関心

1　労働関係の個別化現象

　日本的労働関係の変容をめぐる議論は個別化をメインテーマとしており、労働法の主要な議論もそのような状況把握に基づいている。では、労働関係の個別化はどのような現れ方をしているのか、またその特徴はなにか。

　その1は、労働契約以外の多様な働き方である。具体的には業務請負、フリーランス等がその典型である。さらに、ウーバー等のクラウドワーカーも現れており[1]、そのような（労働）関係はきわめて個別的である。法的には、労組法上の「労働者」概念（3条）の有無も問題になっているが、労働契約関係上のフレームが準用されるだけで、「労働者」相互間の連帯や集団化の契機までは議論されていない[2]。

　その2は、労務管理のあり方につきその個別化が顕著である。労働時間についてはフレックスタイム制や裁量労働制が、また賃金については、年俸制や成果主義賃金制度が多く採用されている。その前提として人事考課や能力評価がなされており、能力評価も、「公正な」観点からその都度の個人ごとの評価が重視される傾向にある。個々人の能力向上だけではなく、最近はローパフォーマー（排除）対策という側面もある[3]。

　個人に着目した能力主義は経営からみたコストパホーマンスの追求がその背景にある。さらに、「労働」の概念が専ら「労働力」ないしそれへの「コスト」として集約される傾向を示している。株主利益中心の株式会社観や企業組織再編もその背景といえる[4]。

　その3は、職場の人間関係の希薄化である。行動原理としての個人主義化

---

[1]　集中連載「クラウドワークの進展と労働法の課題」季労259号（2017年）52頁、季労261号（2018年）62頁等。
[2]　拙著『労働組合法の基礎と活用——労働組合のワークルール』（日本評論社、2018年）9頁。
[3]　たとえば、特集「低成果労働者の人事処遇をめぐる諸問題」季労255号（2016年）、「雇用社会の変容と労働契約終了の法理」学会誌131号（2018年）等。

は職場のプライヴァシー問題とともに多様なハラスメント、とりわけパワハラ紛争の背景にある。そこで形成された労働者人格権法理がそのような傾向を助長するという相互作用に陥っている。プライヴァシー権では会社との間で、ハラスメント法理では部下や同僚との間で適切な距離をとることが問題になっている。べったりか無視かという距離感のなさの克服が求められているわけである。

　以上のような個別化の社会的背景としては、個々人の自立・自己責任・自己決定を重視する社会意識の形成がある[5]。この個人の自立は、それ自体としては好ましい傾向であるが、同時に、多様性を内在化しない同調圧力も蔓延している。相互性を欠く片面的なコミュニケーションを通じて他者を排除することにより個別化以上に「孤立化」がすすめられている閉塞的な職場も少なくない。

2　個別化への法的な対応

　労使関係の個別化にともなう紛争の増加に対処するために以下のような法的な対策が講じられ、また法解釈が試みられている。

　その1は、個別紛争処理制度の整備である。個別労働紛争解決促進法（2001年）や労働審判法（2004年）が成立するとともに労働委員会による個別斡旋や労働組合等による多様な相談体制も充実している。これらはあくまで労働組合が絡まない「個別」紛争を対象としている点が特徴である（個紛法1条、労判法1条）。

---

(4)　具体的には以下の4つの現れ方をしている。①最も根本的な問題として、「労働」が持つ社会的意義や人間にとっての意味といったものが後退し、ほとんど議論されなくなっている。②個人の人生設計（ライフプラン）や年収（賃金）額への配慮がない。最近のワーク・ライフ・バランス論にしても、「ライフ」のあり方を具体的にどのように考えているかは必ずしも明確ではなく、またライフの基礎となる賃金額のモデルもはっきりしない。③使用者としてのコストの削減とリスクの回避であり、これは2つの方法で実践されている。1つは、会社全体の利益が親会社・持ち株会社等いわば司令塔に集まるシステムをつくりながら、労働者を直接雇用せず、雇用にかかるリスクは負わない方法である。もう1つのリスク回避は派遣労働者を多用することである。④「コスト・ベネフィット」の追求であり、ベネフィット（利益）を高めようとするために労働者には能力や生産性の向上が強く求められる。

(5)　あらゆる所得階層に「自己責任論」がひろく受け入れられている。橋本健二『新・日本の階級社会』（講談社現代新書、2018年）44頁。

その2は、労働契約法（2007年）の成立である。同法の施行規則（基発0810第2号平成24.8.10）は、同法の背景および趣旨について、「労働関係を取り巻く状況をみると、就業形態が多様化し、労働者の労働条件が個別に決定され、又は変更される場合が増加するとともに、個別労働関係紛争が増加している」という現状認識に基づき、「個別の労働関係の安定に資するため、労働契約に関する民事的なルールの必要性が一層高まり、今般、労働契約の基本的な理念及び労働契約に共通する原則や、判例法理に沿った労働契約の内容の決定及び変更に関する民事的なルール等を1つの体系としてまとめるべく、労働契約法が制定された」としている。

　その3は、個々の労働者の意向を重視した契約法理である。それが顕著に現れているのは、就業規則の不利益変更事案における個別労働者の合意の評価の問題である。労契法9条の反対解釈の適否が争われ、学界におけるホットな争点である（本書77頁）。また、個々人の意思に着目することから労使間の合意形成について労働者サイドの交渉力の弱さに着目する意思理論も判例法上出現している（山梨県民信用組合事件・最二小判平成28.2.19労判1136号6頁）。個別化にともなう弊害の是正を目的としているわけである。

　その4は、集団法の領域においても個々の労働者もしくは組合員に着目する議論がなされている。ユニオン・ショップ無効論やチェックオフについて個々の組合員の支払委任の合意を要件とする判例法理（エッソ石油事件・最一小判平成5.3.25労判650号6頁）はその好例といえる。また、コミュニティ・ユニオンをめぐる紛争も個人紛争としての色彩が顕著である。

3　個々人の選択

　では、労使関係の個別化さらに労働者の孤立化を乗り越える方策はあるのか。個人レベルでいかなる選択肢を想定しうるか。本書の問題関心を基礎づけるものとしてこの問題にも触れておきたい。

　その1は、個別化にそれなりに、もしくは正面から対処することである。労働力としての品質向上のためにキャリア形成や健全な自助努力に努める。一応望ましい働き方といえる。同時に、契約主体としての自立を図るために法的な自衛が必要になりここにワークルール教育も要請される。

その2は、個別化にともなう弊害を個人レベルで除去する働き方である。自らの権利を守りつつ孤立化に対処する手段でもあり、次のような方策が考えられる。ここでもワークルール教育は不可欠である。

　具体的には、①個別化をある意味積極的に利用するマイペース戦略である。ワーク・ライフ・バランスや余裕をもった働き方を追求することである。企業に取り込まれず、同僚にわずらわされない個人中心の生き方の問題となる。「孤立」を楽しむともいえる。

　②個別化を消極的に受け入れつつも普通に働き、自分を守るために法的なコンプライアンスの実現を個人レベルで図ることである。通常人パターンともいえようか。個人レベルの対応であっても、職場において共通のルールを確保するという機能があるので集団化の契機ともなりうる。

　その3は、集団化によって交渉力を強化し個別化を乗り越えることである。この集団化の主体に着目すると、労働組合以外に過半数代表制や従業員集団（仕事仲間）さらにNPO等が考えられる。もっとも、個別化の意義（個人の自立）をどう考えるか、どう乗り越えるかの問題にも直面する。集団化しても孤立する事態があるからである。この点は本書の裏のテーマに他ならない。

　本書の基本的な問題関心はその3にあり、労使関係の個別化に対抗する集団化の意義やメカニズムを考察するものである。集団化の契機は、労働者集団には多様性とともに利害の共通があるという認識、さらに他人（同僚）への関心がその基礎にあると思われる。これは組合運動の原点でもある。

第1章　個別労働紛争は個別的か
——集団性の端緒

はじめに

　紛争のとらえ方（原因・構造・解決方法）自体が不適切なので満足のいく解決ができない状況がある。これは解決の視点や解決とは何かの見直しの必要性を示すものである。

　労働法の領域においては、複合的差別[1]や差別禁止と平等取扱いとの関連[2]等も争われているが、より基本的な課題として職場における紛争をもっぱら個別的にみる視点のために適切な事件処理ができないことがあげられる[3]。これは集団（法）的観点の必要性を意味し、同僚の労働条件を知る契機となることから雇用差別の解消とも結びつく論点といえる。

　労働法の最近の顕著な特徴は、組合法に関する集団紛争の後退とともに個々の労働者と使用者間の個別紛争の増加といわれる。前者については、労

---

(1)　雇用における複合差別規制がその典型と思われる。この点については、イギリスの 2010 年平等法における結合差別（Combined discrimination）の例がある。浅倉むつ子『雇用差別禁止法の展望』（有斐閣、2016 年）550 頁参照。また、社会的排除との関係については、浅倉むつ子＝西原博史編著『平等権と社会的排除——人権と差別禁止法理の過去・現在・未来』（成文堂、2017 年）参照。

(2)　たとえば、富永晃一「雇用社会の変化と新たな平等法理」『岩波講座　現代法の動態 3 社会変化と法』（岩波書店、2014 年）59 頁、毛塚勝利「非正規労働の均等処遇問題への法理論的接近方法——雇用管理区分による処遇格差問題を中心に」日本労働研究雑誌 636 号（2013 年）14 頁、同「労働法における差別禁止と平等取扱——雇用差別法理の基礎理論的考察」角田邦重先生古稀記念『労働者人格権の研究　下巻』（信山社、2011 年）3 頁等。

(3)　拙稿「労働法における集団的な視点」西谷敏先生古稀記念論集『労働法と現代法の理論（下）』（日本評論社、2013 年）3 頁〔以下、西谷古稀と表記〕。本書 64 頁。

働組合運動の低迷が、後者については、多様な個別労働条件等に関する立法の成立とともに労働契約をめぐる精緻な判例法理の形成が主原因と思われる。同時に、中間的領域としての就業規則法理の肥大化の傾向もみられる。そこで本章では、1で労働組合法の基本的特徴と集団法としての問題点を確認し、2及び3で個別紛争のパターンや処理に着目してその集団法（法）的性質の発見・検討を試みたい。これは権利実現の拡がりとともに社会的包摂の契機としての集団化を考えることをも意味する[4]。

1 労働組合法にみる集団性の内実

労組法は労働者サイドの集団化の担い手としてもっぱら「労働組合」に着目し、集団化の目的として、団結・団交・協約の締結を通じた交渉力の強化に着目している（労組法1条）。これを受けて組合活動を支える具体的な制度・法理として、①不当労働行為制度、②ユニオン・ショップ協定の効力承認、③団交権の保障、④協約の規範的効力の承認、⑤争議権の保障、⑥労使紛争調整制度等が整備されている[5]。

しかし、労組法上の集団性については次のような基本問題があり、適切な労使関係の形成を阻害している側面がある[6]。組合運動の低迷の原因ともいえる。

その1は、組合結成や団交開始についての不明瞭なルールである。それらをめぐる権利については法的に保障されているが、組合の正統性を対外的に明確にするルール・制度は整備されていない。さらに組合内民主主義法理も十分に形成されていないので、組合結成や団交開始をめぐる紛争が生じやすい。組合内部的にも、対使用者との関係でも、対社会的にもそういえる[7]。

その2は、職場全体への影響力が不十分な点である。組合の結成は至極容

---

[4] 労働参加による社会的包摂の問題点については、岩田正美『社会的排除』（有斐閣、2008年）172頁。
[5] 組合法のシステムについては、拙著『労働組合の変貌と労使関係法』（信山社、2010年）、拙著『労働委員会の役割と不当労働行為法理』（日本評論社、2014年）等参照。
[6] 経済学的にみた組合運動の集団性の意義については、水町勇一郎『集団の再生』（有斐閣、2005年）217頁。

易であり、企業内に複数の組合が併存することも珍しくない。企業外部のコミュニティ・ユニオンのケースでは特定企業の組合員が1人という例さえある。また、組合員資格決定について広汎な裁量を有し、かつ排他的交渉代表制が採用されていないので各組合がそれぞれ使用者と自主交渉をし、労働協約も原則的に組合員にしか適用されない（労組法16条）。さらに、使用者側の利益代表者の組合加入が禁止されている（労組法2条1号）ので、職場において全従業員を代表するための十分な法制度が形成されておらず、労働条件の統一化の要請を満足できない場合が多い[8]。ここに就業規則による労働条件決定が利用され、従業員代表制の構想が生まれる原因があると思われる。

全体的に集団法の見直しが必要な状況にあり、より具体的には以下のような課題に直面している。

第1は、「労働組合」以外について労使関係の集団的決定を支える従業員代表制や就業規則法制をどう評価するか。実際にもこれらは大きな役割を果たしているが集団「法」的観点からは本格的に論じられていない。ここに組合法に特化しない集団法のアイデア、さらにその集団的性質や正統性を検討する課題がある。とりわけ多様な利害を有する従業員をどう適正・公正に代表するかが問題になる[9]。

第2は、コミュニティ・ユニオンによる駆込み訴え事案[10]のように実質は個別紛争とみられる事象をどう評価するか。形式的には個別化が顕著であるが以下の点において集団的性質が見られる。労働審判や裁判とは違う形態の紛争解決方法といえる。

---

(7) 団交開始をめぐる問題については拙稿「団交権『保障』の基本問題（下）」法時89巻7号（2017年）102頁。

(8) 雇用形態による不合理な取扱や差別の禁止（パートタイム労働法8条、9条、労契法20条）に適切に対応しにくい原因でもある。拙稿「非正規差別と労使関係法」季労256号（2017年）29頁。本書191頁。

(9) 「様々な雇用形態にある者を含む労働者全体の意見集約のための集団的労使関係法制に関する研究会報告書（平成25年7月）」が詳細な議論をしている。また、組合の公正代表義務については拙著『労使関係法における誠実と公正』（旬報社、2006年）236頁。

(10) コミュニティ・ユニオンの法律問題については、拙稿「合同労組の提起する法的課題」日本労働研究雑誌604号（2010年）75頁。本書171頁。また、組合による個別交渉へのサポートの重要性については、菅野和夫＝諏訪康雄「労働市場の変化と労働法の課題」日本労働研究雑誌418号（1994年）9頁。

その1として、個別組合員の権利・利益を擁護する役割は組合活動の一環としても重要である。それ自体は、不当労働行為制度上保護に値する行為といえる。その2として、労使の「話し合い」のために、事実関係や就業規則等の関連規定の説明、さらに関連情報の開示が必要とされ、誠実交渉が要請される。組合にとって、労務管理のあり方を知るよい機会となり、恣意的な労務管理をチェックする機能をも果たす。その3として、組合は本人の意向を重視するだけではなく組合独自の立場から組合員を説得・指導することもできる。また、労使が話し合う内容は権利・義務の側面だけではなく、そのような処分が適切か、またなんらかの妥当な解決があるのかも問題にしうる。その4として、組合を通じた処理は、個別事案の解決が目的とはいえ先例として「職場ルール」を設定する基準設定的側面を持つ。

　第3は、個々の労働者（組合員）の自律性をどの程度重視するかである。素朴な団結必然説に対し最近の学説は個別意思や個別責任を重視する傾向が顕著である[11]。このような方向が団結を阻害するか強化するかは案外難問である。精力的にこの問題を論じている西谷教授は個人の自己決定権重視の視点から組合法を把握し[12]、ユニオン・ショップ協定の効力の否認等を主張している[13]。裁判例はユニオン・ショップ協定の効力自体は認めているが、脱退の自由をほぼ認めているので（東芝労働組合小向支部事件・最二小判平成19.2.2労判933号5頁）両者の関係は問題になる。また、チェックオフについては使用者への個別委任を必要としている（エッソ石油事件・最一小判平成5.3.25労判650号6頁）。

　集団化の前提としての個々人の参加意思を問題にするアプローチは、示唆に富むものである[14]。しかし、労働組合は意見の一致ではなく職場という

---

(11) 組合としての活動であっても個人責任を正面からの追及する裁判例も現れている（フジビグループ分会組合員ら（富士美術印刷）事件・東京高判平成28.7.4労判1149号16頁、最三小決平成29.8.22判例集未登載）。
(12) 西谷敏『労働法における個人と集団』（有斐閣、1992年）93頁、同『労働組合法　第3版』（有斐閣、2012年）39頁。
(13) 前掲・西谷『労働組合法　第3版』101頁。
(14) 「自律にもとづく連帯」への期待については、西谷敏『労働法の基礎構造』（法律文化社、2016年）245頁参照。もっとも、展望は示されていない。

フィールドにおける利害の一致に由来する集団なので一定の組織強制（つきあいユニオニズム）は許されると思われる。もっとも組合民主主義の要請は重視されるべきであるが。集団化の基礎となる利害の共通性をどう可視化するかこそが課題といえる[15]。

2　個別紛争処理の集団（法）的視点

　個別的労働法に関しては労基法から出発し、その後労働契約法を含め多様な立法がなされている[16]。その間に紛争の増加にともない労働相談・個別斡旋・労働審判制度が整備された。これらによる紛争の個別法的処理について社会的観点からの一定のコントロールの必要性や契約解釈が以下のように指摘されている。これらは集団法的視点の端緒といえるものと思われる。

　その1は、労働契約論における合意の認定に関する。判例法理は、形式的な合意から合意の真意性を重視する立場へとシフトしつつある。その典型例は山梨県民信用組合事件・最二小判（平成28.2.19労判1136号6頁）であり、退職金減額に関する合意につき、「労働者が使用者に使用されてその指揮命令に服すべき立場に置かれており、自らの意思決定の基礎となる情報を収集する能力にも限界があることに照らせば、当該行為をもって直ちに労働者の同意があったものとみるのは相当でなく、当該変更に対する労働者の同意の有無についての判断は慎重にされるべきである。そうすると、就業規則に定められた賃金や退職金に関する労働条件の変更に対する労働者の同意の有無については、当該変更を受け入れる旨の労働者の行為の有無だけでなく、当該変更により労働者にもたらされる不利益の内容及び程度、労働者により当該行為がされるに至った経緯及びその態様、当該行為に先立つ労働者への情報提供又は説明の内容等に照らして、当該行為が労働者の自由な意思に基づいてされたものと認めるに足りる合理的な理由が客観的に存在するか否かという観点からも、判断されるべきものと解する」と判示している[17]。

---

(15)　この点については、前掲・拙著『労働組合の変貌と労使関係法』108頁参照。
(16)　菅野和夫『労働法　第11版補正版』（弘文堂、2017年）7頁。
(17)　広島中央保健生協事件・最一小判平成26.10.23労判1100号5頁も参照。

本件について、真意性の判断基準や仕方、さらに真意性は合意の成立の有無の問題か、合意の効果の問題かが争点となっている。ここで留意すべきは、真意性を問題にすることは結局当事者の生の「意思」だけではなく意思形成・内容について規範的立場から（再）解釈することではないかということである[18]。交渉力の弱い労働者像を前提にあるべき合意形成のあり方を追求するアプローチに他ならない。これが契約法理の最先端なのか否認なのかの判断は難しい。ただ、合意形成につき一定の社会的モデルを前提にすることは、社会的に想定される意思に着目することであり、集団法的色彩のある就業規則法理に連なる視点といえる。

　ところで、交渉力の弱い労働者を措定することは、実態には合致するが、自己決定や自己責任の要請に反することにもなる。法の知識がないほど、また説明を理解しないほど、つまり自立していないほうが事後的な契約解釈上有利になる側面があるからである[19]。

　その2は、就業規則に関する。労基法は、次のような形で制度的・集団的な規制をなしている。①常時10名以上を雇用する使用者に対し作成を義務づけ、記載事項についても規定し（89条）、②作成・変更につき過半数代表者（組合）からの意見聴取を義務づけ（90条）、③労働基準監督署への届け出と職場における周知を図っている（89条、106条）。

　他方、法的な効果としては、労働契約法において契約内容補充効（7条）、不利益変更効（10条）、最低基準効（12条）が定められている。最低基準効は労働条件の下支えとしての説明は可能であるが、不利益変更効は労務管理上のニーズはともかく契約法的な説明は全く困難である。契約内容補充効についても、就業規則を使用者が一方的に定めていることから何らかの合意の契機がなければ契約法的な説明は難しいと思われる。労働契約法はそれらを立法的に「解決した」といえるがいずれも、周知と合理性という歯止めを要

---

(18)　唐津博「労働契約試論」労旬1798号（2013年）32頁。他の労働者に対する影響という視点もある。前掲・西谷『労働法の基礎構造』164頁。また、私的権利実現の公益性については、棚瀬孝雄「順法精神と権利意識」木下富雄＝棚瀬孝雄編『応用心理学講座5　法の行動科学』（福村出版、1991年）145頁参照。
(19)　労使関係における信頼のあり方も問われている。西谷敏「不利益変更と労働者の『納得』——ひとつの覚書」季労210号（2005年）8頁

件としており[20]、個別契約的世界を越えた集団法的規制といえる。

　もっとも、就業規則法理の集団性が重視されているとはいえそれを実現するシステムはきわめて不十分である。つまり、過半数代表の関与の規定はあるが、その選出や権限について職場労働者全体の意向を反映させる機構は整備されず、実際も形骸化している。関与のパターンも多様であり、それが就業規則の不利益変更の合理性とどう連動するかは必ずしもはっきりしない[21]。また、合理性については不利益変更せざるをえない制度レベルと個別従業員への適用レベルの2段階で判断することになり、民事裁判においては最終的には個別原告ごとの判断にならざるをえず、集団性に見合った紛争処理システムとしては整備されていない[22]。さらに、労働法学のホットなテーマとして労契法9条の反対解釈として就業規則の不利益変更についての個別合意の効力までをも認める見解は有力であるが、そうなると集団法的性質はほとんど失われることとなる[23]。集団法的視点からは、変更内容について従業員全体に対する集団的な説明・論議が重視されるべきものと思われる。

　その3は、個別紛争の型と処理方法に関する。最近増加している個別紛争は、職場における身近な紛争、それも人間関係紛争という側面がある。人間関係とはいえ、人格権の立場から使用者が「職場における自由な人間関係を形成する自由を不当に侵害」してはならないという一定の制約がある（関西電力事件・最三小判平成7.9.5労判680号28頁）。具体的には、多様なハラスメント事件、とりわけパワハラ事件の増加が顕著であり、加害者に対する損害賠償事案と加害者に対する解雇・処分事案がある[24]。注目すべきは上司の地位を利用した事案とともに実質は同僚間の人間関係紛争とみられるケースも現れていることである[25]。

---

[20]　もっとも、判例法理は周知性について契約論的な詰めが甘い。拙稿「集団法から見た就業規則法理（下）」労旬1871号41頁。本書27頁。
[21]　具体的裁判例については、注（20）論文（下）36頁。本書49頁。
[22]　注（20）論文（上）労旬1869号41頁。本書49頁。
[23]　前掲・拙稿「労働法における集団的な視点」西谷古稀（下）3頁。本書77頁。
[24]　拙著『パワハラにならない叱り方』（旬報社、2010年）。
[25]　たとえば、アンシス・ジャパン事件・東京地判平成27.3.27労経速2251号12頁、T大学事件・東京地判平成27.9.25労経速2260号13頁等。

このパワハラ事案については、ハラスメントの有無・程度の判断につき主観的側面が大きいのでどうしても明確なルール形成は困難である。個別の発言や行為以外に上司との人間関係、部下の勤務態度、職場実態等からケースごとの判断にならざるをえないからである[26]。同時に、紛争処理の観点からは法的な判断が示されることによって適切な解決ができるかは疑問である。法的に精緻な議論をすればするほど紛争実態から離れている傾向さえあり、個別法的な処理の限界といえる。むしろ、この種のハラスメント事案については、紛争の早期解決、違法性の判断、その後の処理について職場実態をふまえた集団法的視点が不可欠と思われる[27]。このような集団法的視点は、紛争の背景に就業規則規定の解釈・適用が争われる賃金や労働時間をめぐる紛争についても必要と思われる。特定個人だけの問題であることが少ないからである。

　ところで、紛争解決の仕方についても集団法的観点から見逃せない課題がある。労働局の個別斡旋や労働審判は集団紛争をその対象とせずかつ非公開の手続が採用されている（労判法16条、個別労働紛争解決促進法施行規則14条）。さらに、和解内容についても公開されないばかりか当事者間で非公開・秘密条項を定めている例も少なくない（和解条項に基づく周知義務の不履行が問題となった事例として神奈川SR経営センターほか事件・東京高判平成27.8.26労判1122号5頁がある）。慣行化しているともいわれる[28]。

　この秘密条項については、会社不祥事、ハラスメント事案のように当事者が紛争内容を他人に知られたくない事案については相当といえる。また、この規定を入れることが組合サイドにとって交渉材料になるのはやむをえない側面がある。しかし、割増賃金請求のように労基法等の強行法規に反するこ

---

(26) 職場リスクマネージメントの必要性も指摘されている。福井康太「紛争の総合的マネジメントと私的自治──職場トラブルへの総合的対応を手がかりとして」阪大法学56巻2号（2006年）271頁。
(27) アメリカ法上も雇用差別事件につき問題解決型アプローチとして、当該紛争の解決だけではなく組織全体における問題点の発見と改善の必要性が指摘されている。山川隆一「現代型雇用差別に対する新たな法的アプローチ」アメリカ法2002年365頁。
(28) インターネットのブログ、掲示板等の会社批判・関係者個人への中傷を削除させる条項も問題となっている。ローヤリング労働事件・石井妙子「使用者側代理人の立場」（労働開発研究会、2015年）86頁。

とが争点となった事案や就業規則の解釈のように職場全体に関連する事案について同様に考えることができるであろうか。

たしかに、当該条項は理論的には法的な効果のない道義条項と解されている[29]。しかし、紛争の存在や和解内容の開示を抑制するという実際の効果は否定できないので、解決内容を他の従業員が知ることができず、どのような先例があるかについての集団的な共通の認識が労働者間および労使間で形成されにくくなる。公正処遇や権利実現の観点からは先例に基づく職場ルールを明確にする必要性も否定できず、以上の慣行の見直しが急務と思われる[30]。

3　紛争処理における集団（法）的性質

職場の紛争は、本来集団性があり、それを処理する際の集団法的性質は処理基準や処理方法について問題になる。ここでは、個々の労働者の労働条件や権利・義務は職場においてどう決まっているか、どうしたらそれを知ることができるかに着目して集団法的性質を考察する[31]。共通の了解や情報の共有こそが集団性の端緒であると考えるからである。

第1は、労働条件等を定めた多くの実定法でありその多くは強行性がある。

---

(29) 『書記官事務を中心とした和解条項に関する実証的研究』（法曹会、1982 年）39 頁、茗茄政信・近藤基『書式　和解・民事調停の実務　全訂第 8 版』（民事法研究会、2012 年）144 頁、新保義隆・栗原由紀子『改訂版　訴訟上の和解　モデル文例 100』（三協法規出版、2012 年）44 頁等。

(30) アメリカ法においてもセクハラ訴訟の和解の際の秘密保持条項のあり方が問題となっている。中窪裕也「男女の雇用平等とアメリカ法」WORK&LIFE 世界の労働 2018 年 1 号 5 頁。

(31) 法の実現にしめる個人の役割については、田中英夫＝竹内昭夫『法の実現における私人の役割』（東京大学出版会、1987 年）参照。そこでは「日本における民主主義的な生活態度の定着」という側面も重要であると指摘されている（177 頁）。また、労働法のエンフォースメントのあり方も関連する。この点については、山川隆一「労働法の実現手法に関する覚書」前掲・西谷古稀（上）75 頁、同「労働法における法の実現手法」『岩波講座・現代法の動態　第 2 巻　法の実現手法』（岩波書店、2014 年）171 頁、野川忍＝島田陽一＝山川隆一「鼎談・問題提起　労働法におけるエンフォースメント」季労 234 号（2011 年）2 頁、北岡大介「企業実務家からみたエンフォースメント」季労 234 号（2011 年）37 頁、安部愛子「アメリカ合衆国における労働法の権利の実現方法について──行政機関による民事訴訟法の提起の仕組みを通じて」日本労働研究雑誌 664 号（2015 年）74 頁等参照。

労働法についての適切な理解は権利主張の出発点であり、また職場における共通の知識・理解は円滑な権利実現を支える基盤ともなる。使用者サイドの理解も、職場における話し合いの前提となり、実効性のある労使に対するワークルール教育は緊喫の課題である[32]。実定法は、オールジャパンの共通ルールなので個別の労使関係を越えたその意味での集団法的性質を有している。

第2は、産業慣行・地域慣行であるが、産業別組合の影響力が少ないこともありそれほど重要な役割を果たしていない。

第3は、労働条件等を定める明文化された職場内ルールであり、労働協約と就業規則がその例である。企業ごとの労働条件の明示については、とりわけ採用時について、労働条件明示義務（労基法15条）や労働者の理解等（労契法4条）に関する規定があり、最近は青少年雇用情報の開示も定められている（青少年雇用促進法13条）[33]。さらに就業規則については周知義務（労基法106条、労基法施行規則52条の2）[34]が定められているが、どのような措置が周知といえるか、また就業規則内容についての具体的な理解や了解までが必要かは論点となっている[35]。

就業規則は職場全体の労働条件を労働協約は組合員に関する労働条件を規定しておりその意味での集団性がある。もっとも、就業規則については、使用者が一方的に決定するので従業員集団の意向を的確に反映させることは難しく、その適用となるとあくまで個別契約の問題として処理されている。使用者からみると集団的規範といえるが、個々の労働者からはその集団性は見えにくくなっている。集団法的観点からは、周知の仕方との関連において就

---

[32] ワークルール教育については、拙稿「ワークルール教育の課題」季労244号（2014年）4頁、「権利主張を支えるワークルール教育（一）（二）（三）」労旬1837号42頁、1838号30頁、1839号44頁（2015年）。

[33] 労働条件明示義務については、拙著『成果主義時代のワークルール』（旬報社、2005年）72頁。さらに、社会一般に対する開示については女性活躍推進法16条の規定がある。山川隆一「労働市場における情報開示等の規律と労働政策」季労256号（2017年）82頁参照。

[34] 周知義務は最低賃金法8条、育児介護休業法21条、労働者派遣法40条の5等でも定まっている。また、アメリカ法上のポスター等による周知については、山川隆一「『違法労働』と労働政策」日本労働研究雑誌654号（2015年）81頁参照。

[35] 前掲・拙稿「集団法から見た就業規則法理（上）」労旬1869号35頁。本書27頁。

業規則内容をどう説明したか、とりわけ職場集団を対象に説明会等をしたかは重要と思われる。同僚の意見・質問、それに対する会社回答等を知ることによって共通の理解がより深まるからである[36]。

　第4は、明文化されていない職場内ルール、労使慣行や先例である。労使慣行については、一般的に、同種行為の長期間反復継続、労使が明示的にこれによることを排除していないこと、労使双方の規範意識により支えられていることが必要と解されている（商大八戸ノ里ドライビングスクール事件・大阪高判平成5.6.25労判679号32頁、最二小判平成7.3.9労判679号30頁、最近の例として学校法人尚美学園事件・東京地判平成28.11.30労判1152号13頁）。しかし、労使慣行は、地域の慣習ではなく当該労使間の事実の積み上げによって当該労使につき一定のルールを将来的にも設定した事案とみなされるので必ずしも民法92条の問題ではなく、黙示の契約内容をどう認定するかの論点といえる[37]。

　それでも、当該慣行の存在を労働者はどうしたら知り、それを立証できるのかの問題は残る。この点につき特段の判断を示す裁判例はほとんどない[38]。慣行の有無やその具体的内容について使用者サイドは十分な情報を有している場合が多い。他方、労働者が個人レベルでそれを知ることは困難であり、せいぜい組合からの教示や日常的な先輩・同僚との接触により知りうる程度である。慣行や先例についての情報格差は労働者サイドにおいて労使慣行についての認識可能性を阻害する結果ともなる。これは契約締結・解釈上も不利な地位に立つことをも意味するので慣行的事実の周知についての一定の工夫（たとえば、一定の処分や措置をとる場合に関連する慣行的事実についての使

---

(36) キョーイクソフト事件・東京地八王子支判（平成14.6.17労判831号5頁）は不利益となる者への説明が重要と指摘している。また、協約内容の組合員への周知も問題となる。本書141頁。
(37) 学校法人N大学事件・東京地判平成18.1.13判タ1219号259頁。さらに、立証を要する規範意識の内実もはっきりしない（学校法人立命館事件・京都地判平成24.3.29労判1053号38頁）。具体的裁判例については、寺井基博「労働条件決定・変更と労使慣行の法理」日本労働法学会編『講座21世紀の労働法　第3巻　労働条件の決定と変更』（有斐閣、2000年）196頁。
(38) 「申請人と同様に期間一年の契約で稼働している被申請人の運転手らは自動的に契約を更新されていると聞知していて、申請人の場合も、当然契約が更新され継続して雇用されるものと思って稼働してきた。」（龍神タクシー（異議）事件・大阪高判平成3.1.16労判581号36頁）として「聞知して」いることを指摘している例もある。

用者の説明義務）が必要と思われる。労働条件決定の集団性を担保するためでもある。

　明文化されていない職場内の取扱いとの関連では、自分以外の労働条件も問題になる。労基法3条、労働組合法7条をはじめ特定の事由に基づく労働条件差別を禁止する条項は多い。最近はパートや有期雇用等の雇用形態に基づく差別を問題にするケースが増えてきている。これらのケースにおいて非正規である自分たち以外、とりわけ正規職員の労働条件を知る必要がでてくる。組合法のレベルならば、団交権行使の一環として関連情報の開示要求の可能性がある[39]。しかし、契約レベルならば困難である。この点についても契約法上の公平・公正取扱義務の観点等から職場全体の労働条件についてのなんらかの説明責任を使用者に課すことが考えられる[40]。差別禁止法は本来集団（法）的性質をもっているわけである。

　第5は、個別的な契約内容であり、労働契約書や口頭合意から判断される。この点につき、労契法4条1項は、「使用者は、労働者に提示する労働条件及び労働契約の内容について、労働者の理解を深めるようにするものとする」と定め、その趣旨について、「例えば、労働契約締結時又は労働契約締結後において就業環境や労働条件が大きく変わる場面において、使用者がそれを説明し又は労働者の求めに応じて誠実に回答すること、労働条件等の変更が行われずとも、労働者が就業規則に記載されている労働条件について説明を求めた場合に使用者がその内容を説明すること等が考えられるものであること」があげられている（「労働契約法の施行について」（平成24.8.10 基発0810第2号））[41]。

　もっとも、口頭合意についてはその内容について疑義があれば立証は困難、

---

(39)　前掲・拙稿「非正規差別と労使関係法」38頁。本書191頁。差別性の立証のためには、被差別者が他の従業員の能力や勤務成績等と比較して劣るものでなかったことを一応立証すべきである、という判断も示されている（JR東日本事件・最一小判平成24.2.23 労経速2142号3頁）。職場全体の就労状況を知ることが不可欠といえるわけである。不当労働行為としての査定差別については、前掲・拙著『労働委員会の役割と不当労働行為法理』197頁。
(40)　前掲・山川「労働市場における情報開示等の規律と労働政策」82頁参照。なお、同僚との比較は錯誤のケースでも問題になる（駸々堂事件・大阪高判平成10.7.22 労判748号98頁、最三小判平成11.4.27 労判761号15頁）。

事実上不可能と言ってよい。また、労働契約書についても、就業規則の規定以上の詳細な定めがある場合は少なく、実際は就業規則の規定内容を要約した場合が多いと思われる。

ただ、日常的な労務管理との関連における合意（たとえば、業務指示に関する合意）や労働条件の不利益変更に対する合意については、当該個別合意の有無・効力が問題になることが多い。この点については、労使間の交渉力の相違から[42]合意の真意性やその内容に関する理解を重視する判例法理が形成されつつある。契約法理に関するホットな論点であり、当該合意の真意性を判断する基準としての労働者像をどうとらえるか、当該意思は社会的に想定された意思か等についての論議が必要となっている。実際には当該紛争当事者を越えた意思を問題にしており（たとえば、納得したかどうか）、ある意味でオールジャパンの共通ルールを追求しているといえる。もっとも、事後的な法的規範としてはともかく、行為規範としての位置づけは難問といえる。とりわけ実務上法的安定性を欠く点は決定的である[43]。

次に、個別紛争処理「過程」に着目してその集団的性質を考えてみると集団性の端緒は、紛争を個人を越えた職場全体の問題ととらえることから生じる。具体的には、紛争の発生、拡がり、解決基準、解決方法、事後的な処理の各段階で問題になり、最近それらをめぐる裁判例も増えている。

紛争の発生については、労働法や自分の労働条件についての知識が前提となる。自らの学習とともに疑問がある場合に上司に対し質問等をすることが考えられる。労働者の理解はまさに労契法4条1項の要請に他ならない[44]。

---

(41) 裁判例においては主に契約内容についての適切な理解が重視され（熊谷組事件・大阪高判平成 18.2.17 労判 922 号 68 頁）、強行法規との関連でも労働者の合意等が適切な理解に基づく自由な意思によるものかについて問題になっている（タックジャパン事件・最一小判平成 24.3.8 労判 1060 号 5 頁、広島中央保健生協事件・最一小判平成 26.10.23 労判 1100 号 5 頁）。さらに、使用者サイドについても法的知識がないことのリスクを負うことになる。たとえば、会社法 429 条との関連において役員の労働法の知識の必要性が指摘されている（Ｉ式国語教育研究所事件・東京地判平成 25.9.20 労経速 2197 号 16 頁）。

(42) 一般的に言って労使紛争につき使用者はリピートプレイヤーであり、他方労働者はワンショッターにすぎず、経験の違いも無視できない。

(43) 野田進「企業合併に際してなされた退職給与規程の不利益変更への労働者の同意」労旬 1862 号（2016 年）36 頁。

上司による説明等によって納得がいかず不満や疑問が適切に解決できない場合に紛争状態が発生する(45)。この過程で職場の同僚等に相談したり関連する情報を入手したり、さらに一緒に活動すると紛争状態が拡がり(46)、職場に共通する問題とされる。この一連の過程で従業員間の情報の流通・拡散・共有が重要となる(47)。詳しくは本書147頁。

結語

集団化とはもっぱら複数主体の問題と解されがちである。組合法2条も主体と目的とともに「団体」として2名以上の参加を組合の要件としている。ややルーズな定義であり、集団化がどのような意義があるかあるかまでは十分な議論はなされていない。同時に団結権を基本的人権（憲法28条）とみなしたので団結自治が強調され、組合活動において職場全体の利益・意向をどう反映させるか、労働条件の決定への効果的影響力があるか、また労使関係をどう円滑に形成するか等の集団法独自の問題関心は希薄であった。同時に組合内部法理の形成が十分ではなかった。その結果、組合とともに組合法自体も危機に直面しており、なんのための集団化か、労使自治とはなにかが問われている。

他方、労働契約法については、近時あまりにパターナリスティックな（そう解釈できるかは問題になるが）契約解釈が強調され、労働者の自己責任や自立を阻害するおそれが出てきている。説明を受けず知らないほうが有利とな

---

(44) ウップスほか事件・札幌地判平成22.6.3労判1012号43頁は、社内ミーティングでの労働条件に関する質問等を理由とする懲戒解雇を無効としている。

(45) とうかつ中央農協事件・東京高判平成25.10.10労判1111号53頁は人事上の不平不満を述べる文書配布を理由とする懲戒解雇を無効としている。

(46) Agape事件・東京地判平成28.7.1労判1149号35頁は、保育園の運営方針の批判等を理由とする解雇を無効としている。

(47) 東和エンジニアリング事件・東京地判平成25.1.11労経速2179号7頁は、人事部長の発言（雇い止めによる雇用終了でも会社都合ではなく自己都合として取り扱うことがある）を非正規社員にメールしたことは「問題意識を喚起、共有」することになるとしてなされた譴責処分を無効としている。同種事案として千種運送店事件・千葉地判平成4.3.25労判617号57頁もある。職場の閉塞状態については、前掲・拙稿「権利主張を支えるワークルール教育（二）」30頁参照。

る傾向さえある[48]。また、増加している多様なハラスメント事案は職場における自主解決能力の低下がその原因であり、同時に法的な処理が自主解決能力を阻害するという負のスパイラルになりつつある。職場における労働者集団の共通認識や意向をふまえた適切な事件処理が要請されている。

　この共通認識のためには労働法や就業規則等の職場ルールに関する共通の知識・認識が必要である。そのためにはワークルール教育とともに就業規則等の適切な周知・了知が要請され、同時に職場において自由に話し合う関係や情報の流通が不可欠である[49]。当該行為を理由として労働者に不利益を課すことが許されないだけではなく、法理的には積極的にこれらの行為を保護する必要がある。たとえば、話し合う関係や情報の流通を「集団志向的行為」として独自に保護する構想である[50]。従業員代表としての行為、集団的苦情や情報の流通行為、さらに対外的に発信するブログやSNSも含むことが考えられる。また、集団訴訟の構想にも注目すべきであろう[51]。これらは今後の課題となる。

---

[48] 労働者が問題点を指摘しその結果不利益変更された例としてベストFAM事件・東京地判平成26.1.17労判1092号98頁がある。
[49] 平成29年5月にだされた「透明かつ公正な労働紛争解決システム等のあり方に関する検討会」報告書は、金銭的・時間的予見可能性を重視しているが、本章のような問題関心は全く見られない。
[50] アメリカ法上のconcerted activitiesの法理が示唆的である。中窪裕也「アメリカ労働関係法における被用者の権利——NLRBのParexel International事件(2011)を素材に」菅野和夫先生古稀記念論集『労働法学の展望』(有斐閣、2013年)595頁、木南直之「米国におけるWeingarten rightの未組織被用者への付与に関する法状況(1)(2完)」法学論叢157巻4号57頁、6号76頁(2005年)、天野晋介「Weingarten rights」季労210号(2005年)165頁等参照。
[51] 永野秀雄「1964年公民権法第7編に基づく大規模クラスアクションは死んだのか」毛塚勝利先生古稀記念『労働法理論変革への模索』(信山社、2015年)785頁等。

第2章　集団法からみた就業規則法理

　実際の労働条件を定めているのは多くの場合、就業規則である。その作成が法的に義務づけられており、労働条件の継続的・集団的・包括的決定というニーズに適合的だからである。賃金等の労働条件ばかりではなく配転や残業等の業務命令、さらに懲戒処分をめぐる紛争も就業規則との関連で論じられ、結論的には労働契約上の解釈適用の問題になる。就業規則をめぐる論点は、実務的にも理論的に労働法学の中核を占めているゆえんである。

　この就業規則については、その効力や拘束力は判例法理を通じて形成され、2007年成立の労働契約法により判例法理を追認する形で就業規則法制の整備が図られた。その立法過程においては労使委員会制度の導入等による不利益変更の合理性基準の明確化が試みられたがその部分については立法化に至らなかった[1]。就業規則の集団法的な性質をふまえた試みであったといえる。この集団法的な側面をどう評価すべきかは、個別合意によって就業規則の不利益変更規定（労契法10条）を排除しうるかという最近のホットな論点とも関連するがそれほど詰めて議論されていない。

　本章では、1で就業規則法理の集団法的な性質を検討するとともに、それをふまえて2で労働組合の関与のあり方を考察するものである[2]。同時に、

---

(1)　この点については、拙著『労働組合の変貌と労使関係法』（信山社、2010年）211頁以下参照。
(2)　蓼沼謙一「就業規則の改定と労働条件の変更」季労133号（1984年）43頁、浜田冨士郎『就業規則法の研究』（有斐閣、1994年）209頁、宮島尚史『就業規則論』（信山社、1997年）64頁、島田陽一「労働条件変更手段からみた就業規則に関する判例法理の問題点と課題」学会誌92号（1998年）147頁、毛塚勝利「労働契約法の成立が与える労使関係法への影響と今後の課題」季労221号（2008年）27頁、唐津博『労働契約と就業規則の法理論』（日本評論社、2010年）135頁等参照。また、歴史的経緯については、濱口桂一郎「集団的労使関係法としての就業規則法理」季労219号（2007年）197頁。

その前提的作業として現行の就業規則の基本的な特徴と直面する契約法上の課題についてもふれておきたい。

1　集団法的視点からみた就業規則法理の問題点

　就業規則法理は、判例法理を中心に展開し、労働契約法で一応の立法的な解決が図られた。実際の紛争は、労働契約の解釈として、就業規則の不利益変更によって既得の労働条件を不利益変更しうるかというものが中心であり、原則的には許されないが合理性あれば可という判例法理が形成され（秋北バス事件・最大判昭和43.12.25民集22巻13号3459頁）、その後の裁判例は「合理性」の基準・要素、有無について展開されている。その集約点というべき裁判例は第四銀行事件最判（最二小判平成9.2.28労判710号12頁）であり、合理性の有無は、「就業規則の変更によって労働者が被る不利益の程度、使用者側の変更の必要性の内容・程度、変更後の就業規則の内容自体の相当性、代償措置その他関連する他の労働条件の改善状況、労働組合等との交渉の経緯、他の労働組合又は他の従業員の対応、同種事項に関する我が国社会における一般的状況等を総合考慮して判断すべきである」と説示した。

　その後、労契法10条において次のように立法的解決がなされた。「使用者が就業規則の変更により労働条件を変更する場合において、変更後の就業規則を労働者に周知させ、かつ、就業規則の変更が、労働者の受ける不利益の程度、労働条件の変更の必要性、変更後の就業規則の内容の相当性、労働組合等との交渉の状況その他の就業規則の変更に係る事情に照らして合理的なものであるときは、労働契約の内容である労働条件は、当該変更後の就業規則に定めるところによるものとする。」

　同時に、労働契約内容を規律する就業規則の効力（最低基準効12条、契約内容補充効7条）についても規定の整備がなされた。ここに、現行法は、就業規則につき次の2側面からの規制することとなった。労基法は、制度的側面（作成義務者・手続、記載事項、周知方法等）から、労契法はその法的効力の側面からであり、両者は労契法11条で「就業規則の変更の手続に関しては、労働基準法（昭和221年法律第49号）第89条及び第90条 の定めるとこ

ろによる。」と関連づけられている。もっとも、前者は集団的性質が顕著であるが、後者はそのような性質は希薄である。このアンバランスが就業規則法理をめぐる混迷の1つの原因といえる[3]。

では、集団法的な観点から現行就業規則法理の問題点を明らかにするための前提作業として労働組合の関与につき、労基法や労契法の明文の規定はどのように定めているかを確認しておきたい。

その1として、就業規則の作成変更につき、「使用者は、就業規則の作成又は変更について、当該事業場に、労働者の過半数で組織する労働組合がある場合においてはその労働組合、労働者の過半数で組織する労働組合がない場合においては労働者の過半数を代表する者の意見を聴かなければならない。」（労基法90条1項）として、使用者に過半数労働組合からの意見聴取を義務づけている。

なぜ、過半数労働組合の関与を義務づけたか、またなぜ意見聴取なのかの問題がある。さらに、過半数組合と過半数代表者とで関与の違いがあるか等も問題になる[4]。

その2として、不利益変更の合理性の要素として、「労働者の受ける不利益の程度、労働条件の変更の必要性、変更後の就業規則の内容の相当性、労働組合等との交渉の状況その他の就業規則の変更に係る事情」をあげている（労契法10条）。労働組合に限定していないが「労働組合等との交渉の状況」として、労働者集団の意向に配慮しているわけである。同規定は、判例法理（タケダシステム事件・最二小判昭和58.11.25判時1101号114頁、前掲・第四銀行事件最判）を踏襲したものといわれる。

---

[3] 深谷信夫「就業規則法理における労働基準法と労働契約法」毛塚勝利先生古稀記念『労働法理論変革への模索』（信山社、2015年）133頁。

[4] 問題点については、『従業員代表制を考える（上巻）——過半数代表制を中心に』（日本労働研究機構・調査研究報告書1993年38号）132頁。寺本廣作『労働基準法解説』（時事通信社、1948年）354頁は、「労働者に団体的参加の機会を保障しこれを通じ広汎な労働協約への道を開いた（原文は旧漢字）」と、また有泉亨『労働基準法』（有斐閣、1963年）197頁は、「労働組合を重視するという趣旨ではなく、過半数の労働者が組織する労働組合があるのに、さらに代表者の選挙をおこなう煩雑さと、選挙の結果組合組織との別の組織なり動きなりを生じはしないかという組合に対する配慮がその理由である」と指摘する。唐津博『労働契約と就業規則の法理論』（日本評論社、2010年）135頁も参照。

その3として、協約との関連につき、労基法92条は「1項　就業規則は、法令又は当該事業場について適用される労働協約に反してはならない。2項　行政官庁は、法令又は労働協約に牴触する就業規則の変更を命ずることができる。」と定めている。労働契約法成立以前は、同条との関連では協約違反の就業規則の改定の効力が争われ、無効という判断を示す例もあった（明石運輸事件・神戸地判平成14.10.25労判843号39頁）。さらに協約失効後も新たな労働協約が締結されるか、新たな就業規則が制定されるまでの間は、協約内容が契約内容になるという判断も示されていた（佐野第一交通事件・大阪地岸和田支決平成14.9.13労判837号19頁）。

しかし、労契法13条は「就業規則が法令又は労働協約に反する場合には、当該反する部分については、第7条、第10条及び前条の規定は、当該法令又は労働協約の適用を受ける労働者との間の労働契約については、適用しない。」とはっきりと定め、当該就業規則の効力をどう考えるかについて立法的解決が図られた。協約適用期間中かつ適用労働者に限り就業規則法理を適用しないと定めたわけである。もっとも、協約に抵触する就業規則についての変更命令の部分（労基法92条2項）については残されている。

他方、労組法自体には就業規則に特化した規定はない。就業規則の作成・変更は労働条件の変更システムの1つに他ならないとして、労働組合がそれに関与する事態については、あくまで労組法上の紛争として対処している。実際には、団交拒否紛争の例が多い。これらについては2で検討したい。

全体としてみると、協約と就業規則の効力関係については明確な規定あるが、就業規則の作成・変更時の労働組合の関与については、組合法に由来する明確なルールが定まっているとはいいがたい。従業員集団の意向を反映するための仕組み以上のものではない。

以下では、集団法的視点に留意して、①合理性判断基準としての多数組合の同意の評価、②個別合意重視の問題点——9条をめぐる論争、③周知をめぐる問題——制度的周知と契約的了知、④紛争処理システムとしての問題、について検討したい。

1) 合理性判断基準としての多数組合の同意

　就業規則法理の基本問題は一貫して、不利益変更ケースにおける「合理性」基準の不明確性である。判例法上も労働契約法上も、その判断基準の「要素」はそれなりに明確化したが裁判結果の予測可能性はそれほど高いものではない。とりわけ、労働契約法成立以前は、同一の事実関係であっても、下級審と上級審との見解が異なることは珍しいことではなかった[5]。

　そこでより明確な基準が希求された。それが多数組合が不利益変更に「同意」したことを重視する立場である。裁判例には明確に対立した見解とまではいえないが一応2つの流れがある。なお、合意の質に着目した個別裁判例の検討については2で行う。

　第1は、労使の利益が調整されたものとして合理性の基準となると明確に認める裁判例である（第一小型ハイヤー事件・最二小判平成4.7.13労判630号6頁、第四銀行事件・最二小判平成9.2.28労判710号12頁）。たとえば、第四銀行事件最判は、「本件就業規則の変更は、行員の約90パーセントで組織されている組合（記録によれば、第一審判決の認定するとおり、50歳以上の行員についても、その約6割が組合員であったことがうかがわれる。）との交渉、合意を経て労働協約を締結した上で行われたものであるから、変更後の就業規則の内容は労使間の利益調整がされた結果としての合理的なものであると一応推測することができ、また、その内容が統一的かつ画一的に処理すべき労働条件に係るものであることを考え合わせると、被上告人において就業規則による一体的な変更を図ることの必要性及び相当性を肯定することができる」と説示している。同一の判断を示す例は多い（第三銀行事件・津地判平成16.10.28労判883号5頁、住友重機械工業事件・東京地判平成19.2.14労判938号39頁、初雁交通事件・さいたま地川越支判平成20.10.23労判972号5頁、大阪京阪タクシー事件・大阪地判平成22.2.3労判1014号47頁）[6]。

　もっとも、多数組合が就業規則変更に反対した場合でも変更の合理性が認

---

[5]　判例傾向については、金子征史＝西谷敏編『基本法コンメンタール　労働基準法　第5版』（日本評論社、2006年）364頁（道幸執筆）、王能君『就業規則判例法理の研究』（信山社、2003年）等。労働条件の集団性については、根本到「労働条件の不利益変更をめぐる判例の傾向と理論的課題」季労210号（2005年）21頁参照。

められないわけではない。多数組合（函館信用金庫事件・最二小判平成 12.9.22 労判 788 号 17 頁）や少数組合（羽後銀行（北都銀行）事件・最三小判平成 12.9.12 労判 788 号 23 頁）が反対しても合理性を認める例もある。その点では、片面的な適用といえる。

　第 2 は、多数組合の同意をそれほど重視しない立場である。みちのく銀行事件・最一小判（平成 12.9.7 判時 1733 号）は、賃金減額につき「行員の約 73 パーセントを組織する労組が本件第一次変更及び本件第二次変更に同意している。しかし、上告人らの被る前示の不利益性の程度や内容を勘案すると、賃金面における変更の合理性を判断する際に労組の同意を大きな考慮要素と評価することは相当ではないというべきである。」と説示している。

　では、どう考えるべきか。この多数組合の同意は、それだけでは合理性を基礎づけるとまではいえないが、合理性判断の重要な要素になることは否定しがたい。労契法 10 条も「労働組合等との交渉の状況」をその要素としている。留意すべきは、交渉の内実に他ならない。

　ここで注目すべきは、労働契約法の立法時においても、立法化されなかったとはいえ、合理性基準の明確化の立場から次のような構想が提起されていたことである[7]。つまり、合意内容の推定との表現になっているが、実質的には判例法理を踏襲して以下のような構成で立法化を図っていたわけである。（イ）就業規則内容が合理的ならば労働契約内容になること、（ロ）就業規則の不利益変更につきその必要性、変更後の内容等から合理性が認められる場合には変更後の就業規則が契約内容になること、（ハ）過半数組合等の合意があれば不利益変更の合理性が推定されること、である。

　なお、（ハ）の具体的内容として、2005 年 9 月の「労働契約法制研究会報告書」では、過半数組合の有無を問わず労使委員会構想を提起していたが、2006 年 6 月の労働条件分科会素案では労使委員会構想は後退し、合理性が

---

(6) 「不利益を受ける労働者グループへの配慮を行いつつ、真摯に労使間および労働者集団内の利益調整をしたと認められる場合」にはその結果を裁判所は尊重すべきとの指摘がなされている。菅野和夫「就業規則変更と労使交渉」労判 718 号（1997 年）14 頁、荒木尚志『雇用システムと労働条件変更法理』（有斐閣、2001 年）265 頁等。
(7) 具体的立法過程については、荒木尚志＝菅野和夫＝山川隆一『詳説労働契約法　第 2 版』（弘文堂、2014 年）42 頁。

推定される場合として次のような4つのケースが示されている。

　まず過半数組合がある場合について、①「当該事業場の労働者の見解を求めた過半数組合」との合意があるケースと②当該事業場の労働者の3分の2以上の者で組織される「特別多数労働組合」との合意があるケースである。①は非組合員を含めた労働者の見解を求めることが要件とされ、②はそのような要件は課せられていない。次に、過半数組合がない場合について、③複数の「事業場のすべての労働者を適正に代表する者」との合意があるケースと④労使委員会の決議がなされたケースである。以上のうち、①②③のアイデアは新規のものであった。

　以上の構想に関する主要な論点として、まず（ロ）と（ハ）との関連が問題となる。労使間の利益調整の観点から必ず（ハ）の手続きをとるべきかがはっきりしない。また、（ハ）の手続きをとり、合意を得ることができなかった場合に、（ロ）の要件を満たしていると解される余地があるかも不明確なままである。なお、（ハ）の部分については、労働組合機能との関連が正面から問題になる[8]。以上で展開されている諸構想の背景となる問題関心は、職場集団の意向を反映させることによって就業規則内容の適正化を図るというものとされ、将来的な重要な立法的課題とされている[9]。働き方改革の第2弾として構想されているかもしれない。

　このような立場は理解できないわけではないが、過半数組合の「同意」を就業規則法理に結びつけるアプローチは、就業規則法理のなかに「協約法理」的なものをビルドインすることになり疑問である[10]。労使間の合意についてなぜ協約レベルの問題として処理しないのか等の基本問題が残されており、詳しくは2で検討する。

---

(8)　問題点については拙著『労働組合の変貌と労使関係法』211頁。
(9)　前掲・荒木ほか『詳説労働契約法　第2版』273頁、「様々な雇用形態にある者を含む労働者全体の意見集約のための集団的労使関係法制に関する研究会報告書（平成25年7月）www.jil.go.jp/press/documents/20130730/report.pdf。また、論争状態については、労働政策研究・研修機構編『労働条件決定システムの現状と方向性』（労働政策研究・研修機構、2007年）参照。
(10)　協約規範は組合員にしか原則的に適用がないので非組合員等に同内容の労働条件を適用するために就業規則変更をするという趣旨ならば、実務にも適合的でありそれなりに理解可能である。なお、協約自治を就業規則により侵害するケースについては本書95頁参照。

2) 個別合意重視の問題点──9条をめぐる論争

　就業規則と労働契約との関連については多様な論点がある。労契法12条は就業規則に定める基準に達しない契約内容を無効として、無効となった部分は就業規則に定める基準によると規定している。同条は強行法規に他ならないので就業規則に違反する個別合意は無効となる。労使慣行や就労実態についても同様に考えられる（甲商事事件・東京地判平成27.2.18労経速2245号3頁）。

　もっとも、どの程度意図的に議論されているかは別として、労働契約法成立以前にはそのような個別合意を有効とする例もあった（野本商店事件・東京地判平成9.3.25労判718号44頁、東京油槽事件・東京地判平成10.10.5労判758号82頁、イセキ開発工機事件・東京地判平成15.12.12労判869号35頁）。しかし、適切な解釈とはいえないと評価されている[11]。

　労働契約法成立後は、9条の反対解釈として、「就業規則の不利益変更」につき個別合意がなされた場合に10条の適用があるか否かが新たな形で争われている。ここでは、個別合意の真意性とともに10条の合理性判断の前提となる合意過程の集団的な側面を重視すべきか等が問題になっている。その点が正面から争われたのは協愛事件である。

　大阪地判（平成21.3.19労判989号80頁）は、以下のように説示し10条の適用を認めた。

　「就業規則に定められた労働条件の基準より不利益な労働条件については、労働協約を締結するか又は就業規則を変更しない限り、個々の労働者がその労働条件を内容とする労働契約を締結した場合においても、その不利益部分において無効であり、就業規則に定める基準によるものと解するのが相当である。

　そうすると、使用者が労働者に不利益な労働条件を定める就業規則に変更するに当たり、個々の労働者が同変更に同意した場合においても、そのことから直ちに労働条件の内容が同変更後の就業規則の内容に変更されると認めることはできない。」

---

[11] たとえば、前掲・荒木ほか『詳説労働契約法　第2版』124頁、菅野和夫『労働法　第11版補正版』（弘文堂、2017年）197頁〔以下、菅野11版補正版と表記〕等。

他方、個別合意を重視し10条の適用を否定する例として同事件大阪高判（平成22.3.18労判1015号83頁）があり、以下のように判示している。

「同法9条は、『使用者は、労働者と合意することなく、就業規則を変更することにより、労働者の不利益に労働契約の内容である労働条件を変更することはできない。』と定める。これは合意原則を就業規則の変更による労働条件の変更との関係で規定するものである。同条からは、その反対解釈として、労働者が個別にでも労働条件の変更について定めた就業規則に同意することによって、労働条件変更が可能となることが導かれる。そして同法9条と10条を合わせると、就業規則の不利益変更は、それに同意した労働者には同法9条によって拘束力が及び、反対した労働者には同法10条によって拘束力が及ぶものとすることを同法は想定し、そして上記の趣旨からして、同法9条の合意があった場合、合理性や周知性は就業規則の変更の要件とはならないと解される。もっともこのような合意の認定は慎重であるべきであって、単に、労働者が就業規則の変更を提示されて異議を述べなかったといったことだけで認定すべきものではないと解するのが相当である。就業規則の不利益変更について労働者の同意がある場合に合理性が要件として求められないのは前記のとおりであるが、合理性を欠く就業規則については、労働者の同意を軽々に認定することはできない。」

また、熊本信用金庫事件・熊本地判（平成26.1.24労判1092号62頁）も、以下のように説示して役職定年制の新設について原告のうち2人について合意が有り、その他についてないと判示した。

「本件就業規則の変更は合理性を具備するものではないが、前記1（1）に引用した最高裁判例の趣旨によれば、労働条件を労働者に不利益に変更する内容でありかつ合理性がない就業規則の変更であっても、当該就業規則の変更について労働者の個別の同意がある場合には、当該労働者との間では就業規則の変更によって労働条件は有効に変更されると解される。

イ　もっとも、上記同意は、労働者の労働条件が不利益に変更されるという重大な効果を生じさせるものであるから、その同意の有無の認定については慎重な判断を要し、各労働者が当該変更によって生じる不利益性について十分に認識した上で、自由な意思に基づき同意の意思を表明した場合に限って、

同意をしたことが認められると解するべきである。」(12)

　その後、最高裁は退職金の請求がなされた山梨県民信用組合事件（最二小判平成28.2.19労判1136号6頁、差戻審・東京高判平成28.11.24労判1153号5頁）において、「労働契約の内容である労働条件は、労働者と使用者との個別の合意によって変更することができるものであり、このことは、就業規則に定められている労働条件を労働者の不利益に変更する場合であっても、その合意に際して就業規則の変更が必要とされることを除き、異なるものではないと解される（労契法8条、9条本文参照）。」と判示した。この判示が10条の適用を明確に排除したものか否かは、事案との関係で疑問が残る。

　この点について学説上もホットな論争がある。私は、概ね以下の理由によって就業規則の不利益変更についての個別合意がなされたとしても10条の適用があると解している。10条の適用がないとする有力説(13)の立場に反対である(14)。

　①有力説は「具体的変更内容を了知した上での合意（具体的就業規則変更についての合意）」と「就業規則変更を通じた労働条件不利益変更を承認する旨の合意（就業規則による労働条件変更権限付与の合意）」という合意の2面性

---

(12)　本件については、拙稿「熊本信金事件・就業規則の不利益変更と個別合意」新・速報判例解説Watch16号（2015年）291頁。
(13)　前掲・菅野11版補正版202頁、荒木尚史「就業規則の不利益変更と労働者の合意」曹時64巻9号（2012年）10頁。
(14)　くわしくは拙稿「労働法における集団的な視角」西谷敏先生古稀記念論集『労働法と現代法の理論（下）』（日本評論社、2013年）3頁〔以下、西谷古稀と表記〕（本書64頁）。批判的な見解として、浅野高宏「就業規則の最低基準効と労働条件変更（賃金減額）の問題について」安西先生古稀記念論文集『経営と労働法務の理論と実務』（中央経済社、2009年）324頁、毛塚勝利「労働契約法における労働条件変更法理の規範構造」法学新報119巻5＝6号（2012年）489頁、三井正信「労働契約法9条についての一考察」広島法学36巻4号（2013年）1頁、唐津博「労契法9条の反対解釈・再論」西谷古稀（上）369頁、浜村彰「就業規則の法的拘束力と不利益変更に対する個別合意」労旬1837号（2015年）30頁、西谷敏『労働法の基本構造』（法律文化社、2016年）172頁、奥田香子「労働契約における合意——合意の保護とその射程」日本労働法学会編『講座労働法の再生　第2巻　労働契約の理論』（日本評論社、2017年）33頁等。なお、土田道夫「労働条件の不利益変更と労働者の同意」西谷古稀（上）321頁、同「労働条件の集団的変更と労働者の同意」日本労働法学会126号（2015年）44頁、大内伸哉「就業規則の最低基準効とは、どのような効力なのか」毛塚古稀113頁、石田信平「就業規則の変更による労働条件の不利益変更」前掲・日本労働法学会編『講座労働法の再生　第2巻　労働契約の理論』149頁も参照。

を重視しているが、労働者個人にとって前者の合意をする必要性がない。また、当該合意の意義が何かははっきりしない。

②立法過程との関連では労働契約法は判例法理の踏襲といわれるが、個別合意によって就業規則の不利益変更の合理性審査を排除しうると明確に判断した裁判例はない。この点につき、秋北バス事件最判との関係において同事件前半部分につきその旨判断していたという見解もあるが、同部分は就業規則の法的な性質を一般的に展開したにすぎないと思われる。この見解は判例法理の「確認」ではなく「発見」作業と評価しうる。

③契約論としてもアンフェアである。8条、10条の関係について合意原則（8条）とその例外としての10条という位置づけになる。つまり、不利益変更の合意が得られないにもかかわらず、使用者は、統一的集団的な労働条件の決定の観点から10条を使うことが可能である。結局、9条に基づき合意をとることは、一方的不利益変更システムをビルドインした中での合意獲得過程と評価しうる。きわめて片面的不公正な合意原則に他ならない。

次に、使用者が合意を求め労働者がはっきりとそれを拒否した場合には、労働条件の不利益変更だけではなく「就業規則による変更」をも拒否する趣旨とみられる。にもかかわらず、10条に基づく「就業規則による不利益変更」が可能になるならば合意原則にあまりに反する結果となる。合意原則によっては、10条を説明しえないからである。その点においても合意原則の片面的適用といえる。

④集団法の観点からしても、就業規則変更手続では、従業員代表の意見を聴取することが義務づけられている（11条）。きわめて不十分な形とはいえ、労働者サイドの集団的意向を反映させる仕組みといえる。しかし、個別合意によって、不利益変更後の就業規則の適用までも認めることは、就業規則内容につき集団的意向を反映させる機会を奪うことになる。とくに、使用者が全労働者に対し個別的に合意を求めるケースではこの問題は顕著に表れる。集団的労働条件を個別交渉で決定するシステムになるからである。

総じて、有力説に従えば、個別合意によって、就業規則の不利益変更を行う際の2つの歯止め、つまり合理性審査（10条）と過半数代表の意向の反映（労基法90条）のいずれも回避する結果となり、きわめて不適当と思われる。

就業規則の不利益変更効という強い武器を持っている使用者に対し「個別合意」に基づく不利益変更のチャンスをも与えることは、契約論としても就業規則論としてもきわめて不適切である。

さらに、有力説は個別合意のとり方につき真意性や慎重さを重視しているが、就業規則の変更過程のどの段階でどのような合意をとるべきか、その際従業員全体の意向に留意するか、合意内容についての説明の程度（たとえば、合意がなされれば「10条による審査がなされなくなること」等）までは論じられていない。

なお、組合法からみて就業規則の作成・変更過程における集団的側面をどう把握すべきかは後述したい。

3）周知をめぐる問題──制度的周知と契約的了知

労働契約法成立以前は、周知はもっぱら労基法106条のそれが想定され、実際の事件も同法（旧）93条の効力が認められるかに関するものであった。最低基準的効力に関する事案なのでその適用をひろく認める趣旨から手続違反をそれほど問題にしない傾向があり、「実質的周知」で足りるという立場が主流であった[15]。さらに、「実質的周知」の態様につきそれほど詰めた議論をする必要がなく、労働条件の周知に関しては、むしろ労基法15条の労働条件明示義務の規定が重要であったといえる[16]。

最低基準効以外の不利益変更ケースにおいては、その理由や不利益変更の

---

[15] 朝日新聞小倉支店事件・最大判（昭和27.10.22民集6巻9号857頁）は、「仮に被上告人会社側において所論の如く労基法106条1項所定の周知の方法を欠いていたとしても、前段に説明の如く当該就業規則は既に従業員側にその意見を求めるため提示され且つその意見書が附されて届出られたものであるから、被上告人会社側においてたとえ右労基法106条1項所定の爾後の周知方法を欠いていたとしても、これがため同法120条1号所定の罰則の適用問題を生ずるは格別、そのため就業規則自体の効力を否定するの理由とはならないものと解するを相当とする。」との判断が示されていた。須賀工業事件・東京地判平成12.2.14労判780号9頁、協和精工事件・大阪地判平成14.3.25労経速1812号3頁も同旨。東京大学労働法研究会編『注解労働基準法 下巻』（有斐閣、2003年）1025頁（荒木尚志）。
[16] 労働条件明示義務につき詳しくは、拙著『成果主義時代のワークルール』（旬報社、2005年）73頁、国武英生「契約締結過程における使用者の労働条件明示と説明義務・情報提供義務」季労252号（2016年）184頁、周知に関する多様な論点については、道幸哲也＝小宮文人＝本久洋一『判例ナビゲーション労働法』（日本評論社、2014年）109頁参照。

程度・内容等をどのように周知、説明したかが重要であり、また、就業規則の「適用」が争われた事案でも当該就業規則を周知していたかが問題になる。この周知と説明については近時多くの裁判例において争われている。しかし、全体の理論状況は混沌としている。問題の構造自体が不明確であるからに他ならず、就業規則の集団的性質と契約法理としての精緻さの両立が目指されている。そこでここでは、まずなにが問題かを確認しておきたい。

第1に、周知は以下の3つのレベルで争われている。

その1は、就業規則の作成・変更時のそれである。意見聴取や組合等に対する就業規則内容の説明の際に問題になる（変更パターンであり労契法10条上の「周知」）。実際には、周知と関連づけて説明の仕方が問題になることが多い。

その2は、就業規則の適用の前提として周知がなされていたかで争われる（適用パターンであり労契法7条上の「周知」）。実際には不利益変更「後」の規定や勤務規律に関する規定について、周知の有無・時期（たとえば、PCS事件・東京地判平成27.2.24LEX/DB25505867）が問題になることが多い。

なお、7条は、「労働者及び使用者が労働契約を締結する場合において」と規定されているので、締結後に就業規則の規程の適用が問題になったケースをも対象とするかが論点となり、就業規則の周知のあり方が争われているのはこのような事案が多いと思われる。実際の利害状況が締結時の場合とそれほど違わないので、本章ではとりあえず実質的に7条と同様なケースとしてとらえている。「とりあえず」といえるかは問題であるが[17]。

その3は、最低基準効との関連での周知である。労契法12条（労基法旧93条）は当該効力を認めているが、条文上は「周知」は要件になっていない。労基法の周知概念がそのまま適用されるという趣旨と思われる。同じ「周知」といっても適用パターンに応じて問題状況は大きく異なるわけである。

---

[17] 理論的には未解明の問題が多い。前掲・荒木ほか『詳説労働契約法　第2版』115頁、三井正信「労働契約法9条についての一考察」広島法学36巻4号（2013年）62頁、野川忍『労働法原理の再構成』（成文堂、2012年）133頁、石田信平「就業規則による労働条件決定」学会誌126号（2015年）32頁等参照。労働契約の解釈問題という理解もある。なお、7条の合理性については、野田進「『働きながらの貧困』と労働法の課題」労旬1687・88号（2009年）12頁参照。

第2に、労基法上の周知と労働契約上の周知の内容および両者の関連性である。労基法上の周知については、労基法施行規則52条の2において、「法第106第1項 の厚生労働省令で定める方法は、次に掲げる方法とする。1号　常時各作業場の見やすい場所へ掲示し、又は備え付けること。2号　書面を労働者に交付すること。3号　磁気テープ、磁気ディスクその他これらに準ずる物に記録し、かつ、各作業場に労働者が当該記録の内容を常時確認できる機器を設置すること」と規定されている。制度的、その点では集団的な周知といえる。さらに、労基法106条は、労基法自体や関連する労使協定等についての周知義務に関する規定でもあり、必ずしも就業規則に特化した条文ではない。就業規則については、その最低基準効に着目してその内容を職場内においてあまねく知らしめる、その点では権利実現を図る目的をも持つわけである[18]。

　他方、労働契約法上は、労基法の前示規定をふまえるとともに7条、10条につき次のように実質的周知があればよいと広く解されている（「労働契約法の施行について」平成24.8.10基発0810第2号）。「労働者が知ろうと思えばいつでも就業規則の存在や内容を知り得るようにしておくことをいうものであること。このように周知させていた場合には、労働者が実際に就業規則の存在や内容を知っているか否かにかかわらず、法第7条の『周知させていた』に該当するものであること。なお、労働基準法第106条の『周知』は、労働基準法施行規則（昭和22年厚生省令第23号）第52条の2により、①から③までのいずれかの方法によるべきこととされているが、法第7条の『周知』は、これらの3方法に限定されるものではなく、実質的に判断されるものであること。」

　労基法上の周知概念より広いといえるが、何をもって実質的周知とするかの基準ははっきりしていない。また、労契法7条、10条に規定する周知は、もっぱら就業規則に特化したものであり、実際には労働契約の解釈に連動す

---

[18]　有泉亨『労働基準法』（有斐閣、1963年）62頁。労基法自体の周知も義務づけられているが、新たな視点からの位置づけが要請されている。たとえば、ワークルール教育的視点である（拙稿「ワークルール教育の課題」季労244号（2014年）4頁、拙稿「権利主張を支えるワークルール教育（一）（二）（三）」労旬1837号42頁、1838号30頁、1839号44頁（2015年））。

る。さらに12条は周知に関する規定を欠く。

(a) 裁判例の傾向

　周知のあり方について、近時の裁判例は多様な見解を明らかにしている。そこで全体の傾向と特徴を確認しておきたい[19]。

　まず不利益変更ケースにおいては主に手続違反の就業規則の拘束力（場合によれば効力）が争われており、一応2つのパターンの判断が示されている。とはいえ、対立した立場というより事案に応じた違いといえるかもしれない。ここでは周知の具体的態様というよりはその有無自体が問題になっている（周知があるとする裁判例として、国立大学法人佐賀大学事件・福岡高判平成29.11.10LEX/DB25548214がある）。

　その1は、はっきりと周知は拘束力の前提になるとの判断である（岡部製作所事件・東京地判平成19.11.26労判956号89頁）。たとえば、意見・届出は要件ではないが周知は要件（学校法人実務学園ほか事件・千葉地判平成20.5.21労判967号19頁）、十分な周知と意見聴取は変更の効力要件（三和交通清田事件・札幌地決平成22.12.14労旬1739号75頁）という説示がなされている。

　その2は、周知だけではなく変更内容等に関する説明もなかったことやその内容の不適正さから拘束力を認めないパターンである。特別職群移行時の賃金額等について説明がなく、周知もない（NTT西日本事件・大阪高判平成16.5.19労判877号41頁、最一小決平成17.10.20労判901号90頁）、退職金減額につき具体的に説明せず実質的周知もない（中部カラー事件・東京高判平成19.10.30労判964号72頁）、定年年齢の引き下げに必要な手続が履践されず、説明もない（学校法人純真学園事件・福岡地判平成21.6.18労判996号68頁）、

---

(19) 手続全般については、定年年齢の引き下げについて手続が履践されていなので無効（学校法人純真学園事件・福岡地判平成21.6.18労判996号68頁）、退職慰労金規定の廃止につき従業員代表の意見聴取手続が不適正であり説明もなくさらに内容的にも合理性がないので無効（日本機電事件・大阪地判平成24.3.9労判1052号70頁）、また、賃金減額の改定につき必要性につき疑問があり組合の意見聴取もしていないので原告との関係では無効（日本通運事件・大阪地判平成20.9.26労判974号52頁、もっとも控訴審は事実認定が相違し原告にも適用ありとされている 大阪高判平成21.12.16労判997号14頁）という判断も示されている。他方、過半数代表者の選任が不適切であっても変更の効力に影響を及ぼさない（洛陽総合学院事件・京都地判平成17.7.27労判900号13頁）との判断も示されている。

退職金支給基準の変更につき周知がなく相当性もない（芝電化事件・東京地判平成22.6.25労判1016号46頁）、退職手当規程改正は説明もされず周知もないので無効（T大学事件・東京高判平成27.10.28労経速2268号3頁）という判断が示されている。

　論理的に考えれば、新たな就業規則を周知することは不利益変更の合理性を判断する前提に他ならない（労契法10条）。したがって、周知しなかったことから拘束力なしとの判断が相当と思われるが、周知の有無・仕方だけではなく就業規則の変更についての説明内容をも問題にする例が多い。変更手続・過程全体を問題にしているといえる。そのような立場によると、周知を独自に問題にする必要はそれほどなく、説明の有無や不十分さの一部とみなすことになりがちである。

　次に就業規則の適用ケースについては、まさに周知の有無とともにその具体的あり方が正面から問題になっている[20]。周知がなされなければ就業規則規定の適用がなされないからである（レキオス航空事件・東京地判平成15.11.28労経速1860号25頁・もっとも周知有りと判断されている）。そのリーディングケースは、フジ興産事件・最判である。本件では、懲戒解雇の効力が争われたが、その根拠となる就業規則の適用の有無が論点となり、最判（最二小判平成15.10.10労判861号5頁）は、「使用者が労働者を懲戒するには、あらかじめ就業規則において懲戒の種別及び事由を定めておくことを要する（最高裁昭和49年（オ）第1188号同54年10月30日第三小法廷判決・民集33巻6号647頁参照）。そして、就業規則が法的規範としての性質を有する（最高裁昭和40年（オ）第145号同43年12月25日大法廷判決・民集22巻13号3459頁）ものとして、拘束力を生ずるためには、その内容を適用を受ける事業場の労働者に周知させる手続が採られていることを要するものというべきである。」と判示した。

　この適用ケースは、勤務規律や不利益変更後の規定、つまり労働者にとっ

---

(20)　周知がなされなかったことに異論がない（無洲事件・東京地判平成28.5.30労判1149号72頁）とか、使用者が「労働者への周知を欠いて無効であるなどと主張することは許されない」という判断（日本コンベンションサービス事件・大阪高判平成12.6.30労判792号103頁）も示されている。

て不利益な規定の適用が問題になることが多い。その意味では、周知が適用の要件になることを前提にして（労契法7条）、周知の仕方（実質的周知がなされたか）について判断が分かれている。もっともそれほど詰めた議論がなされているわけではない。

　周知が全くなされていない場合には就業規則の適用は認められない（東名運輸事件・東京地判平成25.10.1労判1097号56頁）。たとえば、懲戒事由等を定める就業規則は周知されていない（丸林運輸事件・東京地決平成18.5.17労判916号12頁、OBネットワーク事件・東京地判平成28.3.29LEX/DB25542607）、規範を知っている人はいるが退職金規程は周知されていない（岡部製作所事件・東京地判平成19.11.26労判956号89頁）、基本給減額規定が店舗になく周知されていない（シン・コーポレーション事件・大阪地判平成21.6.12労判988号28頁）、就業規則の変更自体を知らず周知もない（甲商事事件・東京地判平成27.2.18労経速2245号3頁）、定年制を定める就業規則が就業場所にない（エスケーサービス事件・東京地判平成27.8.18労経速2261号26頁）、専門業務型裁量労働制に関する就業規則が周知されていない（乙山彩色工房事件・京都地判平成29.4.27労判1168号80頁）、出向手当に関する就業規則は常時知りうるものではない（グレースウイット事件・東京地判平成29.8.25労経速2333号3頁）、被告会社の就業規則であることがはっきりしない（河口湖チーズケーキガーデン事件・甲府地判平成29.3.14LEX/DB25545729）等の判断が示されている。

　他方、実質的周知があるという判断も示されている（日音事件・東京地判平成19.1.25労判912号63頁）。組合への変更内容の通知があるので労基法上の周知がなくとも拘束力がある（クリスタル観光バス事件・大阪高判平成19.1.19労判937号135頁）、従業員が希望すれば就業規則を閲覧できた（キャンシステム事件・東京地判平成21.10.28労判997号55頁）、事務室に備え付けその旨説明していた（房南産業事件・横浜地判平成23.10.20労経速2127号11頁）、納金計算テーブル横の点呼場黒板脇につり下げ、従業員に常時閲覧の機会を与えている（日月東交通事件・東京地判平成25.1.17LEX/DB25500219）、無施錠のキャビネット内にありコピーも可能であった（富士運輸事件・東京高判平成27.12.28労判1137号42頁）、従業員の確認可能な状況（南大阪センコー運輸整備事件・大阪地判平成28.4.28LEX/DB25542865）、事務所内の鍵のかかる保管庫

の中にありだれもが鍵を使用できた（A不動産事件・広島高判平成29.7.14労判1170号5頁）等の判断が示されている。

さらに、周知がなくとも無効とならない（テーダブルジュー事件・東京地判平成13.2.27労判809号74頁）という例外的な判断を示す例もある。

この点につき詳細な判断を示すのはメッセ事件・東京地判（平成22.11.10労判1019号13頁）であり、実質的に周知があるとして以下のように説示している[21]。

「本件当時〔1〕被告の本店所在地に所在するビルの5階には被告の社長室（以下「本件社長室」という。）及び経理室（以下「本件経理室」という。）があり、原告の席は、同ビルの4階にあったこと、〔2〕本件経理室の入口を入ってすぐ右手に、被告の従業員であるC及びDが使用している机（以下「本件机」という。）が設置されており、本件机上の視認状況は良かったこと、〔3〕被告は、本件机上に回転書棚を置き、これに「就業規則」と記載したラベルを添付したボックスファイルを乗せ、その中に本件就業規則の写しを入れて常置していたこと、〔4〕原告を含む被告の従業員は、請求書の作成やタイムカードを取りに行くなどのため本件経理室に自由に出入りし、また、雇用関係の書類、履歴書等の受け渡しのため、Cを尋ねて本件机のところに赴くなどしていたことが認められる。

以上によると、被告は、本件就業規則を常時各作業場の見やすい場所に備付けており、実質的にみて事業場の労働者に対して本件就業規則の内容を何時でも知り得る状態に置いていたものといえる。そして、このことは、前述の本件就業規則の保管方法からすると、Cが常時在席していたか否かによって左右されるものではない。」

(b) どう考えるべきか

では、就業規則の周知についてどう考えるべきか。まず、就業規則として作成されたことが前提になる（これが否定された例として神田法人会事件・東京地判平成8.8.20労経速1613号3頁、大野シャーリング事件・横浜地判平成

---

[21] 本件については、拙解説・季労234号（2011年）146頁参照。

8.7.18労判714号71頁、最近の例としてANA大阪空港事件・大阪高判平成27.9.29労判1126号18頁、また退職金につき就業規則が作成されていないという主張が認められなかった例として、インフォーマテ事件・東京高判平成20.6.26労判978号93頁がある)。

　労基法上の観点からは、就業規則の目的が職場における労働条件等を従業員に対し的確に知らせることにあるので、周知の仕方も誰もが常に身近な形で容易に知りうる方法によることが必要といえる。その点、労基法上の要請、「1号　常時各作業場の見やすい場所へ掲示し、又は備え付けること。2号　書面を労働者に交付すること。3号　磁気テープ、磁気ディスクその他これらに準ずる物に記録し、かつ、各作業場に労働者が当該記録の内容を常時確認できる機器を設置すること」は適切と思われる。

　もっとも、1号の要件はあいまいなので、周知の重要性から厳格に解すべきものと考える。就業規則全体ではなく個別の規程を知っていただけでは「就業規則の周知」としては不十分であり、また実際には労働者が閲覧希望を示すことはリスクをともなうことが多い（会社に対して不満を持っていることを示す）。「常時」「各作業場の」「見やすい場所へ掲示し、又は備え付ける」という要件を満たさなければやはり周知とはいえないであろう。とりわけ、「見やすい場所へ掲示し、又は備え付ける」ことは不可欠といえる。

　次に、労働契約法上の周知概念については、周知の必要性がより大きくなるので労基法レベル以上の周知概念が必要とされよう。契約内容を的確に理解するという観点（労契法4条）からは「周知」プラス個別の「了知」といえる（労働契約法上の周知概念を以下「周知」と表示する）。この点を解明するためには、就業規則を「周知」しない場合の効果をどう解するかに着目する必要がある。具体的には、当該就業規則規定の拘束力（効力）を認めるか否かの問題といえる。したがって、各紛争類型に応じて個別に考える必要がある。

　最低基準効は職場内における最低基準の設定を目的としているので、就業規則を作成しながら当該内容を「周知」していなければ効力がないというのは、義務不履行の事実を使用者に有利に取り扱うことなのでアンフェアである（日本コンベンションサービス事件・大阪高判平12.6.30労判792号103頁参

照。もっとも、信義則に反しないという判断も示されている。社会福祉法人健心会事件・大阪地判平成 25.10.29LEX/DB25502264）。禁反言の原則からも効力を認めるべきであろう。

　他方、不利益変更効については、「周知」がなければその内容を従業員が知りえず、また変更内容自体の説明もなされえないので、「周知」がなければ拘束力はないといえる。「無効」といえるかもしれない。まさに、「周知」の義務づけの主要な理由といえる。

　契約内容補充効については就業規則内容に応じて異なると思われる。

　まず、勤務規律・懲戒ルールについては、労働者に一定の不利益を課す場合が多いので「周知」がなければ拘束力に欠けるといえる。不利益変更効と同様な利害状況にある。

　労働条件の新設的具体化（たとえば、一時金支給規程）に関する規定については原則的に「最低基準設定的機能」があるので[22]、12条の場合と同様に「周知」がなくとも効力は認められるべきものと考える。もっとも、契約上定められた労働条件につき一定の制限を課す規定（たとえば、「不支給事由」を定める部分）に関してはやはり「周知」が必要と思われる。結局、紛争になっている個別の利害状況に応じて考えるべきものであろう[23]。このように 7 条の位置づけは難問である。

　全体としてみると、就業規則の周知のあり方については、労契法 7 条（の一部）や 10 条と関連では労働者の利益を害する強力な効力が認められているので、制度的・集団的な 106 条ルールだけで十分かどうかが問題となる。労基法上（106 条）の周知は、立法の経緯からも労基法独自の効果、とりわけ刑事罰（120 条）や最低労働条件規律効（旧 93 条）との関係における概念であり、全労働者が知りうる状態にすべきことを意味する。しかし、同じ周知という表現がなされていたとしても、労働契約法上の契約内容規律効の一

---

(22) この点については、浜村彰「就業規則の法的拘束力と不利益変更に対する個別合意」労旬 1837 号（2015 年）30 頁参照。12 条の問題とする余地もある（川口美貴＝古川景一「就業規則法理の再構成」季労 226 号（2009 年）160 頁）。
(23) 両者が混在するケース、たとえば退職金支払い規程と退職金不支給条項の双方が問題になるとデリケートな問題が派生する。日音事件・東京地判平成 18.1.25 労判 912 号 63 頁参照。

部（7条）や不利益変更効（10条）についても同様に考えるべきかは問題となり得る。周知の目的が異なるからである。

　結論をさきにいえば、見やすい場所に常備するだけでは足りず、就業規則の配布等による「了知」もしくは「周知徹底」[24]、「適切な説明・情報提供」[25]、さらに場合によれば個別的説明[26]が必要ではなかろうか。労働条件の不利益変更や懲戒権・業務命令権を基礎づける就業規則規定については、周知の解釈をより厳格にとらえるべきものと考える。

　その理由は以下のとおりである。

　第1に、労働条件明示義務（労基法15条）、契約内容理解の促進（労契法4条1項）や書面確認の要請（同法4条2項）からも個別の了知がなされる必要がある。とりわけ、労契法7条の「周知」は、労働契約「締結時」を前提としているので、積極的に就業規則内容を知らしめる具体的アクションが必要と思われる[27]。労基法106条の要件を前提として就業規則の保管場所を明確に示すだけではなく、その内容を適切に説明することも要するであろう。知りえたはずだというのは、契約法理としては説得力を欠く。使用者にとって、就業規則を配布し、説明することはきわめて容易なので、周知概念に藉口してそのような努力をしないことは契約法理としては許されない。もっとも、就業規則なので内容についての合意までは必要とはいえない。就業規則内容について、周知、了知、合意の3つのレベルがあり、少なくとも了知は必要とされよう。

　近時、契約変更時や業務命令発出時の合意の「真意性」を問題にする裁判例が多く、そこでは適切な情報提供や説明が重視されている（広島中央保健生協事件・最一小判平成26.10.23労判1100号5頁、山梨県民信用組合事件・最二

---

(24)　三井正信『現代雇用社会と労働契約法』（成文堂、2010年）96頁。
(25)　土田道夫「労働契約法の意義と課題」学会誌115号（2010年）10頁、山下昇「就業規則と労働契約」前掲・日本労働法学会編『講座労働法の再生　第2巻　労働契約の理論』98頁。
(26)　唐津博「労働契約法における合意原則と就業規則法理の整序・試論」学会誌115号（2010年）30頁。
(27)　唐津博『労働契約と就業規則の法理論』（日本評論社、2010年）351頁。代々木自動車事件・東京地判平成29.2.21労判1170号77頁は、「賃金に関する規定の交付要求に応じなかった被告の不誠実な対応は著しく社会的相当性を欠くものとして、不法行為を構成する」と判示している。

小判平成28.2.19労判1136号6頁)。しかし、判例法理はこと就業規則レベルになると実質的周知レベルの議論でお茶を濁しており契約法理としても一貫性に欠ける。

第2に、労基法レベルの周知がなされていたといっても、実際に就業規則にアクセスすることは困難な場合が多い。机上の就業規則を実際に見るのにはかなりの「勇気」がいるケースもある。個別事案においてどの程度就業規則が読まれもしくは回覧され実際に広く周知されていたのかは問題となり(岡部製作所事件・東京地判平成19.11.26労判956号89頁参照)、「作業場の見やすい場所」といえるかは職場の実態いかんという側面がある。総じて、労基法上の就業規則の周知ルールは、罰則を前提としているのである程度形式的なものにならざるをえないという限界がある。労働契約法上の「周知」はやはり個別労働者の了知までが必要となろう。

第3に、さらに10条にいう「周知」になると、集団的だけではなく個々の労働者に対しても不利益変更の必要性やその程度等を説明することも必要になり、就業規則内容の個別的了知は不可欠となる(前掲・NTT西日本事件・大阪高判平成16.5.19労判877号41頁、中部カラー事件・東京高判平成19.10.30労判964号72頁。東武スポーツ事件・東京高判平成20.3.25労判959号61頁も参照)。ワジキ産業事件・松山地判(平成29.1.10LEX/DB25545216)は、「原告らC支店の従業員は、退職金規程が旧規程から新規程に変更されていること(本件変更)について、そもそも被告から告知や説明を受けたことがなかったのであるから、退職金規程を含む就業規則が従業員の閲覧可能な状態で保管されていたとか、現にその開示を受けることができたという事情をもって、被告が、新規程について、C支店の従業員をしてその内容を知り得る状態に置いたと評価することはできない。」とまで説示している。

最後に全体としての結論を確認する。

就業規則の効力は、労働者の利害に着目すると次のように分類されうる。①契約を規定している内容を下支えする最低労働基準の設定(12条)、②契約で規定していない内容につき最低基準の設定(7条による最低基準設定)、③契約で規定していない部分につき職場規律、権利制限的な具体化(7条による職場規律・業務命令内容の具体化等)、④不利益変更(10条)。

①②は最低労働条件基準の設定を目的とするので、周知義務との関連では、就業規則として作成したならば周知や了知がなくとも適用しうると考える。権利の効果的実現や禁反言の観点からそういえる（ケイエムティーコーポレーション事件・大阪地判平成29.2.16LEX/DB25545414）。他方、③④は労働者に一方的に不利益を課す性質を有するので労基法106条の制度的周知とともに個別的了知が必要と思われる。

4）紛争処理システムとしての問題

就業規則は労働条件決定の集団的性質に適したものと言われている。しかし、紛争処理システムの観点からはこの集団性が十分に生かされていないと思われる。また、特定の紛争につき就業規則の不利益変更法理による処理が適切なのかの基本問題もある。

(a) 集団性が欠如した紛争処理システム

就業規則をめぐる紛争は実際は集団的側面があるが、集団紛争に見合った独自の訴訟システムはなく、通常の民事訴訟で処理している。不利益変更の合理性の判断基準も、変更の必要性は経営上の理由とされる一方、不利益の程度は原告個人に着目している。実際には、変更の適否とその適用という2段階での判断となっているわけである（朝日火災海上保険事件・最三小判平成8.3.26労経速1591号3頁）。したがって、対象者・適用の仕方によって合理性判断が異なる場合はあり、たとえば、賃下げにつき20％以上減額する範囲で合理性がないという判断が示されている（大阪京阪タクシー事件・大阪地判平成22.2.3労判1014号47頁）。

この種の紛争については、独自の形態での集団訴訟（たとえば、「消費者の財産的被害の集団的な回復のための民事の裁判手続のための特例に関する法律」参照）は認められておらず、実際には複数の原告からなる共同訴訟や2次・3次訴訟のパターン（たとえば、みちのく銀行（2次、3次訴訟）事件・青森地判平成17.3.25労判894号66頁）にならざるをえない。

就業規則の作成段階については、労調法上の斡旋の利用も考えられる。しかし、「就業規則の作成」については労働者サイドにつきその代表性や斡旋

内容の職場全体に対する影響力に問題がある。もっとも、労働条件変更問題と把握するならば斡旋は可能である。

また、就業規則の変更とその適用（日本郵政公社事件・東京地判平成18.5.29労判924号82頁）につき一定の時間的経過がある場合に、就業規則の不利益変更自体の効力（もしくは拘束力）を争うことができるかは問題になる（変更の合理性判断につき、変更時か定年到達時かが問題となった例として、全国信用不動産事件・東京地判平成15.5.7労経速1852号3頁が、また新規定に異議を留めなかったことから黙示の合意があったとされた例として、フジ井株式会社事件・大阪地判平成10.10.23労判755号85頁がある）。

たとえば、退職金の不利益変更を「退職前」に争うケースである。具体的な紛争状態になる前に確認の利益があるかが問題になり、肯定例もあるが（大阪府精神薄弱者コロニー事業団事件・大阪地堺支判平成7.7.12労判682号64頁）、通常は認められにくい（空知土地改良区事件・札幌地滝川支部判平成18.3.29労判937号165頁は確認の利益ありとしたが、控訴審たる札幌高判平成19.1.19労判937号156頁はそれを認めていない）。定年年齢の確認請求は定年直前でない限り認められず（芝浦工業大学事件・東京地判平成15.5.27労判859号51頁）、退職金規程の改定についても退職時でなければ認められない（ハクスイテック事件・大阪高判平成13.8.30労判816号23頁、クリスタル観光バス事件・大阪地判平成18.3.29労判919号42頁）。就業規則変更の当否自体を確認訴訟で争うことができず、あくまで特定時点における個々人の利害との関係での処理がなされているわけである（野村総合研究所事件・東京地判平成20.12.19労経速2032号3頁、音楽之友社事件・東京地判平成25.1.17労判1070号104頁）。

就業規則の作成・変更について職場集団の意向を重視すべきならば、紛争処理システムについても個別契約上の処理以外に集団性に見合った何らかの工夫（集団訴訟・確認訴訟）が必要と思われる[28]。

---

[28] この点については、毛塚勝利＝道幸哲也「労働契約の決定・変更と就業規則／労働協約」労判902号（2006年）14頁、浜村彰「就業規則による労働条件の決定と変更」労旬1641号（2007年）39頁。また、合理性の不存在と変更就業規則の命運については、浜田冨士郎「就業規則法の理論的課題」日本労働法学会編『講座21世紀の労働法 第3巻 労働条件の決定と変更』（有斐閣、2000年）94頁参照。

(b) 対象となる紛争の限定

就業規則法理は、多様な労働条件や職場規律につき適用される。しかし、不利益変更事案については、そもそも変更に合理性があれば拘束力があると解されるべきかが問題となるケースも想定しうる。あくまで契約上の「個別合意」で処理されるべき問題として、就業規則法理の適用外とされるものだからである。

まず、労働契約法自体は、就業規則の7条や10条の適用について、ただし書で「労働契約において、労働者及び使用者が就業規則の内容と異なる労働条件を合意していた部分については、第12条に該当する場合を除き、この限りでない。」と定めている。その範囲での契約原理の貫徹といえる。

では、契約内容の量的な変更ではなく、質的な変更についてはどうか。たとえば、契約形式の変更（労働契約から委託契約へ、無期雇用から有期雇用へ）や賃金計算方法の質的な変更（年功賃金から成果主義賃金へ）についても就業規則の不利益変更法理が適用されるのであろうか。裁判例は、前者についてはともかく、後者については当然のように適用している（ハクスイテック事件・大阪地判平成12.2.28労判781号43頁、大阪高判平成13.8.30労判816号23頁、ノイズ研究所事件・東京高判平成18.6.22労判920号5頁、最二小決平成20.3.28労経速2000号22頁、トライグループ事件・東京地判平成30.2.22労経速2349号24頁等）。もっとも、変更時点における不利益の程度が明確ではないので「合理性」に欠けるという判断を示す例もある。たとえば、周知がなされず特別職群移行時の賃金額等について説明がない（NTT西日本事件・大阪高判平成16.5.19労判877号41頁）、変更後の賃金額等が不明（学校法人実務学園ほか事件・千葉地判平成20.5.21労判967号19頁）等の判断である。

また、社会福祉法人賛育会事件・長野地判（平成22.3.26労判1014号13頁、東京高判平成22.10.19労判1014号5頁も同旨）は、新賃金制度導入につき、「新賃金制度の導入は被告における賃金制度を抜本的に変更するものであるから、従業員においてこれを検討するには相当期間が必要になると考えられるところ、被告が新賃金規程の最終案を提示したのは被告自らが予定した提示予定日から3、4か月程度遅れた。」しかも、「新賃金制度の内容についての説明は概括的な説明にとどまっており、従業員がその内容を十分理解するには足

りないものであったということができる。さらに、新賃金制度は職能資格制度による人事考課が反映されるものであったところ、職能資格制度について連合会に対して説明がされた平成10年11月から5か月後には導入された上、その導入に際しては、賃金制度とどのように連動するのかについては示されず、人事考課の方法等（〈証拠略〉）についての説明は新賃金制度の導入に当たってもされなかったのである。」したがって、「賃金制度を抜本的に変更するという労働条件についての重要な事項について、従業員や労働組合に対する説明や交渉が十分されたとはいいがたい」と説示している。

　賃金体系の質的な変更は、その結果働き方が変わり、さらにその後の評価も絡むので変更時点において変更後の賃金がどうなるかを的確に予測できない場合が多い[29]。このようなケースは、使用者が一方的に作成する就業規則によって適切に処理しうる事案ではないと思われる。労務管理のあり方が基本的に変更されるからである。就業規則法理の適用対象について、それを限定すべきかについても検討すべき時期ではなかろうか[30]。加えて、就業規則の必要的記載事項のあり方も問題になる[31]。

2　組合法からみた就業規則

　1では、就業規則法理を考察する際に集団的視点をどう組み入れるかを検討した。2では、逆に組合法の観点から就業規則の作成・変更をどうとらえるかについて考察する。組合としてこの問題にどのように関与しうるかの問

---

[29]　もっとも、トライグループ事件・東京地判は次のような説示をしている。「賃金原資総額が減少する場合は別として、それが減少しない場合には、個々の労働者の賃金を直接的、現実的に減少させるのは、賃金制度変更の結果そのものというよりも、当該労働者についての人事評価の結果であるから、前記の労働者の不利益の程度及び変更後の就業規則の内容の合理性を判断するに当たっては、給与等級や業務内容等が共通する従業員の間で人事評価の基準や評価の結果に基づく昇給、昇格、降給及び降格の結果についての平等性が確保されているか否か、評価の主体、評価の方法及び評価の基準、評価の開示等について、人事評価における使用者の裁量の逸脱、濫用を防止する一定の制度的な担保がされているか否かなどの事情を総合的に考慮し、就業規則変更の必要性や変更に係る事情等も併せ考慮して判断すべきである。」

[30]　拙稿「成果主義人事制度導入の法的問題（3・完）」労判940号（2007年）9頁、前掲・道幸ほか『判例ナビゲーション労働法』123頁参照。

[31]　西谷敏＝根本到編『労働契約と法』（旬報社、2011年）168頁（矢野昌浩執筆）。

題でもある。

1) 就業規則法制の基本的立場

　組合との関連については、労基法（90条、92条）や労契法（10条、13条）に若干の規定はある。しかし、判例法理により、就業規則内容に不満があれば団交で対処せよという次のような端的なメッセージが発せられており、これが基本的立場といえる。さらに、団交結果たる協約については就業規則に優越する効果が認められている（労基法92条、労契法13条）。

　「新たな就業規則の作成又は変更によつて、既得の権利を奪い、労働者に不利益な労働条件を一方的に課することは、原則として、許されないと解すべきであるが、労働条件の集合的処理、特にその統一的かつ画一的な決定を建前とする就業規則の性質からいつて、当該規則条項が合理的なものであるかぎり、個々の労働者において、これに同意しないことを理由として、その適用を拒否することは許されないと解すべきであり、これに対する不服は、団体交渉等の正当な手続による改善にまつほかはない。」（秋北バス事件・最大判昭和43.12.25民集22号13頁3459頁）。

　実務上、就業規則の作成・適用の集団的側面は強調されている。しかし、それは労務管理のニーズに対応した集団的側面であり、労働者サイドの意向を集団的に反映する法的な整備はあまりなされていない。組合（運動）との関連についてもほとんど詰めた議論がなされていない。組合運動サイドでも就業規則ではなく協約の締結が本筋という建前があったからといえる。

　労働者集団の意向を反映させるために提起されているアイデアは立法論としての労使協議制や従業員代表制の構想である。この点への疑念については前述のとおりであり、ここでは現行の組合法からみた就業規則のあり方を検討する。

2) 就業規則の作成・変更手続への組合の関与

　就業規則の作成・変更につき全体としてどのような問題があるかを確認しておきたい。これらは、従業員代表法制の立法時の論点にもなる。

　まず、就業規則の作成・変更過程へ組合が関与するケースを想定すると、

主に不当労働行為の成否が争われる[32]。

　具体的には、労基法90条の意見発表の主体をめぐる事例について以下の点、すなわち、「過半数代表組合であること」と「過半数代表者になること」が問題になる。しかし、ここで想定されているのはあくまで「意見」発表（使用者からみると意見聴取）なので、その趣旨や当該手続を履践しなかった場合の効果について本格的な議論はなされていない。組合法の観点からどのような紛争類型があるかという問題関心さえあまりない。

　なお、一般的には過半数代表の選出が適正になされなかった場合にも、意見聴取の対象となった就業規則の効力は無効にならないとされている[33]。この点が正面から争われた洛陽総合学院事件・京都地判（平成17.7.27労判900号13頁）は次のように説示している。「本件変更に当たっては、労働基準法第90条第1項所定の『労働者の過半数を代表する者』としてD及びEが選出されたものの、同人らは、乙山校長が適任として選出した者であって、労働基準法施行規則第6条の2第1項第2号所定の投票、挙手等の方法により選出された者ではないことが認められ、そうすると、被告の『労働者の過半数を代表する者』の選出方法は上記規則に照らして適切ではないというべきであるけれども、同法第90条第1項が『労働者の過半数を代表する者』の意見を聴取することを要求しているに止まり、その者の同意を得ることまでを求めているものではないことに照らすと、上記事情をもって、直ちに、本件変更の効力に影響を及ぼす事情とまでいうことは困難というほかない。」本格的な検討がなされない理由といえる。なお、意見聴取手続の不適切さと説明不足から退職慰労金規程の廃止を無効とするケース（日本機電事件・大阪地判平成24.3.9労判1052号70頁）はある。

---

(32)　大内伸哉『労働条件変更法理の再構成』（有斐閣、1999年）、同『労働者代表法制に関する研究』（有斐閣、2007年）176頁、前掲・浜田『就業規則法の研究』161頁、東京大学労働法研究会編『注釈労働基準法　下巻』（有斐閣、2003年）39頁（川田琢之執筆）等参照。

(33)　36「協定」との関連では、過半数代表者の選出が適正に行われない場合に36協定自体が無効になると判断されている（トーコロ事件・東京高判平成9.11.17労民集48巻5・6号633頁、最二小判平成13.6.22労判808号11頁）。また、専門業務型裁量労働制に関する協定（労基法38条の3第1項）についてもほぼ同様な判断が示されている（乙山彩色工房事件・京都地判平成29.4.27労判1168号80頁）。

(a) 過半数代表組合であること

その1は、「過半数代表組合であること」に関する。過半数代表者選出についてのルール（労基法施行規則6条の2）は一応あるが、過半数組合であるか否かの認定ルールはない。労使の自主性に委ねているといってよく、実際は使用者が認定していると思われる。

では、この点について争いがある場合はどうするか。たとえば、使用者が過半数代表組合であることを認めないときはどのような形で組合はその事実を立証するか。また、使用者がその事実を知るために組合所属調査をすることは許されるか。

この組合所属調査は、裁判例では就業規則との関連ではなく、以下のように主に労基法上の協定締結権限との関連で論点となっている。

オリエンタルモーター事件は、36協定の締結に関して申立組合の過半数代表の地位に疑義が生じたとして、使用者が全従業員に対し組合加入の有無を調査する照会票を配布し、記名の上即刻回答するよう求めたことが問題になった。原審（東京高判平成2.11.21労判583号27頁）は、無記名秘密投票の形式をとらなかったとして、不当労働行為の成立を認めた労働委員会命令を適法とした。これに対し最判（最二小判平成7.9.8労判679号11頁）は、「具体的な不利益が生ずることをうかがわせるような状況の下で、組合員に動揺を与えることを目的として組合加入について調査」をした場合に支配介入になり、本件はそのような場合にあたらないとして次のように判示した。

「上告人は、残業を中止せざるを得ない事態に立ち至っており、早急に新たな36協定を適法に締結する必要に迫られていた。他方、組合は、事業場の労働者の過半数で組織する労働組合であるとして、上告人に対し組合との間での36協定の締結を要求していながら、その要件を確認するため再三にわたり組合員名簿の提出を求められたのに対しては、これを拒否し続けていたのである。上告人は、このように組合が協力しない状況の下で、組合の組織率を把握する必要があったのであり、上告人が、無記名での回答によっては正確性を必ずしも担保できないとして、正確を期するために記名式の用紙による照会をしたとしても、無理からぬところであり、これを不当視することは相当でない。使用者が組合員の氏名を知ろうとしたというだけで直ちに

支配介入に当たるものでない」。

　また、済生会中央病院事件では併存組合下でチェックオフ実施のため、対象となる組合員を特定することが困難であるとしてチェックオフを中止することが不当労働行為となるかが争われた。最判（最二小判平成1.12.11労判552号10頁）は、チェックオフの実施につき労基法24条の適用があることを前提に、組合が過半数の従業員を組織化しているか否かを確認することは困難であるとしてなされた措置と評価し不当労働行為とは認めなかった。

　他方、以下のケースでは不当労働行為等が認められている。たとえば、五十川タクシー事件・福岡地判（昭和59.2.29労判428号17頁）は、点呼において（匿名）組合員に挙手するよう発言したことが支配介入にあたるとしている。また、公務職場において組合活動慣行が問題となり、当局による調査のあり方も争われている。大阪市事件では、組合所属をアンケートで聞くことは違法とされている（大阪地判平成27.1.21労判1116号29頁、大阪高判平成27.12.16LEX/DB25541920、別事件・大阪高判平成28.3.25LEX/DB25542305）。

　次に、併存組合下で過半数代表組合である地位について組合相互間で争いになった場合の処理をどうするか。アメリカ法的な排他的交渉代表制がとられていないので制度的な解決は困難である[34]。過半数代表組合であるか否かについては実際には労使の「自主的」な判断に委ねられている。

　もっともその点につき疑義があった場合には、何らかのチェックの必要性があり、①組合加入状況の調査、②労働者による代表者（組合）の選出、が考えられる。①については、組合による組合員名簿の提出、使用者による組合加入調査の方法がある。

　①の方法により円満に解決できれば問題がないが、使用者による調査となればその具体的態様によっては組合活動・所属に対する抑制的効果がもたらされる[35]。そこで、端的な方法としては②が考えられる。この場合は、組合員が自分が所属する組合の代表を選出しないケースも想定できる。こうなると、「過半数組合」ではなく、「過半数代表者」レベルの問題になる。労基

---

(34) 排他的交渉代表制の問題点については、拙稿「団交権『保障』の基本問題――『救済』から『促進』へ（上）」法時89巻6号（2017年）104頁。
(35) 団交の際の組合の正統性については、同上論文（下）法時89巻8号（2017年）104頁。

法はおそらくこのようなケースを想定はしていないと思われるが。

(b)　過半数代表者になること

第2は、過半数代表者になることに関する。代表者選出過程について労基法施行規則6条の2は、労働者の過半数を代表する者について次の各号のいずれにも該当する者とする。

1項1号「法第41条第2号に規定する監督又は管理の地位にある者でないこと。」、同2号「法に規定する協定等をする者を選出することを明らかにして実施される投票、挙手等の方法による手続により選出された者であること。」また、同条3項は「使用者は、労働者が過半数代表者であること若しくは過半数代表者になろうとしたこと又は過半数代表者として正当な行為をしたことを理由として不利益な取扱いをしないようにしなければならない。」と定めている。実際にも、従業員代表の選出手続きが問題となった例もある（トライグループ事件・東京地判平成30.2.22労経速2349号24頁）。

過半数代表者になろうとしたことを理由とする不利益取扱いは明文で禁止されているが、その効力は必ずしも明らかではない（労基法136条についての沼津交通事件・最二小判平成5.6.25労判636号11頁参照）[36]。

では、労働組合活動しての行為ならばどうか。少数組合やコミュニティ・ユニオンであっても過半数代表者たる地位を得ることによって就業規則改訂に影響力を行使することは十分考えられる。当該行為は労働条件の維持改善に連なるので組合の正当な行為と解される。したがって不当労働行為制度上の保護もなされるであろう。

もっとも、非組合員との競合になると次のようなデリケートな問題が発生する。組合活動となると不当労働行為制度によって保護されるが、非組合員の活動については保護されない。そうすると公正な選出過程にならないのではという論点である。他方、組合に対しては便宜供与は禁止されているのに

---

[36]　小嶌典明「労使自治とその法理」日本労働協会雑誌333号（1987年）13頁、22頁は労働基本権の行使として保護すべきと論じている。なお、組合活動以外の集団志向的行為の保護法理については、アメリカ法の展開が示唆的である。竹内（奥野）寿「労働組合法のこれまでとこれからの課題」法時88巻3号（2016年）12頁も参照。

対し、非組合員の活動についてはそのような制約がないので、一定の便宜供与（会社掲示板や会議室の利用）をすることも想定できる。このような形で非組合員を優遇することが不当労働行為になるか否かも論点となる。

また、過半数従業員代表の選出については、その選出時期・選出方法の決定、選出事務を実際に行うのは使用者に他ならないので、上述のような紛争が生じた場合に、適正・公正なルールを設定できるかは難問である。現行制度には選出方式についてはともかくその具体的過程についての問題関心は全くないといってよい。労働者サイドの自主性は想定されず、まさに会社の専権となる。

(c) 意見聴取・協議過程

第3は、労働者代表と使用者との間の意見聴取・協議過程に関する。これは、以下のように労基法90条のそれと就業規則変更をめぐる団交権の問題に二分される。実際には、混在している例が少なくないが法的には全く別の論点といえる。

その1として、労基法90条に関しては、権限行使のための意見集約・内容の確定について、明確な手続規定等はない。

ただ、組合が関係した場合には次のような問題に直面する。過半数組合ケースについては、組合内の決定手続による意見集約が考えられる。とはいえ、組合規約において、就業規則作成・改訂を想定した独自の手続を有している例は少ないものと思われる。ことさらには意見集約をしないこともある。過半数組合の意向を不利益変更の合理性の要素とみる見解はこの問題までは目配りをしてはいない。さらに、非組合員・別組合員の意向の反映となると絶望的である。実際の運営はともかく、従業員全体の意向を公平に反映する「公正代表的」な手続構想も存在しないと思われる。

次に、過半数代表ケースについては独自の組織がない場合が多いので意見集約の仕方をはじめ全くルール化されていない。どのような意見を使用者に伝えるか、またはしたか、についての関心さえ従業員から示されないことが多いと思われる。もっとも組合からの過半数代表者への種々の働きかけは可能であり、当該行為は正当な組合活動とみなされよう。

その2は、団交権との関連であり具体的には2つの論点がある。就業規則変更が義務的交渉事項になるかと、組合との交渉態様が不利益変更の合理性判断にどのように影響するかである。後者については多くの関連裁判例があるので項を改めて検討する。

　就業規則変更が義務的交渉事項になるかについては、意見聴取と団交との関係が問題になる。「就業規則変更」は、労働条件に関係するとみなされるので義務的交渉事項になることはほぼ異論をみない。これは、過半数組合であろうが少数組合であろうが同様である(37)。

　もっとも、就業規則の作成・変更に特化した交渉の態様については次のような特徴がみられるであろう。就業規則の作成等は基本的には使用者の一方的権限なので「交渉」といっても合意の達成よりは就業規則内容の説明が中心となる。他方、組合のスタンスも、反対、反対しない、賛成する、合意する、さらに同内容の協定を締結するまで多様なバリエーションがある。

　また、就業規則は組合員以外の非組合員や別組合員の利害にも直接関係し、さらにその内容は同一なので、交渉の仕方に一定の制約はある。たとえば、組合併存下の交渉ではそれぞれの組合と自主交渉をして合意内容が異なるという事態は考えられない。その点でも、協約締結を目的とした交渉とは大きく異なるわけである。

　ところで、就業規則変更が義務的交渉事項になると就業規則変更について個別交渉をすることは団交原則に違反したり支配介入になる余地が出てくる(38)。この点は、労契法9条の反対解釈として個別合意により就業規則を介する労働条件の不利益変更が許されるか否かを考える場合にも問題になる（前述）。つまり、就業規則変更についての個別合意は個別交渉の結果に他ならないので、団交権を侵害する側面があるからである(39)。就業規則法理との関連につき、「就業規則によって協約労働条件を切り下げる集団法上の対

---

(37)　交渉事項を「労働条件変更」ではなくあくまで「就業規則変更」と限定している場合に少数組合やコミュニティ・ユニオンについてその団交要求が認められるかは問題になる。
(38)　拙著『労使関係法における誠実と公正』（旬報社、2006年）166頁、義務的交渉事項については64頁参照。
(39)　西谷敏『労働法　第2版』（日本評論社、2013年）171頁。

抗行為と評価することで合理性が認められない」という批判もなされている[40]。とりわけ、組合が就業規則変更について団交を要求していた場合にそういえる。さらに、就業規則による労働条件の変更がなされると「一方的変更」問題にも直面する[41]。協約自治との関連については本書95頁。

3) 就業規則の不利益変更提案への組合のスタンス──合理性の判断要素

多数組合の同意が就業規則の不利益変更の合理性判断の一要素になることは前述した。ここでは、団交のあり方に着目して関連裁判例を詳しく検討していきたい。実際に、多様な関与パターンがあるからである。

まず、一連の最判を事実関係にも留意してその位置づけを検討したい。第一小型ハイヤー事件・最二小判（平成4.7.13労判630号6頁）は、「新計算方法が従業員の利益をも適正に反映しているものかどうか等との関係で、上告会社が歩合給の計算方法として新計算方法を採用した理由は何か、上告会社と新労との間の団体交渉の経緯等はどうか、さらに、新計算方法は、上告会社と新労との間の団体交渉により決められたものであることから、通常は使用者と労働者の利益が調整された内容のものであるという推測が可能であるが、訴外組合との関係ではこのような推測が成り立たない事情があるかどうか等をも確定する必要がある」として差し戻している。組合との同意を合理性判断のファクターの1つとして例示しているだけであり、本件につきその点をどの程度重視しているかは明確ではない。さらに、原告が新労の組合員ではないことをどう評価するかの問題もある。

リーディングケースといわれる第四銀行事件・最二小判（平成9.2.28労判710号12頁）は、「本件就業規則の変更は、行員の約90パーセントで組織されている組合（記録によれば、第一審判決の認定するとおり、50歳以上の行員についても、その約6割が組合員であったことがうかがわれる。）との交渉、合意

---

[40] 毛塚勝利「労働契約法の成立が与える労使関係法への影響と今後の課題」季労221号（2008年）33頁。
[41] 東北測量事件・東京地判平成7.7.20労判682号51頁。労働委員会命令については、前掲・拙著『労使関係法における誠実と公正』169頁を、アメリカ法上の議論については、拙稿「労働条件の変更と誠実団交義務（上）（下）──『一方的変更（unilateral change）の禁止』法理について」日本労働協会雑誌267号12頁、268号33頁（1981年）を参照。

を経て労働協約を締結した上で行われたものであるから、変更後の就業規則の内容は労使間の利益調整がされた結果としての合理的なものであると一応推測することができ、また、その内容が統一的かつ画一的に処理すべき労働条件に係るものであることを考え合わせると、被上告人において就業規則による一体的な変更を図ることの必要性及び相当性を肯定することができる」と説示している。

　しかし、原告は非組合員であり、地裁段階（新潟地判昭和 63.6.6 労判 519 号 41 頁）では労組法 17 条との関連も問題になっていた。多数組合が非組合員である原告の利益を適正に代表しうるか等の論点は全く検討されていない。

　他方、みちのく銀行事件・最一小判（平成 12.9.7 判時 1733 号）は、賃金減額につき「行員の約 73 パーセントを組織する労組が本件第一次変更及び本件第二次変更に同意している。しかし、上告人らの被る前示の不利益性の程度や内容を勘案すると、賃金面における変更の合理性を判断する際に労組の同意を大きな考慮要素と評価することは相当ではないというべきである。」と説示している（みちのく銀行（2 次・3 次訴訟）事件・青森地判平成 17.3.25 労判 894 号 66 頁も参照）。多数組合の同意にそれほど留意しない例といえる。

　さらに、多数組合が反対していた場合にそれを重視しないという判断も示されている。函館信用金庫事件・最二小判（平成 12.9.22 労判 788 号 17 頁）は、完全週休 2 日制実施のための就業規則改訂につき、「本件就業規則変更により被上告人らに生ずる不利益は、これを全体的、実質的にみた場合に必ずしも大きいものということはできず、他方、上告人としては、完全週休二日制の実施に伴い平日の労働時間を画一的に延長する必要性があり、変更後の内容も相当性があるということができるので、従組がこれに強く反対していることや上告人と従組との協議が十分なものであったとはいい難いこと等を勘案してもなお、本件就業規則変更は、右不利益を被上告人らに法的に受忍させることもやむを得ない程度の必要性のある合理的内容のものであると認めるのが相当である」。

　同様な判断は少数組合の反対の場合も示されている。羽後銀行（北都銀行）事件・最三小判（平成 12.9.12 労判 788 号 23 頁）は、「従組がこれに強く反対していることや羽後銀行における従組の立場等を勘案しても」、合理性

があるとしている。いずれの最判においても、組合が反対した事実はほとんど独自の論点にさえなっていない。

　最判の全体としての特徴としては、多数組合の賛成を不利益変更の合理性判断の一ファクターとしていることは否定できない。もっとも、その程度は他の諸事情との比較により、不利益性が大きい場合にはそれほど重視されないケースもある。また、多数組合の意向は就業規則の変更に賛成した場合に重視されており、反対した場合には軽視もしくは無視されている[42]。一貫性に欠けるアプローチであり、組合の役割をある種の「協賛」機関とみなしているともいえる。

　次に下級審においては事案に応じて多様な判断が示されている。団交とのあり方が必ずしも明確に論点化されていないので、判例「傾向」を明確に示すことは困難である。それでも以下のような特徴を見いだすことができる。就業規則法理の集団法的視点を考察する上でも示唆的な内容になっている。

　第1に、就業規則規程において変更につき協議を義務づけている場合に協議がなされないケースについては変更規程に効力がない（三協事件・東京地判平成7.3.7労判679号78頁）、また、意見聴取さえしていない事案では変更の合理性は認められない（日本通運事件・大阪地判平成20.9.26労判974号52頁）という判断がなされている。

　第2に、多数組合の賛成意向を重視する裁判例が多い。内容を理解した上で反対していない（紀北川上農協事件・大阪地判平成29.4.10労判1165号3頁、大阪高判平成30.2.27労経速2349号9頁）、多数組合の賛成（初雁交通事件・さいたま地川越支判平成20.10.23労判972号5頁）や協約締結（第三銀行事件・津地判平成16.10.28労判883号5頁）、同意（野村総合研究所事件・東京地判平成20.12.19労経速2032号3頁）は合理性の判断基準となっている。同時に少数組合との交渉が不誠実でなかったこと（住友重機械工業事件・東京地判平成19.2.14労判938号39頁）や少数組合が団交に応じようとしなかったこと（中谷倉庫事件・大阪地判平成19.4.19労判948号50頁）を指摘する例もある。

　さらに使用者の団交態様が誠実であったことも重視されている。伊達信用

---

(42)　かなり慎重なスタンスという評価もある（斎藤善久「第三銀行事件判例解説」季労210号（2005年）222頁）。

金庫事件・札幌地室蘭支判（平成 7.3.27 労判 671 号 29 頁）は、週休 2 日制実施についての団交態様もそれなりに誠実であったとしている。また、大阪京阪タクシー事件・大阪地判（平成 22.2.3 労判 1014 号 47 頁）は、十分な協議がなされたとして以下のように判示している。なお、少数組合が反対の立場で協議が不十分でも（八雲会事件・函館地判平成 18.3.2 労経速 1932 号 14 頁）合理性が認められている例もある。

「旧労とは前提事実（7）で記載したとおり平成 16 年 11 月 22 日、同賃金体系について合意をしている。原告組合とは、同合意には至っていないが、上記 1（3）エで認定したとおり原告組合に対して、被告の財政状況が分かる資金繰り表や損益計算書等の書類を開示して財政状況の逼迫した状況を説明しているうえ、被告から賃金体系案を提示した後、原告組合の提示案についてシミュレーションをしてその採否の検討をし、原告組合に配慮して提示案について代償措置等を含めて細かな譲歩案を提示したりしている上、新賃金規程で設定した賃金体系を取らざるを得ない旨の説明をして新賃金規程の制定に至るぎりぎりまで交渉を重ねている。以上の事実を踏まえると、被告の原告組合との交渉過程については不誠実な点は認められず、かえって、誠実にそれを行ったことが推認される。」

第 3 に、協議や団交態様に問題があったとする例もあり[43]、これらのケースでは不利益変更の合理性は認められていない（多数の従業員の賛成があったとしても合理性がないとされた例もある。丸水運輸商事事件・福岡地小倉支部判平成 30.2.1 労判 1178 号 5 頁）。

そのリーディングケースは、多数組合が変更に反対した函館信金事件・札幌高判（平成 9.9.4 労判 722 号 35 頁、前述最判は合理性を認めている）であり、次のように説示していた。

基本的立場として、「本件変更は、職場規律に関する部分の変更だけではなく労働時間など重要な労働条件の変更を含む大幅なもので、労働契約に重要な影響を及ぼすことは明らかであり、被控訴人において変更内容を従業員（及びこれを代表する組合）に説明すべきことは、労働契約の当事者として当然であるのに、被控訴人は、本件変更の重要性及び労働条件は労働者と使用者が対等の立場において決定すべきものであるとの原則（労基法二条一項）

に対する認識を欠いたまま、性急に新就業規則を実施したものであり、このような被控訴人の組合に対する姿勢は、当時、被控訴人の職場の絶対多数組合であった組合の意見を聞いて真摯に協議し、尊重すべき意見があれば尊重するという姿勢には程遠いものであったといわなければならない。」

結論として、「本件変更は、その必要性に乏しく、しかも、控訴人らにとって重要な勤務時間及び賃金に関するの（ママ）既得の権利を一方的に奪うものといってもよいものであるのに、被控訴人は、当時、被控訴人の職場の絶対多数組合であった組合の意見を聴いて真摯に協議し、尊重すべき意見があれば尊重するという姿勢には程遠い状態に終始し、実質的には組合の意見を聴かないまま新就業規則を実施するに至ったものと評価することができるのであって、冒頭に説示したような意味における合理性があったものと認めることはできない。」

また、社会福祉法人賛育会事件・長野地判（平成 22.3.26 労判 1014 号 13 頁、東京高判平成 22.10.19 労判 1014 号 5 頁も同旨、大輝交通事件・東京地判平成 7.10.4 労判 680 号 34 頁も参照）も以下のように協議が不十分であると判示している。

「新賃金制度の導入目的に照らして上記賃金減額をもたらす内容への変更

---

(43) やや特異な論点として、組合との交渉態様から就業規則改定が違法であるという主張がなされたが認められていない（日刊工業新聞社事件・東京高判平成 20.2.13 労判 956 号 85 頁）。他方、合理性に欠く無効な就業規則の改訂自体を違法とする判断も示されている（熊本信用金庫事件・熊本地判平成 26.1.24 労判 1092 号 62 頁）。

また、団交レベルではなく、当事者への説明や意見聴取を重視する例もある。たとえば、キョーイクソフト事件・東京地八王子支判（平成 14.6.17 労判 831 号 5 頁、乙山彩色工房事件・京都地判平成 29.4.27 労判 1168 号 80 頁も参照）は、不利益になる者への説明が重要であるとして以下のように説示している。

「本件就業規則改定により原告らの定例月収が 15％減額になるというのであるから、被告としては不利益を受ける原告らに対してもう少し説明や意見聴取に意を用いるべきであった。ところが、上記経過によれば、被告と原告らとの間には十分な説明も質疑応答も意見聴取もなく、その機会も設定されないままに終わった。

そうすると、本件就業規則改定については、これにより不利益を受ける原告らが改定を容認していたということができないのは勿論、労働環境改善審議会における意見の形成過程から、それが多数の労働者の意見を反映し、かつ、合意の形成過程も納得できるものであるとして、変更の必要性や、不利益がこれに反対する原告らの受忍すべき範囲内のものであることが推認されるということもできない。」

に合理性を見いだすことは困難である。また、そのような基本的な労働条件について変更するには、特に十分な説明と検証が必要であるといえるが、原告らを含め従業員ないし労組に対する説明は十分にされたとはいえず、新賃金制度の内容について前記4のとおり問題点を有するものであり、導入に当たり内容の検証が十分にされたとはいいがたいものであった上、従業員への説明や内容の検証を上記程度にとどめてまで新賃金制度を導入しなければならないほどの緊急の必要性があったとも認められない。」

　第4に、注目すべきは就業規則変更に賛成した組合との協議・交渉の内容・態様を問題にする裁判例もあることである。まさに、公正代表的視点と評価しうる。前述の裁判例では多数組合の同意が就業規則変更の合理性の問題の一要素とされたために、その実際の意味や機能まではほとんど論じられてはいなかった。以下の裁判例はその例外といえる。

　羽後銀行（北都銀行）事件・仙台高秋田支判（平成9.5.28労判716号21頁）は、多数意見形成の問題点につき次のように説示している。

　「かつて従組の運動方針に反対する一部の者が従組から脱退して労組を作り、被控訴人に協調した組合活動を行うようになったという沿革があって、被控訴人としても労組と協調する姿勢をとり、従来から労組の幹部が被控訴人内部でも出世していくという実態が認められるので、ともすれば、被控訴人の経営陣と労組員とによって、被控訴人銀行の労使の多数の意思が形成される雰囲気があったことは推認するに難くなく、それが企業体の多数意見を形成していることは推認できる。しかし、控訴人らが主張している本件就業規則の適用による不利益が理由のないものではないとすると、これを多数意見によって放棄させるとすれば、少数者の権益が顧みられないということになりかねないし、その受忍を強いるには、経済的な不利益が大きすぎるというべきであるから、労組側が本件就業規則の変更に合意していることも、右の変更を控訴人らに適用する合理性を支える決定的な理由にはならないというべきである。」

　徳島南海タクシー事件・徳島地判（平成12.3.24労判784号30頁）は、別組合との交渉の質につき次のように判示している。

　「被告会社と徳島南海タクシー労働組合及び徳島南海労働組合との就業規

則変更に関する交渉が、これに反対する、最も多くの組合員数を有する全国一般労組の組合員に変更後の規則の効力を及ぼすことを正当化しうるほどの実質を有していたとまでは認められず、また、全国一般労組との交渉も適切なものであったとまでは認められないのであり、このほか、労働者にとって重要な労働条件である賃金の変更に伴う減少額をも考慮すると、平成八年六月に変更された就業規則の効力を、全国一般労組の組合員に及ぼすことは相当でないといわざるをえない。」

なお、新賃金制度導入につき同意した組合が管理職たる原告の利益を擁護する立場にないことも指摘する例もある（日本交通事業社事件・東京地判平成11.12.17 労判 778 号 28 頁）。他方、組合内部における議決の瑕疵が主張されたケースもあるが認められてはいない（日魯造船事件・仙台地判平成 2.10.15 労民集 41 巻 5 号 846 頁）。

就業規則に関する協議・団交は、組合員の利害だけが問題になるわけではないので、従業員全体の利益をどう適切に代表しうるかが問われる。この団交のあり方については前述した。

労契法 10 条は、就業規則の不利益変更の合理性判断につき、「労働組合等との交渉の状況」をも重視しているので、交渉の態様や質にも留意すべきものと思われる。

4）協約法理との関係

就業規則法制は協約との関係でも多様な形で問題になるが、ほとんど本格的な検討はなされていない。労基法 92 条の意義や就業規則不利益変更「合意」に対する協約法理の適用、さらに協約自治に反するような就業規則による労働条件の一方的決定の論点である。

(a) 労契法 13 条、労基法 92 条との関係

就業規則と協約との関連については、労契法 13 条は「就業規則が法令又は労働協約に反する場合（協約に反しないとされた例として、大学共同利用機関法人高エネルギー加速器研究機構事件・水戸地土浦支判平成 27.7.17LEX/DB25540763）には、当該反する部分については、第七条、第十条及び前条の

規定は、当該法令又は労働協約の適用を受ける労働者との間の労働契約については、適用しない。」と規定している。一方、労基法92条は「就業規則は、法令又は当該事業場について適用される労働協約に反してはならない。」と規定している。

労働契約法成立以前には、労基法92条の解釈につき協約違反の就業規則が無効になるか、協約期間満了時に当該就業規則の規程は復活するか等が争われており、無効となると判示する裁判例もあった（明石運輸事件・神戸地判平成14.10.25労判843号39頁、佐野第一交通事件・大阪地岸和田支決平成14.9.13労判837号19頁）。その点、労契法13条は、「労働協約の適用を受ける労働者との間の労働契約について」とその対象を限定している。「労働契約法の解釈について」（平成24.8.10基発0810第2号）も、同条の趣旨について、「第13条の『労働協約の適用を受ける労働者との間の労働契約については』とは、事業場の一部の労働者のみが労働組合に加入しており、労働協約の適用が事業場の一部の労働者に限られている場合には、労働協約の適用を受ける労働者（労働組合法第17条及び第18条により労働協約が拡張適用される労働者を含む）に関してのみ、第13条が適用されることをいう。」として当該労働者との関連でのみ就業規則の適用を排除すると解している。前述の裁判例とは異なった解釈といえる。

協約に反する就業規則が無効とされることはなくなったが、問題が残っていないわけではない。つまり、労基法92条第2項は、はっきりと「行政官庁は、法令又は労働協約に牴触する就業規則の変更を命ずることができる。」と規定しており、その趣旨をどうみるかは論点となる。あくまでも労基署の権限の問題であるとしても、なぜ変更までも命じる事ができるのか、命じた場合にそれに従わない場合にはどうするか（労基法120条第3項は30万円以下の罰金に処すると規定している）、また変更した場合の就業規則の効力はどうなるかの問題がある。労契法13条の趣旨との整合性が問われるわけである。

もっとも、実際には監督署が協約の提出を義務づけたり、就業規則につき協約規程との違いをチェックしているかは明らかではない。また、当該命令を出す手続等についても決まっていない。それでも組合活動の一環として監督署に命令を出すよう要請することは考えられる。協約規範を職場内に「拡

張適用」できる仕組みに他ならないからである。

　また、協約期間満了にともなう労働条件はどうなるかといういわゆる予後効問題も残されている。とりわけ、その後就業規則により不利益変更された場合の合理性の論点である。この点については本書95頁。

(b)　就業規則不利益変更「合意」に対する協約法理の適用

　協約法理上は、労働条件の不利益変更ついての同意につき、組合内部における決定手続ルールの遵守が必要となり、この点については学説、判例上種々の議論がある[44]。就業規則の不利益変更についての組合の「関与」の仕方にも多様なパターンがある。積極的に反対する、一応反対する、意見を聞き置く、黙認する、積極的に賛成する、合意をする、協約を締結する等である。このパターンに応じた組合内部手続や合意がなされた場合の法的効果等についてはほとんど論じられていない。

　とりわけ、就業規則の不利益変更について「だけ」の労使間の合意ならば、協約法理上の位置は全く不明であり、組合内部手続上のルールがあるか否かも問題になる。この点を不明にしてもっぱら就業規則論として立論することは、組合民主主義を形骸化し組合内部さらに組合自体の責任を不明確にするといえる。

　もっとも、皮肉な見方をすればはっきりさせないことにこそ労使にメリットがあるといえるかもしれない。つまり、多数組合に交渉力があれば就業規則内容に一定のコントロールが可能である。場合によれば、不利益変更を回避するもしくは不利益の度合いを少なくすることができ、実際に一定の「交渉」は可能となる。その場合には、協約締結を前提とした組合内部手続を回避しうる余地があり、組合執行部の責任をはっきりさせなくともよい「メリット」がある。一方、不満のある組合員は個人の立場で独自に裁判を提起でき、「合理性」の有無の観点から裁判所によるチェックが可能となる。裁判所による司法審査という歯止めがあるわけである。よくできた？集団的労働条件決定システムといえるかもしれない。

---

(44)　公正代表義務については、前掲・拙著『労使関係法における誠実と公正』217頁。

以上のような問題があるがここでは協約法理からのアプローチを試みておきたい。

　まず、組合が同意してその内容を協定化した場合は、当該文書は署名もしくは記名押印がある限り「労働協約」とみなされる（労組法14条）。そうすると、組合員については労契法13条により協約が適用され（労組法16条）、非組合員については就業規則が直接適用されることになる。変更内容の合理性審査基準の違いによって（就業規則のほうがより厳しい審査がなされる）、就業規則についてだけ合理性を欠くという事態も生じうるわけである。その結果、非組合員のほうが有利な労働条件になる可能性もある。

　次に、協定化したにもかかわらず、労使間で当該合意を労働協約とみなさないことはできるか。そうすると組合員についても就業規則がストレートに適用される。ただ、協約上の規範的効力を明確に排除する意向ならば労組法16条との関連において当該合意が有効かが問題となる。組合自身の立場はどうであれ、個々の組合員の利益を害するおそれがあるので大問題である。

　では、協約締結を目的とした組合内部手続をとる必要があるのか。そのような手続をとらない場合にも規範的効力（労組法16条）の適用があるのか。労働契約法立法時に過半数組合との合意から不利益変更の合理性を推定するというアイデアがだされていたが、以上の問題までもが論議されていたわけではない。就業規則法理の観点からはその点につき曖昧な処理でもよいかもしれないが、協約法理からは無視できない論点である。実際には、その点の曖昧さが使用者だけではなく前述のように組合（執行部）にとってもメリットとなっているかもしれない。

　ところで、就業規則変更に賛成する場合にも、その内容が書面化されていなければ「労働協約」の締結とみなされない。要式性を欠く労使間合意に他ならず（都南自動車教習所事件・最三小判平成13.3.13 労判805号23頁）[45]、労基法92条の適用はない。

---

(45)　本件の問題点については拙評釈・判例評論515号（2002年）189頁。

(c) 集団的労働条件決定システム

就業規則と協約との関連は、集団的労働条件決定システムという広い観点からも問題になる[46]。就業規則による決定は組合のプレゼンスを弱めるからであり、端的なケースは、協約解約後に就業規則により労働条件を決定することの当否である。

日本書籍出版協会事件・東京地判（平成2.10.29労判572号29頁）は、「労働協約を解約したうえ、右労働協約と抵触する就業規則を制定するのは、労働協約の優越性を定める法の趣旨を潜脱するもので、効力がないと主張するが、正当な手続を履践して労働協約を解約した以上、そのことのみによって本件就業規則による勤務時間の定めが無効となることはない。」と判示している。

とはいえ、協約内容が契約内容になっているので、就業規則改訂の合理性が必要なことも指摘されている。音楽之友社事件・東京地判（平成25.1.17労判1070号104頁）は、「原告組合と被告との間の労働条件は、本件労働協約を含む確認書等により、長年にわたって規律されており、平成24年2月10日時点において、原告組合所属の原告組合員らと被告との間で、労働契約の内容とされていたと認めるのが相当であるから、本件労働協約が失効した後においても、効力停止中の本件昇給条項を除く本件労働協約規定に基づく労働条件は、新たな労働協約の成立や就業規則の合理的改訂・制定が行われない限り、原告組合員らと被告との間の労働契約を規律するものとして存続するものと解すべきである」（大阪国際観光バス事件・大阪地決平成13.12.26労判826号92頁も同旨）。

では、組合が団交を要求しているにもかかわらず就業規則変更によって交渉対象となった労働条件を決定することは、組合法上は団交権を侵害するか、一方的な労働条件の変更にあたるか。また、不利益変更の合理性につきどう判断すべきか等の問題がある。リオン事件・東京地立川支判（平成29.2.9労判1167号20頁）は、まさにこの点が正面から争われたものであり、その問

---

[46] 労働協約上の同意約款が就業規則の変更にまで及ぶとした例として安田生命保険事件・東京地判（平成9.6.12労判720号31頁）があるが、組合に同意拒否権の濫用があったと判示されている。

題点については本書95頁参照。

　なお、就業規則の作成・変更自体が組合活動を抑制する不当労働行為かが正面から争われている例もある。シオン学園事件・東京高判（平成26.2.26労判1098号46頁）は、賃金体系の変更は組合員を狙い撃ちしたものではなく不当労働行為にはあたらないとし、他方で退職手当につき退職手当規定に定めがない事項について市の条例等を準用することは団交の機会を制約するので不利益変更にあたるという（T大学事件・東京高判平成27.10.28労経速2268号3頁）ユニークな判断も示されている。

　立法論としては、就業規則の作成・変更に従業員代表を関与させるというアイデアがあるが、むしろ組合法システムをビルドインした変更手続を考えるべきものと思われる。

小括　組合法からみた就業規則法理

　組合法からみた就業規則法理の特徴と直面する課題について確認しておきたい。

　まず、労基法制定時の構想は、活発な組合活動により集団的な労働条件の決定がなされるであろうとの認識から就業規則につき労基法上次のような規定が定められた。

　就業規則の作成・変更手続につき過半数組合からの意見聴取（90条）が義務づけられた。組合を通じた集団的労働条件決定への足がかりとなることが期待されたといわれる。就業規則の効力は最低基準的効力のみ（93条）であり、協約が就業規則に優先する（92条）とされた。それなりに全体構造がわかりやすいシステムといえた。

　その後秋北バス事件最判で不利益変更を認める判例法理が示され、最判および下級審の多くの裁判例を通じて「就業規則法理」が確立していった。2007年に労働契約法が成立し判例法理の立法化が図られた。

　裁判上、就業規則法理が整備される過程において組合の組織率、影響力が低下し、実際の労使関係においても就業規則重視の傾向がみられ、学説においても活発な議論がなされてきた。そこでの主要な問題関心は就業規則の効力について「契約論」的にどう説明するかというものであった。使用者が一

方的に定める就業規則システムを前提とする限り無理を承知での論争といえた。実際には就業規則で定められた個別規定についての規範的解釈以上のことは困難であった。

　他方、労働契約論については個別合意の真意性の追求が学説および裁判例の最近の流れといえる（たとえば、山梨県民信用組合事件・最二小判平成28.2.19 労判1136号6頁）。しかし、就業規則については本来「合意」の契機がないので、合意レベルではなく規定内容をどう説明・説得したかに留意して不利益変更の合理性を問題にするアプローチがとられた。説明レベルについては「真意性」の論点と類似しているからである。なお、就業規則の「周知」については、契約論的な説明が不可欠と思われるが、裁判例のアプローチは至極形式的である。契約論で真意性を問題とする姿勢ほどの熱意はみられない。

　また、全体的な印象では、学説の関心が契約論に傾斜したために就業規則が本来有している集団性を重視した事件処理や法理は大きく後退している。組合法からの接近も以下のような理由できわめて不十分であった。

　第1に、手続的には、意見聴取と団交とが未分化になりがちであった。とりわけ、団交法理が未成熟であった。使用者が一方的に決定しうる就業規則についての団交の意義とか交渉における誠実さについてそれほど詰めた議論はなされなかった。団交の態様は、多くの場合不利益変更の合理性の判断基準にすぎなかったからである。

　第2に、組合の関与については、多数組合の同意が不利益変更の合理性のファクターとされた。しかし、組合が反対した場合や同意した組合が労働者利益を適正に代表しているかについてまでは十分に議論されていない。就業規則作成・変更時の組合の役割は実質的には使用者の「協賛」機関化していたと評価しうる。

　第3に、組合が一定の力量があれば実際には、「団交」を通じて影響力を行使することができ、場合によれば就業規則内容の変更も可能であった。もっとも、このケースは紛争化しないので外部からは見えにくい現象といえる。組合内部手続や組合執行部の責任体制も曖昧であり、労使にとって使い勝手のよいシステムといえる。

では、組合としては就業規則問題にどう対処すべきか。最後にこの点を検討したい。選択肢は基本的に3つ考えられる。

その1は、団交・協約・団体行動を通じての集団的労働条件の決定に固執する原理的アプローチである。組合の力量、職場全体を念頭に置かない労組法システムの限界からは実際は困難な道といえる。

その2は、従業員代表制のアプローチである。これらの構想は一貫して主張されているが、ある種の協賛機関化することが容易に予想される。それでも、「ないよりまし」と考えるか否かである。

その3は、就業規則の作成・変更に組合が積極的に関与するアプローチである。絡めてから職場全体の労働条件に関与する方策である。現実的な選択肢であり具体的には次のことが考えられる。

① 過半数代表組合（者）であることは、就業規則の作成・変更について従業員全体を代表する立場に他ならないので、過半数代表組合であることの確認や過半数代表組合になる活動を積極的に行う。意見聴取のためとはいえ、非組合員を含んだ全従業員の意向や要求を知り集約するよい機会といえる。また、代表者選出を目的とした組合活動は正当な活動として不当労働行為制度の保護対象となる。

② 就業規則の作成・変更は労働条件に連動するので、意見聴取レベルではなく、変更問題を「労働条件変更」として義務的団交事項とする必要がある。この団交レベルについては、通常の団交権行使の問題になり、少数組合にも認められる。同時に使用者に誠実交渉義務が生じ、労使間合意に達したならば協約の締結にいたる。さらに、団交原理の実現たる個別交渉や労働条件の一方的変更の禁止法理が適用される。就業規則は労働条件の一方的変更の仕組みに他ならないので、以上の禁止法理は組合法の観点からそれをチェックする有効な手段といえる。

なお、団交レベルとはいえ、交渉事項を「就業規則作成・変更」と特定すると誠実交渉のあり方や一方的変更法理の適用の仕方が通常の団交と異なることが考えられる。交渉事項に応じた両者の使い分けをどうするかは運動論的にも理論的にも難問である。はっきりさせないことも1つの戦術である。

③ 協約との関係では、就業規則内容を協約化することと、逆に協約内容

を就業規則化することが考えられる。いずれも使用者の理解が必要である。

　前者については、内容の合理性からのチェック（労契法7条）は困難になるが、協約化することによって、一方的不利益変更をチェックしやすくできる。協約化すると無協約状態になった場合にその内容が契約内容に化体したという構成も可能となる。

　後者については、労基法の建前（92条）にも合致し、組合の規制力を職場全体に広げることができる。フリーライダーの問題は生じるが長期的には組合の代表性を確保するためには適切な措置と思われる。92条2項の利用も考えられる。

　④　就業規則の周知について、使用者だけではなく組合も積極的に全従業員に対し啓発する必要がある。身近な労働条件を知るもっともよい機会だからである。ワークルール教育の一環として労基法106条を位置づけることも有用と思われる。さらに、労使協定や協約内容の周知も課題となる。この点は本書141頁。

第3章 労働法における集団的な視角

はじめに

　職場の紛争が個別紛争として現れており、事件数も増加している。主要な処理機関は、もっぱら個別紛争を対象とする労働局のあっせんや労働審判である。また、集団紛争を対象とする労働委員会手続についても、形は集団紛争であるが実質は個別紛争とみられる事案が多くなっているといわれる。合同労組事案は、不当労働行為事件および調整事件の約3分の2を占めるほどである。さらに労働委員会自身も個別あっせんや労働相談機能を重視する傾向を示している。組合の力量の低下は顕著であり、労組法に関する学界の関心も希薄である。危機感よりも無関心のステージに突入しているとさえ評価しうる。

　しかし、職場の紛争は、外形上個別労働者の不満・苦情として現象したとしても、紛争化の背景として職場全体の問題が伏在している例は少なくない。労働時間や性差別、パワハラに関する紛争がその好例である。また、その処理は職場ルール形成の機能を果たし、その意味での集団性がある。少なくとも使用者サイドはこのような視角から個別紛争を処理していると思われる。そうしなければ継続的かつ適切な労務管理ができないからである。職場の紛争を処理する労働法は、本来以上のような集団法的な視点を内在していたと思われる。

　では、最近の労働法（学）の傾向はどうなっているのか。総体として、もっぱら紛争を個別法的な視点で処理する傾向が顕著である。契約法は当然と

して、労組法の領域においても個別法的把握がみられる。その典型は、労働者概念をめぐる最近の論争である。労働契約論の準用にもっぱら焦点をあてており、組合結成の契機やメカニズムを考慮してはいない[1]。また、たとえ集団的な視点によったとしても、紛争の当事者たる特定の組合や組合員のみに焦点をあて、そのレベルにおける集団性のみを考える傾向にある。それ以上の職場全体の労働条件の決定過程を必ずしも念頭に置いてはいない。

　くわえて、協約の規範的効力は組合員のみを対象にし、一般的拘束力制度はそれほど機能していない。協約関係を超えた職場レベルの労働条件については、むしろ就業規則が適用されている。しかし、就業規則法理における集団性と個別性の混乱状態は本書第2章のとおりである。また、不当労働行為制度はもっぱら特定の組合員たること、組合活動のみを保護している。組合に結実しない集団的活動は保護対象とせず、手続的にも申立組合以外の別組合や非組合員の意向を反映する仕組みは存在しない。申立組合を超えた「労使関係」的な視点は欠如している。まさに、労使関係法というよりは、団結権・団交権擁護の仕組みになっているわけである。

　さらに、多様化する組合員の意向や利害を労働条件決定において適切に反映しうるかという観点では組合民主主義（法理）が十分ではない。組合規約の整備も不十分であり、組合内部の意思決定手続と団交・協約の締結がどのように関連・連動するかという公正代表義務論的な議論も関連裁判例（日本郵便逓送事件・大阪地判平成 17.9.21 労判 905 号 36 頁、AIG エジソン生命労組事件・東京地判平成 19.8.27 労判 954 号 78 頁、中央建設国民健康保険組合事件・東京地判平成 19.10.5 労判 950 号 19 頁、東京高判平成 20.4.23 労判 960 号 25 頁、淀川海運事件・東京地判平成 21.3.16 労判 988 号 66 頁、朝日自動車事件・東京地判平成 23.11.11 労判 1061 号 94 頁、山梨県民信用組合事件・最二小判平成 28.2.19 労判 1136 号 6 頁、同差戻審東京高判平成 28.11.24 労判 1153 号 5 頁等）が提起されている割に低調である。

　他方、集団法としての整備が不十分な中で、従業員代表法制が一定の拡がりをみせ、常設化のアイデアもある。しかし、構成員の利害を適切に調整し

---

[1]　この点の私見は、拙解説「新国立劇場事件・東京地判」労旬 687・688 号（2009 年）57 頁参照。議論を法理的に深めれば深めるほど集団法から遠ざかる傾向にさえある。

うるか、労働者集団としての独立性を保持しうるか、労組法システムとの棲み分け等の問題も指摘されており[2]、学界の関心をひかないテーマになりつつある。全体的には閉塞状態といえる[3]。公務員団交・協約法制の立法が試みられたが必ずしも十分な議論がなされず[4]、また実際に立法化されてはいない。

　実際に進行しているのは、就業規則による職場全体の労働条件決定である。労働契約法の立法過程では、組合の役割は就業規則との関連で議論されるという「混乱」さえもみられた[5]。また、労組法では、労働条件の集団的決定という側面では多くの問題がある合同労組の活動が焦点となっている。

　本章では、以上の状況をふまえて、労働法の解釈において集団法的視点をどう可視化し、具体化するかを契約紛争を含めた多様な紛争例を素材に論じる。具体的には、1で合意の真意性確保の観点から合意過程における集団法的なファクターを論じる。2では、就業規則変更法理における契約法的な視点と集団的・制度的視点の関連を論じ、それをふまえて労契法9条と10条との関係について検討する。就業規則法理の観点から個別合意原則に対する一定の制約を考える。3では、合同労組の駆込み訴えをめぐる団交紛争に着目し、個別人事をめぐる交渉の集団法的な性質を考えてみたい。これらについては、本書各章でも詳しく論じている。

---

(2)　論争状態は、労働政策研究・研修機構編『労働条件決定システムの現状と方向性』(労働政策研究・研修機構、2007年)参照。

(3)　労組法の基本問題については、拙著『労働組合の変貌と労使関係法』(信山社、2010年)参照。最近の論議として、特集「紛争解決システムと労使関係立法改革」季労236号 (2012年)、「労使関係の変化と労働組合法の課題」学会誌119号 (2012年)、特集「集団的労働関係法の時代」法時88巻3号 (2016年)、日本労働法学会編『講座現代労働法の再生　第5巻　労使関係法の理論課題』(日本評論社、2017年)等がある。総体として、学界では集団化のメカニズムをどう考えるか、集団性とはなにかというもっとも基本と思われる問題関心が希薄である。

(4)　問題点については、拙稿「国家公務員労働関係法案の団交・協約規定」法時84巻2号 (2012年) 22頁参照。

(5)　前掲・拙著『労働組合の変貌と労使関係法』211頁以下。

1　労働契約法理の見直し

　労働契約法の成立以降、労働契約上の意思をめぐる紛争が増加している。合意の真意性を重視する裁判例の立場は尊重すべきであるが、どのような観点からその真意性を担保するかまでは十分に検討されていない。そこで、ここでは集団法的な視点を導入することによって真意性を担保する試みをしたい。

1)　真意性を重視する判例法理

　労働契約をめぐる最近の判例法理で注目すべき動きは、合意の真意性に関するものといえる[6]。これは、労働条件の不利益変更とりわけ賃金減額事案や退職合意について争われている。

　最高裁は、権利放棄の事案につき、「自由な意思に基づくものであることが明確」なこと（シンガーソーイングメシーン事件・最二小判昭和48.1.19判時695号107頁）、「自由な意思に基づいてなされたものであると認めるに足りる合理的な理由が客観的に存在」していることを厳格かつ慎重に判断すべき（日新製鋼事件・最二小判平成2.11.26労判584号6頁）と判示している。実際に、放棄の意思表示が無効とされた例もある（北海道国際航空事件・最一小判平成15.12.18労判866号14頁）。

　また退職のケースについても、合意の真意性（ジョナサンほか事件・大阪地判平成18.10.26労判932号39頁）とともに退職強要の違法性（下関商業高校事件・最一小判昭和55.7.10労判345号20頁）、退職動機の錯誤（富士ゼロックス事件・東京地判平成23.3.30労経速2110号3頁）や強迫（損害保険リサーチ事件・旭川地決平成6.5.10労判675号72頁）が問題となっている。

　注目すべきは、減額合意につき上述判例法理を援用して真意性を重視する裁判例が近時相次いでいることである。たとえば、技術翻訳事件・東京地判（平成23.5.17労判1033号42頁）は次のように判示している。「賃金の額が、

---

[6]　裁判例の分析は、水町勇一郎「強行法規はなぜ必要か？——労働法における強行法規と自由意思（上）」法時90巻8号（2018年）107頁。

雇用契約における最も重要な要素の1つであることは疑いがないところ、使用者に労働条件明示義務（労働基準法15条）及び労働契約の内容の理解促進の責務（労働契約法4条）があることを勘案すれば、いったん成立した労働契約について事後的に個別の合意によって賃金を減額しようとする場合においても、使用者は、労働者に対して、賃金減額の理由等を十分に説明し、対象となる労働者の理解を得るように努めた上、合意された内容をできる限り書面化しておくことが望ましいことは言うまでもない。加えて、就業規則に基づかない賃金の減額に対する労働者の承諾の意思表示は、賃金債権の放棄と同視すべきものであることに照らせば、労働基準法24条1項本文の定める賃金全額払の原則との関係においても慎重な判断が求められるというべきであり、本件のように、賃金減額について労働者の明示的な承諾がない場合において、黙示の承諾の事実を認定するには、書面等による明示的な承諾の事実がなくとも黙示の承諾があったと認め得るだけの積極的な事情として、使用者が労働者に対し書面等による明示的な承諾を求めなかったことについての合理的な理由の存在等が求められるものと解すべきである」。

　また、ザ・ウインザー・ホテルズインターナショナル事件・札幌地判（平成23.5.20労判1031号81頁、札幌高判平成24.10.19労判1064号37頁も同旨）も、次のように判示している。「賃金減額の説明を受けた労働者が、無下に賃金減額を拒否して経営側に楯突く人物として不評を買ったりしないよう、その場では当たり障りのない返事をしておくことは往々にしてあり得ることである。しかし、実際には、賃金は、労働条件の中でも最重要事項であり、賃金減額は労働者の生活を直撃する重大事であるから、二つ返事で軽々に承諾できることではないのである。そのようなことは、多くの事業経営者が良く知るところであり、したがって、通常は（労務管理に腐心している企業では必ずと言って良いくらい）、賃金減額の合意は書面を取り交わして行われるのである。逆に言えば、口頭での遣り取りから、賃金減額に対する労働者の確定的な同意を認定することについては慎重でなければならないということである。原告が供述する程度の返事は『会社の説明は良く分かった』という程度の重みのものと考えるべきであり、この程度の返事がされたからといって、年額にして120万円もの賃金減額に原告が同意した事実を認定すべきではないと

思料される。」[7]。

合意の真意性を担保するために、減額事由の適切な説明が必要なことは判例法理として確立している（たとえば、更生会社三井埠頭事件・東京高判平成12.12.27 労判 809 号 82 頁、日本構造技術事件・東京地判平成 20.1.25 労判 961 号 56 頁、NEXX 事件・東京地判平成 24.2.27 労判 1048 号 72 頁）。さらに、書面化の要請さえも指摘されている。

その後の注目すべきケースは山梨県民信用組合事件・最二小判（平成 28.2.19 労判 1136 号 6 頁、差戻審・東京高判平成 28.11.24 労判 1153 号 5 頁）であり、退職金減額に関する合意につき、「労働者が使用者に使用されてその指揮命令に服すべき立場に置かれており、自らの意思決定の基礎となる情報を収集する能力にも限界があることに照らせば、当該行為をもって直ちに労働者の同意があったものとみるのは相当でなく、当該変更に対する労働者の同意の有無についての判断は慎重にされるべきである。そうすると、就業規則に定められた賃金や退職金に関する労働条件の変更に対する労働者の同意の有無については、当該変更を受け入れる旨の労働者の行為の有無だけでなく、当該変更により労働者にもたらされる不利益の内容及び程度、労働者により当該行為がされるに至った経緯及びその態様、当該行為に先立つ労働者への情報提供又は説明の内容等に照らして、当該行為が労働者の自由な意思に基づいてされたものと認めるに足りる合理的な理由が客観的に存在するか否かという観点からも、判断されるべきものと解する」と判示している。今後のリーディングケースとなる裁判例といえる。

もっとも、ここで真意性といっても、2つの側面があることに留意したい。明確な意思であるという側面と納得に基づく意思であるという側面である。書面化は主に前者に関する。では後者はどのようにして実現が可能か。ここに使用者による説明の適切さとともに集団的視点の必要さがでてくる。

---

(7) 同時に、減額された賃金を受領していたことが黙示の合意に該当するかも争われている。合意を認めたケースとして、イーシップ事件・東京地判平成 17.4.22 労経速 1903 号 34 頁、医療法人共生会事件・東京地判平成 23.4.28 労判 1037 号 86 頁、認めなかったケースとして前掲・技術翻訳事件・東京地判、前掲・ザ・ウインザー・ホテルズインターナショナル事件・札幌地判、同事件・札幌高判がある。

2) 集団的な視点からの見直し

　職場実態からすると賃金減額提案につき労働者が合意しないことは困難である。それは黙示でも、明示でも同様である。書面化の場合はより慎重な判断になるといえるが、合意しないことはやはり難しい。せいぜいできることは納得のいく判断のために合意の時期を延ばしたり第三者の意見を聞いたり同僚等のアドバイスを得るぐらいである。

　ところで、賃金減額提案といっても特定個人だけのケースはそれほど多くはないと思われる。職場全体もしくは特定グループを対象としたものになりがちである。提案の諾否について、労働者サイドに共通の利害がある場合が少なくないわけである。使用者が個々の労働者との「合意」をとる形式にこだわっていても、その背景には使用者の共通の意向や戦略、その意味での集団性は否定できない。そこで、この共通の利害を有する者と連携することによって合意の真意性を担保することが考えられる。その典型は、労働組合を通じるものであるが[8]、ここでは契約法理を考察しているので、このパターンは対象としない。

　具体的には、まず減額提案内容の説明の仕方が問題になる。集団化の観点からは、共通の利害を有する者を対象とした「説明会」の開催が不可欠であり、同一の説明内容、質問の機会の付与、適切な回答も要請される。自分の疑問をぶつけられるだけでなく、同僚の質問やそれに対する回答を聞けることも大きなメリットとなる。

　このような集団化の視点は若干の裁判例においても示されている。たとえば、日本構造技術事件・東京地判（平成20.1.25労判961号56頁）は、「労働者の生活の基本にかかわる賃金の減額という事実に照らした場合に、会社から一方的に通知なり告知して特段の異論なり反対がないから合意が確定的に成立しているというのはあまりに身勝手な受け止め方といわざるを得ない。このような重要な労働条件の変更には、上記のような多数組合なり労働者の過半数代表者との書面による合意、あるいは労働者各人からの同意書なりを徴求することによって意思表示の確実を期さなければ確定的な合意があった

---

[8]　同僚との情報や意見の交換が組合結成準備行為とみなされる余地はある。

とは経験則上認めることは難しい。被告は、説明会等を通じて職員に対して減額の趣旨を説明していてその席で質問などがでていないことや後にも反対意思を表明してきた者がいないというが、意思確認の方法として不十分というべきである。」と判示し減額の合意がないとした（同旨・日本システム開発研究所事件・東京地判平成18.10.6労判934号69頁がある）[9]。

次に、提案について理解を深め、納得する意思決定をするためには、説明会に基づいた、職場での話し合いや情報の交換が必要になる[10]。情報（会社、各自の）の共有・相談による労働者サイドの交渉力の強化を目的とする。したがって、自己情報の相互開示の規制ができないことは当然として、第三者に対する相談による対処が適切になされるためには一定の猶予期間も不可欠といえる（ニチネン事件・東京地判平成30.2.28労経速2348号12頁、また諭旨解雇事例について国立大学法人群馬大学事件・前橋地判平成29.10.4労判1175号71頁）。このような猶予期間なしに即座に合意を求めることは真意性確保の観点から許されないと思われる。とりわけ、労働者がその旨要請した場合にそういえる。このような集団化の視点は、労働条件の対等決定原則（労契法3条）や契約内容の理解の促進（同法4条）という要請にも合致するものである[11]。

さらに次のような要請も、合意の形成・認定の際の集団的視点の重要性を示すものといえる。労働契約を使用者と個々の労働者との間の関係・合意としてのみ把握することは不適切であり、職場全体の労働条件がどう形成され、実態はどうかという集団的視点は不可欠といえる（本書1頁）。

---

[9] 錯誤論との関係で「集団性」に留意したケースとして秋田港湾事件・仙台高秋田支判平成23.7.27労経速2123号3頁がある。本件拙解説『新・速報判例解説Watch』11号（2012年）271頁参照。
[10] 集団レベルの協議と個人レベルの協議の例として、会社分割をめぐる労働契約承継法7条と商法改正法附則5条の協議がある。これらの問題については、日本IBM事件・最二小判平成22.7.12判時1010号5頁参照。
[11] 適切な説明をしないという団交不応諾型の不当労働行為を解雇にいたる経過の違法性ととらえるユニークな見解もみられる（エコスタッフ（エムズワーカース）事件・東京地判平成23.5.30労判1033号5頁、なお、大洋自動車事件・東京地判平成21.3.27労判986号68頁、日本メールオーダー事件・東京地判平成21.4.13労判986号52頁も参照）。なお、労契法3条、4条の趣旨については、西谷敏＝野田進＝和田肇編『新基本法コンメンタール 労働基準法・労働契約法』（日本評論社、2012年）331頁（道幸執筆）参照。

第1は、差別禁止・公平処遇の要請である。明文の規定（労基法3条、労組法7条等）に反する特定事由に基づく差別的措置は許されず、また、公平処遇の要請に反する行為も信義則上問題になりうる[12]。差別がなされたか否かは、職場全体における処遇との関連でのみ判断されうるので、同僚に対する処遇の実態を知らなければならない。職場全体の労働条件情報を入手する必要があるわけである[13]。これは労働契約の適切な締結・履行のためにも不可欠といえる。現在、同僚の人事情報の入手は、民訴法上の文書提出命令の適否で議論されているが、労働契約法理との関連での見直し作業も必要と思われる[14]。

第2は、職場（労使）慣行の適切な理解・実現の要請である。労使慣行は契約法上、黙示の契約内容になる点に特徴がある（たとえば、龍神タクシー事件・大阪高判平成3.1.16労判581号36頁、学校法人立命館事件・京都地判平成24.3.29労判1053号38頁等、労使慣行の成立が認められなかった例として、新生銀行事件・さいたま地判平成27.11.27労経速2272号3頁がある）。労使慣行は、性質上当該職場において集団的に形成されてきたものである。ところが、個々の労働者、とりわけ新入社員が労使慣行を知ることは困難である。どう認知しうるかという問題関心もみられない。

その点では、使用者との情報量の格差は顕著である。労働契約内容の適切な理解（労契法4条）のためには、使用者に労使慣行内容の説明義務があるのではなかろうか。労働条件の明示・確定、さらに書面化の要請とも結びつく。

2　就業規則法理の見直し

労働条件の決定・変更につき就業規則によるものが一般的である。裁判例では、不利益変更の合理性、周知のあり方が労働契約法の解釈として争われ

---

[12] 拙著『職場における自立とプライヴァシー』（日本評論社、1995年）236頁。
[13] 差別性の立証のためには、被差別者が他の従業員の能力や勤務成績等と比較して劣るものでなかったことを一応立証すべきである、という判断も示されている（JR東日本事件・最一小判平成24.2.23労経速2142号3頁）。職場全体の就労状況を知ることが不可欠といえる。
[14] 差別法理の全体構造については、毛塚勝利「労働法における差別禁止と平等取扱」角田邦重先生古稀記念『労働者人格権の研究　下巻』（信山社、2011年）3頁参照。

ている。学説も同様な傾向にある。理論的には、就業規則による決定の集団性と個別的意思との関連が主に探求されているわけである[15]。

本章の基本的な問題関心である労働条件決定における集団性は、まさに就業規則法理に端的に現れている。しかし、労基法レベルでの規制はともかくとして、労働契約法の解釈論レベルにおいてはもっぱら個別契約の問題として処理されている。集団性が必ずしもはっきりと位置づけられていないわけである。そこで、ここでは、就業規則法制（法理）の2面性を確認し、それをふまえて就業規則変更についての合意のもつ意味を集団性に留意して考察したい。合理性の判断視角、周知のあり方とともに労契法9条と10条の関連についても考察する。

1) 就業規則法理の2面性

就業規則法制（法理）には2面性がある。制度的・集団的側面と契約的・個別的側面である。労基法の世界と労働契約法の世界と言ってよい。労働契約の解釈レベルにおいては、両者の関連についてそれほど意識的に論じられてはいない。

前者は、労働条件基準や職場ルールの設定の側面であり、集団性が顕著である。労基法上、関連規定として以下がある。

①作成過程については、過半数代表の意見聴取と行政官庁への届出（労基法90条）が必要である。もっとも、代表選出の仕方や従業員内での意見形成の仕方については適切な規定はない。また、関与の仕方も協議ではなく意見聴取にすぎず、集団法としての不十分さは顕著である。

過半数代表組合の場合でも、就業規則変更に関する組合独自の内部手続が定まっていることは少ないと思われる。さらに、非組合員や別組合員の意向をどう反映すべきかははっきりしていない。また、過半数組合以外の過半数代表者については、その選出については一定の規制（労基法施行規則6条の

---

[15] 唐津博『労働契約と就業規則の法理論』（日本評論社、2010年）、大内伸哉『労働条件変更法理の再構成』（有斐閣、1999年）等、また、就業規則法理の論じ方については、浜田冨士郎「就業規則法の理論的課題」日本労働法学会編『講座21世紀の労働法　第3巻　労働条件の決定と変更』（有斐閣、2000年）79頁参照。

2) はあるが権限行使についての従業員の民主的コントロールについてはそれほど重視されてはいない。全体として、ある種の公正代表義務を想定すべきものと思われるが(16)、そのような問題関心も低調である。

②効力としては、職場において一律の最低基準となる最低基準効（旧93条）が定められ、同時に労基法・協約に反してはならないと規定されている（92条）。なお、協約に反する就業規則の効力がどうなるかは必ずしも明確ではない。無効と解する例もあった(17)。

③就業規則内容の周知が義務づけられている（106条、労基法施行規則52条の2）。個別に知りうることよりも、誰でもみることができるという集団的・制度的な周知が必要とされている。なお、関連して労働条件の明義務示（労基法15条）の規定はあるが、必ずしも集団性は必要とされていない(18)。

次に、契約的・個別的側面では、労働契約との関連が問題となるので、就業規則規定の個別的な適用として現れ、労働契約法上関連規定として以下がある。

①契約内容を下支えする最低基準効（12条）である。労基法の延長として規範設定的機能がある。もっとも、周知性は要求されていない。契約論的に就業規則内容を労働者が知るメカニズムは何かは問題になる。

②労働契約上定めがない部分について、就業規則内容が契約内容となる契約内容補充効（7条）である。契約のひな形を規定しているといえ、周知と内容の合理性を要件としている。労働条件部分については、就業規則内容が契約内容になることによって、労働条件の明確化に寄与するといえる。なんらの定めがない場合に比してそういえるので、規定内容の合理性が問題になることはあまりないと思われる(19)。

---

(16) 批判的な見解として奥田香子「個別的労働関係法における労働組合の意義と機能」学会誌119号（2012年）77頁参照。
(17) 佐野第一交通事件・大阪地岸和田支決平成14.9.13労判837号19頁等。
(18) 労働条件明示義務については、拙著『成果主義時代のワークルール』（旬報社、2005年）89頁参照。
(19) たとえば個別契約上、契約期間についての定めがはっきりしない場合に、就業規則によって有期雇用とされた例では、合理性は問題になろう。ただ、就業規則で契約の中核になるそのような定めができるかは疑問ではある。

他方、服務規律・懲戒権部分については、使用者の権限行使の根拠となるので、内容の合理性という一定の歯止めが必要となろう。もっともその基準は明確ではない。そこで、合理性によるチェックが必要になり、制度レベルと個別的適用レベルのそれが考えられる。

③就業規則の不利益変更によって既存の労働条件を変更する不利益変更効（10条）である。判例法理に由来する独自のルールといえる。労働者の利益や期待を害するので周知と変更自体の合理性が要求され、一定の基準が法定されている。契約論からは説明しにくい独自の効力である。

④協約との関連につき、協約に違反する就業規則は協約適用者について適用しない（13条）と規定している。協約の規範的効力論の問題でもある。

契約的・個別的側面を全体として評価すると、①は労基法の原則に由来し、②③は判例法理を踏襲したものといえる。また、④は協約法理との関連で当然の規定といえる。個別合意原則（労契法8条）との関連については、②はそれなりに理解しやすいが、①③は全く独自のルールである。それでも、①は労働条件の底上げという労働基準法の原理に由来している。

問題は③である。10条は、判例法理をふまえて合理性の判断要素として、変更の必要性・程度、内容の相当性、組合との協議の程度等をあげている。基本的には、経営上の必要性という制度変更の、その意味では集団的な視点が問題になる。また、合理性の判断基準として多数組合との合意を重視する立場もある（たとえば、第一小型ハイヤー事件・最二小判平成 4.7.13 労判 630 号 6 頁、第四銀行事件・最二小判平成 9.2.28 労判 710 号 12 頁）。とはいえ、裁判上の争い方は、個別労働者の権利・義務に関するものなので、もっぱら同人との関連における不利益性が論点とならざるをえない。判断基準として、個別性は否定できないわけである[20]。判決内容も、就業規則内容の個別的適用の有無の形をとる[21]。

---

[20] 就業規則の変更自体を労調法上の斡旋事件として申請することも可能と思われるが、使用者が一方的に決定する建前上適切な斡旋は困難であろう。もっとも、就業規則変更と連動した労働条件の変更ならば可能であろう。

[21] もっとも、一定の不利益変更の範囲内での合理性を認める例もある（大阪京阪タクシー事件・大阪地判平成 22.2.3 労判 1014 号 47 頁）。

また、不利益変更の合理性の要素として就業規則変更手続における使用者サイドの説明の仕方・程度も重視されている（たとえば、社会福祉法人賛育会事件・東京高判平成 22.10.19 労判 1014 号 5 頁）。適切な説明がなされなかったことから不利益変更を定める就業規則が「周知」されなかったという判断も示されている（NTT 西日本事件・大阪高判平成 16.5.19 労判 877 号 41 頁、中部カラー事件・東京高判平成 19.10.30 労判 964 号 72 頁）。多くは、集団的レベルにおける従業員集団もしくは組合を対象にしている。しかし、個別労働者に対する説明という側面が否定されているわけではない。

　次に、周知との関連では以下のことが問題になる、契約法理上は就業規則内容を労働者が知っていることが前提となる。しかし、判例上、実際に知っていることまでは要請されず、「知りうる」状況にあったかを問題にしている。たとえば、事務所に保管されている状態につき周知があったと解している（キャンシステム事件・東京地判平成 21.10.28 労判 997 号 55 頁、メッセ事件・東京地判平成 22.11.10 労判 1019 号 13 頁、学校法人甲学園事件・横浜地判平成 23.7.26 労経速 2121 号 13 頁）。実質的周知という表現もなされている（房南産業事件・横浜地判平成 23.10.20 労経速 2127 号 11 頁）。

　労基法的な世界では、周知をもって「誰でも知りうる」状態と解することもできよう。しかし、契約レベルではそれでは足りず実際に知っていたかこそが問われると思われる。同じ「周知」という表現でも、労基法と労働契約法のそれは内容が異なる部分があるわけである。少なくとも個々人との関係においても知りうるよう使用者が努力したかが問題になる。全体としては、職場における「周知」とそれを通じて個々の労働者がその内容を知っていること（もしくは知っているはず）という 2 つの要件が必要とされよう。判例法理はこの二重性に必ずしも留意してはいない。それゆえ契約法理としての説得性に欠くものと思われる。

　つまり、見やすい場所に常備するだけでは足りず、就業規則の配布等による「了知」が必要ではなかろうか。とりわけ、懲戒権や業務命令権を基礎づける就業規則規定については、「周知」の解釈をより限定的にとらえるべきであろう。その理由は以下のとおりである。

　その 1 として、労基法レベルの周知がなされていたといっても、机上の就

業規則を見るのはやはりかなりの「勇気」がいる。当該事案においてどの程度就業規則が読まれもしくは回覧され実際に周知されていたのかは問題となろう。「作業場の見やすい場所」といえるかは管理実態いかんという側面がある。個別了知を判断するための職場実態の重視といえる。その2として、労働条件明示義務（労基法15条）、契約内容理解の促進（労契法4条1項）や書面確認の要請（同法4条2項）からも個別の了知がなされる必要がある。その3として、使用者にとって、就業規則を配布し、説明することはきわめて容易である。「周知」概念に藉口してそのような努力をしないことは契約法理としては許されない。

　全体として、就業規則法理には二面性があるとはいえ、労働契約論レベルにおいて適切な事案処理がなされていない。また、労契法11条により労基法上の手続が前提となっているが、集団法的な視点は必ずしも明確ではない。労働条件の「統一的かつ画一的決定」の要請（秋北バス事件・最大判昭和43.12.25民集22巻13号3459頁）が就業規則法理の出発点であったにもかかわらずそうである。少なくとも意図的には追及されてはいない。不利益変更の合理性や周知のあり方についても、結局は集団的な視点との調整が不十分なまま特定労働者との関連が問題となっている。それが、労契法9条の解釈として、就業規則の不利益変更に関する個別労働者の合意の有効性を認める立場に連なっている。

2) 個別労働者の合意の有効性（労契法9条）

　最近の学会のホットなテーマは、9条の解釈として個別労働者の合意によって、不利益変更の合理性の審査（10条）を経ることなしに不利益変更された就業規則の規定が「適用される結果」になるかの論点である。労働契約法の立法に関与した有力学説[22]が肯定的見解を明らかにし、その点が正面から争われる裁判例が出現したことから論争状態になっている。9条の文言レベルの反対解釈としてそのように解することも不可能ではない。しかし、就

---

(22)　荒木尚志＝菅野和夫＝山川隆一『詳説労働契約法　第2版』（弘文堂、2014年）128頁、菅野和夫『労働法　第11版補正版』（弘文堂、2017年）202頁等。なお、「修正合意基準説」については、土田道夫『労働契約法　第2版』（有斐閣、2016年）581頁。

業規則法理の構造や集団的性質からは次のような疑問がある。また、実務的にもそのようなおおらかな解釈には問題が多く、私見は9条につき反対解釈をとる余地はないと解している。

(a) 関連裁判例

まず、前提作業として関連する裁判例について確認しておきたい。

労働契約法立法以前の事件としては、賃金減額の合意がなされたにもかかわらず、関連する就業規則の変更がなされなかったケースにおいて、当該合意の有効性を認める口ぶりの裁判例は存した（たとえば、朝日火災海上保険事件・最二小判平成6.1.31労判648号12頁、野本商店事件・東京地判平成9.3.25労判718号44頁）。

また、就業規則の不利益変更に対する個別合意の効力が争われた事件としてイセキ開発工機事件があり、東京地判（平成15.12.12労判869号35頁）は、次のように判示していた。「新資格への格付けは賃金減額を伴う場合があるから、従業員にとって就業規則を不利益に変更するものであるといえる。したがって、新規則の適用があるというためには、当該従業員が同意をするか、反対の意思を表明した者を拘束する就業規則としての法的規範性を有することを要するというべきである。本件では、原告は、新規則の概要と改正点について一〇月七日付け通達で知らされた上、これに同意したものであるから、新規則の法的規範性の有無について検討するまでもなく、新規則の適用を受けるというべきである。」（東京油槽事件・東京地判平成10.10.5労判758号82頁もほぼ同旨）。

しかし、これらの事例は、就業規則の規定に達しない個別合意の有効性を正面から認めたものではなく、また、この点が独自に争われたものでもない。合意の解釈として新就業規則への適用や合意を問題にしたものといえる。したがって、当該合意によって就業規則の合理性審査自体が回避されるという明確な判例法理とまではいえない状態であったと思われる。というより、論点自体がそれほど意図的に検討されていなかった。

むしろ注目すべきは最近の協愛事件であり、同事件は、退職した原告が、被告の退職金に関する規定に基づき、退職金および遅延損害金の支払を求め、

これに対し、被告が、その後の退職金に関する規定の変更によって、退職金額が減額され、その後退職金制度が廃止されたとして、原告の上記請求を争った事案である。使用者が労働者に不利益な労働条件を定める就業規則を変更するにあたり、個々の労働者が当該変更に同意した行為の評価が正面から争われた。

　大阪地判（平成21.3.19労判989号80頁）[23]は次のように判示している。

　「就業規則に定められた労働条件の基準より不利益な労働条件については、労働協約を締結するか又は就業規則を変更しない限り、個々の労働者がその労働条件を内容とする労働契約を締結した場合においても、その不利益部分において無効であり、就業規則に定める基準によるものと解するのが相当である。

　そうすると、使用者が労働者に不利益な労働条件を定める就業規則に変更するに当たり、個々の労働者が同変更に同意した場合においても、そのことから直ちに労働条件の内容が同変更後の就業規則の内容に変更されると認めることはできない。

　たしかに、使用者が、労働者と合意することなく、就業規則を変更することによって、労働契約の内容である労働条件を労働者の不利益に変更することは、その変更が合理的なものである場合を除いて、原則として許されないと解される（現行の労契法9条、10条本文参照）。しかし、上記の説示に照らすと、このことをもって、使用者が、労働者との間で、就業規則における労働条件の内容を不利益に変更することに合意をすれば、当然に労働条件の内容が就業規則の不利益変更後のものになるとまで認めることはできない。」

　他方、大阪高判（平成22.3.18労判1015号83頁）[24]は、次のように判示して個別合意の余地を認めた。

　「労働契約法は、労働条件設定・変更における合意原則を定める（同法1条、

---

[23]　評釈として、本久洋一・法時82巻12号（2010年）140頁、島田裕子・民商142巻4・5号（2010年）101頁等がある。
[24]　評釈として、和田肇＝道幸哲也「ディアローグ労判この1年の争点」日本労働研究雑誌616号（2011年）28頁、浅野高宏・新判例解説Watch2012年4月号277頁、勝亦啓文・法時84巻4号（2012年）118頁等がある。

3条、6条、8条、9条）とともに、就業規則の内容が合理的なものであれば労働契約の内容となるものとし（同法7条）、就業規則の不利益変更であっても、合理性があれば反対する労働者も拘束するものと定めた（同法10条）。これは、一般に、就業規則の不利益変更をめぐる裁判例が形成した判例法理を立法化したものであると説明されている。同法9条は、「使用者は、労働者と合意することなく、就業規則を変更することにより、労働者の不利益に労働契約の内容である労働条件を変更することはできない。」と定める。これは合意原則を就業規則の変更による労働条件の変更との関係で規定するものである。同条からは、その反対解釈として、労働者が個別にでも労働条件の変更について定めた就業規則に同意することによって、労働条件変更が可能となることが導かれる。そして同法9条と10条を合わせると、就業規則の不利益変更は、それに同意した労働者には同法9条によって拘束力が及び、反対した労働者には同法10条によって拘束力が及ぶものとすることを同法は想定し、そして上記の趣旨からして、同法9条の合意があった場合、合理性や周知性は就業規則の変更の要件とはならないと解される。もっともこのような合意の認定は慎重であるべきであって、単に、労働者が就業規則の変更を提示されて異議を述べなかったといったことだけで認定すべきものではないと解するのが相当である。就業規則の不利益変更について労働者の同意がある場合に合理性が要件として求められないのは前記のとおりであるが、合理性を欠く就業規則については、労働者の同意を軽々に認定することはできない。」

　ここに裁判例においても本格的な論争的状況が発生した。その後同種判断は熊本信用金庫事件・熊本地判（平成 26.1.24 労判 1092 号 62 頁）においても以下のように説示されている。

　「本件就業規則の変更は合理性を具備するものではないが、前記1 (1) に引用した最高裁判例の趣旨によれば、労働条件を労働者に不利益に変更する内容でありかつ合理性がない就業規則の変更であっても、当該就業規則の変更について労働者の個別の同意がある場合には、当該労働者との間では就業規則の変更によって労働条件は有効に変更されると解される。

　イ　もっとも、上記同意は、労働者の労働条件が不利益に変更されるという

重大な効果を生じさせるものであるから、その同意の有無の認定については慎重な判断を要し、各労働者が当該変更によって生じる不利益性について十分に認識した上で、自由な意思に基づき同意の意思を表明した場合に限って、同意をしたことが認められると解するべきである。」

また、ビーエムホールディングほか1社事件・東京地判（平成29.5.31労判1167号64頁）も、「使用者が就業規則（賃金規定）の変更によって、労働契約の内容を労働者の不利益に変更するためには、労働者の同意を得るか（労契法9条）、就業規則の変更が、「労働者の受ける不利益の程度、労働条件の変更の必要性、変更後の就業規則の内容の相当性、労働組合等との交渉の状況その他の就業規則の変更に係る事情に照らして合理的なものである」（労契法10条）ことが必要である。」と判示している。

さらに、最高裁は退職金の請求がなされた山梨県民信用組合事件（最二小判平成28.2.19労判1136号6頁、差戻審・東京高判平成28.11.24労判1153号5頁）において、「労働契約の内容である労働条件は、労働者と使用者との個別の合意によって変更することができるものであり、このことは、就業規則に定められている労働条件を労働者の不利益に変更する場合であっても、その合意に際して就業規則の変更が必要とされることを除き、異なるものではないと解される（労働契約法8条、9条本文参照）。」と判示した。

もっとも、この判示が労契法10条の適用を明確に排除したものか否かは、その旨はっきりと説示されていないので疑問が残る。個別合意に対する厳しい認定と合わせ読めば労契法8条、9条、10条の全体構造はまだ明確ではない。たとえば、最判は、個別合意についての慎重な認定の必要性を以下のように説示している。「当該変更に対する労働者の同意の有無についての判断は慎重にされるべきである。そうすると、就業規則に定められた賃金や退職金に関する労働条件の変更に対する労働者の同意の有無については、当該変更を受け入れる旨の労働者の行為の有無だけでなく、当該変更により労働者にもたらされる不利益の内容及び程度、労働者により当該行為がされるに至った経緯及びその態様、当該行為に先立つ労働者への情報提供又は説明の内容等に照らして、当該行為が労働者の自由な意思に基づいてされたものと認めるに足りる合理的な理由が客観的に存在するか否かという観点からも、判

断されるべきものと解する」。

　根本的疑問は、このような個々の労働者に対する周到な説明を重視するアプローチが10条の解釈においても適用されるかが問題とされていないことである。合意よりも就業規則による一方的変更の場合のほうが「個々人」に対する不利益性等につきより詳細、真摯な説明・説得が必要と思われるが、判例法理はそれほど詰めた議論を展開していない。

(b)　批判的な検討

　まず、有力説の理由づけを確認したい[25]。

　その1として、合意の二面性を指摘し、「具体的変更内容を了知した上での合意（具体的就業規則変更についての合意）」と「就業規則変更を通じた労働条件不利益変更を承認する旨の合意（就業規則による労働条件変更権限付与の合意）」があり、後者については、就業規則変更による変更権行使の権利濫用の吟味の余地があるので合意の認定は厳格・慎重になされるべき、とする。

　その2として、最低基準効（労契法12条）との関連につき、「変更の合理性は、あくまで旧就業規則の適用を受けてきた労働者に対する就業規則変更の『拘束力』の問題であり、就業規則の変更自体は、仮に合理性がなくとも『無効』であるわけではない。したがって、権限者により変更され、実質的周知がなされた就業規則があれば、最低基準効を発揮するのはその変更された就業規則であり、変更前の旧就業規則の最低基準効が働くことはないと解される」と指摘する。

　以上の立論には次のような疑問がある。

　その1について、合意の二面性はそのとおりであるが、ことさら「就業規則変更を通じた労働条件不利益変更を承認する旨の合意」を認定し、介在させる理由はなにか。労働条件変更をめぐる合意レベルでは、通常そのような二面的な合意までは想定されてはいないからである。そのような合意を想定しなければ10条の適用排除を説明し得ないからではなかろうか。契約解釈上、無理なもしくは不自然な構成と思われる。さらに、合意時においてその

---

(25)　前掲・荒木ほか『詳説労働契約法　第2版』128頁、荒木尚志『労働法』（有斐閣、2009年）323頁。

旨明確に説明したかも疑問である。

また、「就業規則変更による変更権行使の権利濫用の吟味の余地がある」と指摘しているがその意味はなにか。なぜ、権利濫用を吟味する必要が出てくるかまでは説明されていない。使用者に、裁判所による合理性審査を排除する形で、過大な変更権限を付与するからと思われる。そうするとそのような合意の相当性こそが問題になる。

その2について、変更の合理性は、あくまで旧就業規則の適用を受けてきた労働者に対する就業規則変更の『拘束力』の問題というのはそのとおりである[26]。しかし、拘束力を消滅させる個別合意の有無や相当性をどう評価すべきか。その点の適切な理論化が不可欠といえる。

就業規則法理のなかに個別合意による10条の適用除外を認める有力説の立場は、その理由づけについて説得力を欠くとともに、次の各観点からも疑問といえる。

イ）立法過程との関連

労働契約法上の就業規則規定は判例法理の踏襲といわれるが、個別合意によって就業規則の不利益変更の合理性審査を排除しうると明確に判断した裁判例はない。この点につき、秋北バス事件最判との関係において同判示前半部分につきその旨判断していたという見解もあるが[27]、同部分は就業規則の法的な性質を一般的に展開したにすぎないと思われる。この見解は判例法理の「確認」ではなく「発見」作業と評価しうる。9条の反対解釈をすることは、やはり「労働契約法の独り歩き」[28]ではなかろうか。また、立法過程でも明確な議論はなされず、さらに、「労働契約法の施行について」（基発0123004号平成20.1.23）においても特段の議論はされていない。にもかかわらず、そのような主張をすることは、アンフェアであり不意打ち的な議論といえる。

---

(26) 従業員代表からの意見聴取手続との関連において、就業規則の不利益変更を「無効」と解する裁判例もある（日本機電事件・大阪地判平成24.3.9労判1052号70頁）。
(27) 荒木尚史「就業規則の不利益変更と労働者の合意」曹時64巻9号（2012年）10頁。
(28) 唐津博「労働契約法の『独り歩き』」労旬1764号（2012年）4頁。

多くの研究者は、9条の反対解釈がなされ得ることを意外だと感じており、だからこそこのような論争がなされているわけである。判例法理、立法意図が個別合意によって就業規則の不利益変更の合理性審査を排除しうることを意味するならば、はっきりと明文化すべきであったと思われる。「9条は、8条に内包されていた合意原則を、就業規則を用いた労働条件変更との関係で具体化して規定したに過ぎない」[29]という立場は、後述のように就業規則システムの特性をあまりに軽視したものと思われる。

ロ）　条文の構造
　9条の位置づけについて基本的に以下の2つの筋を想定しうる。
　第1は、8条と9条により、合意原則の重要性を確認し、その例外として10条を位置づけるものである。10条を独自の「就業規則変更法理」ととらえる考え方である。その点、9条は8条とともに、「個別合意なし」に労働条件の変更ができない原則を確認したものとの評価しうる。たしかに9条の反対解釈をし、「合意がある」場合を類型的に想定し、一定の効果を明確に認めることは、抽象的レベルではありえる。しかし、就業規則を通じての労働条件変更法理（システム）、につき、合意がない場合の処理としての10条との関連性が不明確になる。ハ）で検討するように契約原理としても一貫性に欠けるわけである。
　第2は、8条により合意原則が定められ、その例外として10条が規定され、さらに10条の例外としての個別合意原則として9条が存在すると考える。10条の就業規則変更法理の中に個別合意原則がビルドインしているとみなすわけである。9条によって就業規則変更法理を排除する個別合意を認めると、合意原則・内容につきなぜ就業規則変更までも連動させるか、10条があるにもかかわらず、このような特殊な合意システムを導入した意味が問われることになる[30]。
　とりわけ、就業規則変更をめぐる個別合意は、就業規則内容自体に関するものと、当該規定を自分に適用することに関するものに二分しうる。後者に

---

[29]　荒木注13論文16頁。

ついては、変更自体についての合意とみられる。他方、前者についての個別合意の意義が問題になり、就業規則法理との関連における位置づけが必要となろう[30]。

いずれにしても10条の存在を前提にするならば、9条につき反対解釈を適切に位置づけることが困難となる。一方的変更法理にもかかわらず、特定の場合にのみ合意を重視するからである。つまり、労働者が反対した場合にはそれを無視して10条を適用し、賛成した場合はそれを重視しているからである。

ハ）契約論としてのアンフェアさ

有力説の9条解釈は、契約論の立場からも次のような問題がある。

第1に、不利益変更合意の二面性（変更内容と就業規則によることについての合意）を前提にしているが、実際の合意過程ではこの二面性はそれほど意識されていないと思われる。そのような二面性を認めなければ、適切に説明ができないからという立論ではないであろうか。使用者が両者を明確に区別して合意を獲得しているか、とくに、後者の側面につきことさら合意をとる意味についてまで説明しているかは疑問である。また、個々の労働者の立場からすれば、「就業規則の不利益変更によること」についてまで合意を要求されることはきわめて不自然である。個人レベルで合意することの独自の利益は全く考えられないからである。また、ニ）で検討するように集団的チェックの契機を害するおそれもある。

第2に、8条、10条の関係につき、合意原則の例外としての10条という位置づけになる。しかし、使用者にとって、合意をとれないことのリスクは少なく、合意原則としての一貫性に欠ける。

---

(30) 9条、10条を関連づけた合意の意味については、浅野高宏「就業規則の最低基準効と労働条件変更（賃金減額）の問題について」安西先生古稀記念論文集『経営と労働法務の理論と実務』（中央経済社、2009年）324頁、また規定の試案については、唐津博「労働契約法における合意原則と就業規則法理の整序・試論」学会誌115号（2010年）38頁参照。
(31) 労契法12条を重視して個別合意によって最低労働基準の変更は許されないという見解もある（吉田美喜夫＝名古道功＝根本到編『労働法Ⅱ　個別的労働関係法』（法律文化社、2010年）84頁（根本到執筆）。

まず、合意がえられないにもかかわらず、使用者は、統一的集団的な労働条件の決定の観点から10条を使うことが可能である。にもかかわらず、9条に基づく合意をとることは、一方的変更システムをビルドインした中での合意獲得過程と評価しうる。きわめて片面的不公正な合意原則に他ならない。このようなシステムを前提にしているにもかかわらず、就業規則の不利益変更の合意について、個別合意原則（だけ）で説明することは集団的な不利益変更システムとの関連において説得力を欠くものといえる。

　次に、使用者が合意を求め労働者がはっきりとそれを拒否した場合には、労働条件の不利益変更だけではなく「就業規則による不利益変更」をも拒否する趣旨とみられる。にもかかわらず、10条に基づく「就業規則による不利益変更」が可能になるので、合意原則にあまりに反する結果となる。合意原則によっては、10条を説明し得ないからである。その点でも合意原則の片面的適用といえる。

　同時に、10条ただし書との関係が生じると思われる[32]。労働条件を変更する合意が認められず、旧規定と同様な合意が残存すると解しうる余地があるからである。少なくとも労働者サイドについては、当該労働条件については、就業規則によって変更しないという明示の意思を認定しうる。労働者の合意の二重性を指摘しているにもかかわらず、その点への配慮はほとんどなされていない[33]。

　結局、有力説によると、使用者が合意をとる試みをし、それが拒否された場合のリスクはほとんどないこととなる。合意が得られれば9条の反対解釈により、10条の合理性審査を避けることができ、合意が得られなければ10条の変更システムを利用しうる。この一方的変更システムは、契約原理だけではなく協約自治をも危うくさせることも見逃せない。個別交渉によって容易に団交関係に代替しうるからである[34]（本書95頁）。

---

(32)　前掲・浅野論文325頁。
(33)　10条ただし書の個別特約は、就業規則と同一内容でも就業規則によっては変更されない趣旨の特約も含まれると指摘されている（前掲・荒木ほか『詳説労働契約法　第2版』144頁）。
(34)　自主交渉を阻害する側面もある。毛塚勝利「労働契約法の成立が与える労使関係法への影響と今後の課題」季労221号（2008年）32頁。

なお、9条の反対解釈が可能だとしても、合意の真意性を認定する際に、就業規則法理が有する集団的視点は重視されるべきである。とりわけ、合意のタイミングにつき、労基法上の就業規則変更手続との関連（労契法11条）をどの程度配慮すべきかの議論が不可欠である。具体的には、合意の前提として就業規則変更時の意見聴取段階での従業員代表の意見、同僚の意向や反応等を知ることが必要とされよう。労働条件の画一的規制のニーズは、使用者だけではなく、労働者サイドにもあるからである。
　また、個別合意をとる際、就業規則条文を明示したことを前提に、以下の説明が適切になされたかも真意性判断の基準となるであろう。①不利益変更の理由や程度を適切に説明したか。とくに制度レベルと個別適用レベルのそれについての説明を必要とする[35]。②個別合意の効果、とりわけ、不利益変更の合理性につき司法審査が及ばないことを説明したか、さらに、合意をとる際、その時期[36]や一定の猶予期間を認めたかも重視される。同僚や外部の者に相談をするためである。
　以上のように9条の反対解釈の余地があったとしても、当該合意の真意性につき一定の解釈的な歯止めが不可欠である。9条の解釈においても結局10条の想定する不利益変更の合理性を要求する世界と連動することになる[37]。しかし私見は、9条につき反対解釈は許されないと解している。問題処理視角が明確に異なるからである。

ニ）　労使関係上の不具合

　集団的な労働条件の決定の観点からは次のような問題点をも指摘しうる。
　第1に、就業規則法理は、労働条件の統一的処理という労務管理上のニー

---

(35)　三井正信『現代雇用社会と労働契約法』（成文堂、2010年）99頁は「合理的な集団交渉の視点」の必要性を指摘している。また、賃金体系の変更ケースにおいては、合意時点における不利益性の判断が困難となる。この点については、拙稿「成果主義人事制度導入の法的問題（1）（2）（3）」労判938－940号（2007年）参照。
(36)　労契法12条との関連については、山本陽大「就業規則の不利益変更と労働者による個別同意との関係性」季労229号（2010年）184頁参照。
(37)　西谷敏『労働法』（有斐閣、2008年）174頁、前掲・西谷ほか『新基本法コンメンタール労働基準法・労働契約法』359頁（野田進執筆）。

ズから形成されてきたにもかかわらず、有力説の見解に従うと労使関係上も顕著な不具合が生じる。つまり、個別合意により適用就業規則が異なる場合が生じるからである。とりわけ、不利益変更が複数回なされるとより複雑になる可能性がある。

　ところで、就業規則規定の適用につき次の3つのパターンを想定しうる。

　その1は、9条の個別合意の効力として合理性審査なしに新規定が適用される。

　その2は、9条の合意はないが、10条の合理性があり新規定が適用される。

　その3は、9条の合意はなく、10条の合理性もないので旧規定が適用される。

　その1、その2の場合とその3の場合とで、個々人に適用される就業規則規定が異なり、統一的な労働条件の確保は困難となる。また、その1と、その2は、一応新規定が適用されるが、個別合意の有無によって、契約意思と就業規則規定との相克が生じる可能性がある。とりわけ、その2の場合は、就業規則変更によって労働条件を変更する個別合意は成立せず、契約レベルにおいては旧規定と同様な合意が残存すると解しうる余地がある。そのために10条の存在意義があるとすると、あまりにも合意原則に反する結果となる。また、新規定は一応適用されるが、10条ただし書の個別合意によって排除されるかも問題になる。少なくとも、労働者サイドは排除の意思を有しているからである。

　第2に、就業規則変更手続では、従業員代表の意見を聴取することが義務づけられている（11条）。きわめて不十分な形とはいえ、労働者サイドの集団的意向を反映させる仕組みといえる。しかし、個別合意によって、就業規則の適用までも認めることは、就業規則内容につき集団的意向を反映させる機会を奪うことになる。とくに、使用者が同時に全労働者に対し個別的に合意を求めることを予想しうるので、この点の問題は顕著に表れる。集団的労働条件を個別交渉で決定するシステムになるからである。また、不利益変更につき団交がなされていた場合には、個別交渉、一方的変更の不当労働行為のおそれもある。

　総じて、有力説に従えば、個別合意によって、就業規則不利益変更の際の

2つの歯止め、つまり合理性審査（10条）と従業員代表の意向の反映（労基法90条）のいずれも回避する結果となり、きわめて不適当と思われる。就業規則の不利益変更効という強い武器を持っている使用者に対し「個別合意」に基づく変更のチャンスをも与えることは、契約論としても就業規則論としても不適切である[38]。

また、個別合意について慎重な認定の必要性を指摘する山梨県民信用組合事件最判的アプローチは労契法10条の解釈においても適用されるかの問題も残されている。合意よりも一方的変更の場合のほうが、個々人ごとにより詳細、真摯な説明・説得が必要と思われるからである。

3 個別代理を超えた組合の役割

労組法は、まさに集団法であるので、ことさら集団的な視点を問題にする意味はあまりない。理論的には、組合結成準備過程の集団志向的行為が不当労働行為法上保護されるか[39]、組合独自の利益と組合員の利益の調整[40]、協約締結時における公正代表義務的な問題[41]が主に論じられている。とはいえ、組合員の利益保護との関連において組合独自の役割が問題になる領域がないわけでない。労働条件決定の個別化にともない人事権の行使に関する組合の関与につき、個々の組合員の利益を適切に擁護するという代理的視点

---

[38] 論争は継続している。たとえば、毛塚勝利「労働契約法における労働条件変更法理の規範構造」法学新報119巻5＝6号（2012年）489頁、三井正信「労働契約法9条についての一考察」広島法学36巻4号（2013年）1頁、唐津博「労契法9条の反対解釈・再論」西谷古稀（上）369頁、浜村彰「就業規則の法的拘束力と不利益変更に対する個別合意」労旬1837号（2015年）30頁、西谷敏『労働法の基本構造』（法律文化社、2016年）172頁、奥田香子「労働契約における合意──合意の保護とその射程」日本労働法学会編『講座労働法の再生 第2巻 労働契約の理論』（日本評論社、2017年）33頁等。なお、土田道夫「労働条件の不利益変更と労働者の同意」西谷古稀321頁、同「労働条件の集団的変更と労働者の同意」日本労働法学会126号（2015年）44頁、大内伸哉「就業規則の最低基準効とは、どのような効力なのか」毛塚古稀113頁、石田信平「就業規則の変更による労働条件の不利益変更」前掲・日本労働法学会編『講座労働法の再生 第2巻 労働契約の理論』149頁も参照。
[39] 労働条件変更についての苦情や相談、さらに法律違反の告発等は、組合結成の端緒になる。
[40] たとえば、組合申立法理については、前掲・拙著『労働組合の変貌と労使関係法』121頁。
[41] 拙著『労使関係法における誠実と公正』（旬報社、2006年）236頁参照。

が重視されている。そこでは、組合独自の利益や役割はそれほど注目されていない。そこで、ここでは、人事権行使に対する組合のチェックのあり方を素材に個別代理を超えた組合独自の役割・利益について考えてみたい。

1) 人事権行使への組合の関与

組合は、使用者の人事権行使につき、基本的に2つの仕方で関与している。

その1は、人事権行使の基準・手続等を定める協約規範の設定による。具体的紛争を処理するための一般的ルール形成に他ならず、これが義務的交渉事項にあたることには異論はない。

その2は、個別人事のチェックである。これには3つのパターンがある。①人事協議（同意）条項の履行によるものと、②団交要求によるもの、③苦情処理制度によるものである。

①は、協約法理の対象であり、人事協議・同意条項がある場合に、それに違反した人事、たとえば解雇が無効になるかが主に争われる。理論構成はかならずしもはっきりしないが、協約違反で無効とする判例法理は一応確立している[42]。最近の裁判例をみても、個別人事に関する協議義務の不履行は協約違反で解雇無効（乙山産業事件・大阪地判平成22.6.18労判1011号88頁、エコスタッフ（エムズワーカース）事件・東京地判平成23.5.30労判1033号5頁）、また、労契法16条違反で無効（石原産業事件・大阪地判平成22.9.24労判1018号87頁）と判断されている。これらはいずれも同意条項のケースである。また、協議態様が不誠実とみなされても協議義務違反として解雇は無効となる（東京金属ほか事件・水戸地下妻支決平成15.6.16労判855号70頁）。

他方、協議義務の違反がないとされた例も存する（塚腰運送（人事異動）事件・京都地判平成16.7.8労判884号79頁、東京国際学園事件・東京地判平成13.3.15労判818号55頁）。さらに、組合役員の異動についての事前協議義務は組合活動に影響がない場合にはその対象にしないという労使慣行の例もある（株式会社銀装事件・大阪地判平成9.1.27労判711号23頁）。なお、経営問題についての協議義務については、違反しても解雇がかならずしも無効になる

---

[42] 昭和50年代の判例法理については、拙稿『人事協議・同意条項をめぐる判例法理の展開（一）（二）』労判447・448号（1985年）、その後の裁判例については本書117頁参照。

わけではないとも判示されている（兵庫県プロパンガス保安協会事件・神戸地決平成 10.4.28 労判 743 号 30 頁）。

主要な論点は、義務違反の場合の解雇等の人事の効力、その理論的な根拠、協議の程度・仕方であり、もっぱら個々の組合員の利益、つまり解雇の効力が念頭に置かれていた。組合の役割としては、個別組合員を「代理」する側面が主に想定されていたわけである。もっとも、協議をするか否かは、組合のその時々の裁量とされていた。他方、組合の協議義務という公正代表的な論点もあり、最近もこの点が争われている[43]。

協議の仕方・基準との関連では、法的な基準だけではなく組合独自の利害・基準も問題になる。その点では、協議は将来的な職場ルールの設定を意味し、就業規則の解釈・適用や職場慣行の形成につき駆け込み訴え問題と同様な状況にある。

②は主に合同労組をめぐる団交紛争として争われる。ここでは、組合が個別組合員の利益を適切に代表しているか、また組合関与の態様・目的が問題になる。

③については、団交と苦情処理との関連が問題になる。必ず苦情処理手続を利用しなければならないのか、苦情処理の結果について団交が許されるかの論点がある（富士重工事件・東京高判昭和 49.4.26 労民集 25 巻 1・2 号 183 頁、最三小判昭和 52.12.13 労判 287 号 7 頁参照）。

2) 合同労組問題

合同労組[44]のいわゆる駆込み訴えのケースでは企業外部の組合役員が従業員の個別人事についての話し合いを求めるパターンが一般的である。当該従業員が組合員であったこともしくはあることを使用者が知らないケースさえあるので、トラブルが発生しがちである（たとえば、ニチアス事件・東京地判平成 24.5.16 労経速 2149 号 3 頁）。最近の団交拒否事案はこのようなパターンが多い。

---

(43) 傍論であるがマガジンハウス事件・東京地判平成 20.3.10 労経速 2000 号 26 頁参照。
(44) 合同労組の直面する法的な問題については、拙稿「合同労組の提起する法的課題」日本労働研究雑誌 604 号（2010 年）75 頁。本書 171 頁参照。

判例法理上、交渉要求時において従業員の身分がなくとも、その点について争っていたり、また従業員であったことと関連した紛争があれば「雇用する」労働者とみなしている。労災がらみの紛争では退職後長期間を経たケースでも「雇用関係」は認められている（住友ゴム工業事件・大阪高判平成21.12.22 労判994号81頁、最一小決平成23.11.10別冊中労時1418号46頁）。さらに個別人事も義務的交渉事項となるので（奈良学園事件・大阪高判平成3.11.29労判603号26頁、最三小判平成4.12.15 労判624号9頁、最近の例は、医療法人光仁会事件・東京地判平成21.2.18労判981号38頁、ソクハイ事件・東京地判平成27.9.28労判1130号5頁）、駆込み訴えの場合の解雇や退職問題も義務的交渉事項になることも判例法理として確立している（日本鋼管鶴見造船所事件・東京高判昭和57.10.7労判406号69頁、最三小判昭和61.7.15労判484号21頁）。

しかし、個別人事という交渉事項が集団性に欠けるだけでなく合意内容が将来的な労働条件（基準）の決定をかならずしも意味しないことから、「団交」という形態で処理すべき紛争かは問題となる。具体的には、組合は個別組合員の意向を適切に「代理」して交渉しているか[45]、組合との団交（だけ）で適切な解決ができるか、が問われる。また、団交を求めているが、本音は個別的な権利・利益の擁護ではないのか、そうすると救済命令によって適切な解決ができるか、等も争われる。むしろ、権利・利益に関する斡旋的処理や労働審判のほうが好ましいという評価さえなされている。

しかし、当該紛争の発生や処理に集団的側面があることも事実であり、「団交」を求める組合活動の利益や「団交権」構成の必要性は否定できないと思われる。今後この点が正面から問題になることが予想されるのでその理由を検討しておきたい[46]。

まず、基本的な考え方として、個別人事が義務的交渉事項になっている意味を確認すると、個別人事であってもその処理如何は、必ず職場ルール設定

---

(45) 関連して、非組合員の労働条件が義務的交渉事項になるかも争われている（根岸病院事件・東京高判平成19.7.31労判946号58頁）。本件の問題点については拙解説・判例評論594号（2008年）189頁。
(46) 団交権保障をめぐる諸問題については、前掲・拙著『労使関係法における誠実と公正』17頁、拙稿「団交権『保障』の基本問題（上）（下）」法時89巻6号102頁、8号102頁（2017年）参照。

的機能があり、労働者の共通の利害と密接に関連する。労働契約論との関連においても、処分の相当性判断につき差別性や濫用性判断の基準として使われる。労使慣行の内容ともなりうる。他方、個々の労働者の利益に着目する公正代表的な問題として、個別人事を団交で取り上げないことの是非も争われうる[47]。

次に、「団交」によって処理する意味を考えると、解雇等の是非を判断する基準は必ずしも法的な基準だけ（解雇の正当性、労契法16条）とは限らない。労使の自主的判断がなされうる世界であり、力関係、労使関係的配慮から決まる側面は否定できない。また、その処理も、権利義務とは違って調整的、フレキシブルな解決も可能である。他の懸案事項とバーターされることがある。たとえば、正当な解雇のケースにつき、解雇を撤回して自主退職するケースもある。

なお、解雇の有効性を重視して、法的な判断の確定（解雇有効）は団交拒否事由になるという立場も示されている（京セラ事件・東京高判昭和61.11.13労判487号66頁、最一小判昭和63.9.8労判530号13頁、傍論であるが、東京・中部地域労働者組合（街宣活動）事件・東京高判平成17.6.29労判927号67頁）。これらの立場は、労使が独自の観点から解雇問題を処理するという側面を軽視しており疑問である。

また、組合活動上の次のような要請も見逃すことができない。

その1として、組合が個別組合員の権利・利益を擁護する役割は組合活動の一環としても重要である。それ自体は、不当労働行為制度上保護に値する行為といえる。組合独自の利益があるわけであり、端的な組織化のための戦略ともいえる[48]。

その2として、個別組合員の権利・利益のあり方について労使が「話し合い」（交渉）によって相互の理解を深めることは労使関係上も好ましいことである。その話し合いのために、事実関係や就業規則の関連規定の説明、さ

---

(47) N社ほか事件・大阪地判平成22.2.26労経速2072号26頁では、組合は組合員に対して会社と協議調整を図る法的義務なしと判示されている。
(48) 労働問題の可視化をも目的とすると指摘されている。呉学殊『労使関係のフロンティア』（労働政策研究・研修機構、2011年）338頁。

らに処分例等の関連情報の開示が必要とされる。団交は、紛争状態を組合員に対し可視化する仕組みでもある。関連する職場ルールにつき誠実交渉が要請されるわけである。

　その３として、組合と組合員との関係については、個別代理的側面だけではなくその処理を通じて「職場のルール」を設定する基準設定的側面、その意味では集団性がある[49]。協約上の人事協議条項と同様の権能といえる[50]。

　同時に救済命令のあり方についても、ポストノーティスによって職場における団結権保障ルールや解雇・処分ルールを「従業員」を対象に教示することも可能となる[51]。

---

[49]　もっとも、あくまで個別組合員の権利・利益が対象になるので、組合の役割は「代理的」側面もある。そこで、組合員を代理して（もしくは同席して）話し合う機会をもつ「個別人事協議権」として権利化して考えることもできる。その内容は、当該人事についての説明・関連情報の提供が中心となる。なお、団交紛争の処理パターンと一定のルール化の必要性については、拙稿「混迷する団交法理」労旬 1747 号（2011 年）28 頁、前掲・拙稿「団交権『保障』の基本問題（下）」法時 89 巻 8 号 105 頁参照。

[50]　協約上人事協議条項がある場合には、原則としてそれをまず利用すべきともいえる。

[51]　ポストノーティス命令の従業員に対する教育的効果については、拙著『不当労働行為の行政救済法理』（信山社、1998 年）141 頁参照。

第4章　協約自治と就業規則の不利益変更の合理性
——リオン事件を素材として

　本件は、補聴器メーカーであるリオン株式会社（Y社）の従業員であった原告ら（Xら）が、Y社の一方的に行った、家族手当の削減と地域手当の撤廃および基本給の減額を内容とする就業規則の変更は、合理性を欠く違法な不利益変更であり、無効であると主張して、就業規則の不利益変更により減額された未払い賃金の支払いを求めた事案である。就業規則の変更時に関連する協約を使用者が一方的に破棄し、従業員全員が加入する組合の反対を押し切ってまで就業規則を一方的に不利益変更している点が特徴といえる。労契法10条の合理性判断の一要素である「労働組合等との交渉の状況」をどう評価するかが主要な論点と思われるが本判決（東京地立川支判平成29.2.9労判1167号20頁）では十分な議論がなされていない。

1　事実関係と判旨

1）事実関係

　Xらは、Y社の従業員であり全日本金属情報機器労働組合（JMIU）東京地方本部リオン支部（以下、組合という）に現在も所属するか、または本件訴え提起時に所属しており、組合とY社はユニオン・ショップ協定を締結していた。
(1)　平成20年9月30日時点のY社の賃金体系（以下「旧賃金体系」という）は、概ね以下のとおりの内容であった。
　　ア　基準賃金の内訳及び昇給の方法
　基準賃金は、本給、職務手当、特殊作業手当、住宅手当、地域手当、外勤

手当、運転手当、家族手当により構成される。

　昇給の方法は、当時の賃金規定上4月より翌年3月まで1年間の勤務期間により、各人の人物、能力、技能及び勤務成績を考慮し、原則として毎年1回4月に行うこと、昇給の具体的細目については、その都度定めることと規定されていたところ、実際は、毎年、労使交渉に基づき、全従業員につき一律に定められた額の昇給が行われていた。

　イ　家族手当

　家族手当は、扶養家族を有する従業員に対し、労使協定により配偶者につき月3万円、子ども及びその他の扶養家族1人につき月1万5000円が支払われる。

　ウ　地域手当

　勤務地が本社以外の従業員に対し、労使協定で定められた金額である月9500円が支払われる。

(2)　Y社は、平成20年10月1日付けで、新たに職能資格制度を導入し、人事考課制度を見直した上、賃金規定を変更した。新人事制度の概要は以下のとおりである。

　ア　職能資格制度及び人事考課制度

　(ア)　新人事制度においては、新たに職務遂行能力を基準とした資格等級が設けられ、一般職は、S1ないしS4、管理職は、M1ないしM3の等級に区分される。上位の資格等級に上がることを昇格という。

　(イ)　人事考課は、職務遂行能力、姿勢・意欲、業務成果の3項目の観点から、2段階（2名の考課者）にわたり、職能資格等級基準書に照らして絶対考課により行われる。考課結果は、点数化され、昇格・昇給に反映される。

　イ　新賃金規定

　(ア)　基本給

　　a　基準賃金は、基本給、職務手当、家族手当、住宅手当及び運転手当から構成される。

　　b　基本給は、従業員の年齢に基づき決定される年齢給と、資格等級によって決定される職能給とで構成され、年齢給は、年齢給表により年齢

ごとに、職能給は、職能給表により資格等級の号俸ごとに、具体的金額が定められている。年齢給は、50歳以上は一定額となり、職能給は、各資格等級にそれぞれ上限額が設けられている。

　c　新人事制度への移行の際の各従業員の基本給の計算方法は、各従業員の平成20年4月1日当時の年齢及び役職から新賃金規定上の年齢給と資格等級を確定し、従業員の旧賃金体系における平成20年9月30日当時の本給、職務手当及び特殊作業手当の合計金額から、上記年齢給の金額を控除した金額を算出した上、上記資格等級内に当該金額と一致する号俸がある場合は、その号俸を当該従業員の号俸とし、一致する号俸がない場合は、号俸と号俸の間に位置した場合には切り上げて上位の号俸とし、資格等級内における上限号俸を越えた場合にはその上限号俸とし、これらの号俸に対応する金額を職能給の具体的金額とする。その結果、たとえば、50歳以上の一般職で、S4の上限号俸である148号俸に位置付けられた従業員は、年齢給及び職能給の上限額を超える部分について、基本給が減額されることとなる。

　d　昇給・昇格　昇給は、各人の人物、能力技能及び勤務成績を考慮し、原則として毎年1回4月に行う。年齢給は、50歳になるまでの間は、年齢給表に基づき、毎年2000円から4800円昇給する。職能給の昇給は、習熟昇給と昇格昇給からなる。習熟昇給の場合、毎年、人事考課により決定された点数の高い順に相対的に定められる昇給幅を基準に、資格等級ごとに設定された上限号俸内で昇給する。昇格昇給は、資格等級が上位等級に昇格した場合になされる。

（イ）　家族手当

　家族手当は、扶養家族を有する従業員に対し、配偶者につき月1万6000円、子ども及びその他の扶養家族1人につき月6000円が支払われる。

（ウ）　地域手当

　地域手当については、平成20年9月30日で廃止する。

（エ）　その他の手当等

　a　職務手当は、ライン職位及び技術系職位に任用された者に、その役職位に応じて支給する。旧賃金規定における職務手当は、前記のとおり、

基本給の算出要素とされる。

　　b　特殊作業手当は、平成20年9月30日で廃止する。同日時点で支給されていた同手当は、前記のとおり、基本給の算出要素とされる。

　（オ）緩和措置

　　a　旧賃金体系における基本給額が当該従業員の資格等級内の上限号俸を超えることにより生じた差額分については、職能調整給として、平成20年10月1日から平成25年9月30日まで5年間支給する。職能給が昇給となったときは、その昇給額を限度として職能調整給から減じるものとする。

　　b　平成20年9月30日時点で受給していた家族手当と新賃金規定により支給される家族手当の差額分については、手当調整給として、平成20年10月1日から平成25年9月30日まで5年間支給する。手当調整給の対象となっている扶養家族が減じたときは、手当調整給も減じるものとする。平成20年10月1日以降に家族手当の受給要件を満たすようになった者については、手当調整給を支給しない。

(3)　新人事制度導入までの経過は以下のとおりである。

　Yは、平成15年頃から、新人事制度の導入を検討し始め、そのための人事制度改革委員会を発足させた。平成17年1月31日、労使協議会において、組合に対し、新人事制度の基本構想案に関する社員向けの説明会を実施する旨伝え、2月7日、同説明会を実施した。Yは、平成19年10月5日、労使協議会において、組合に対し、新人事制度の説明を行い、同日以降、平成20年9月30日までの期間、組合との間で、労使協議会および事務折衝を複数回行った。また、同月5日、11日、17日および26日には、それぞれ団体交渉が開催された。

　Yは、当初、平成20年4月1日から新人事制度を実施する予定だったが、最終的に、同年10月1日まで実施を延期した。その間、Yは、組合に対し、同年6月30日付けで、旧賃金規定における基本給、家族手当および地域手当に関する労使協定を全て解約する旨の通知を出した。10月1日から新人事制度を一方的に実施した。

(4)　その後の経緯

Yは、平成20年10月1日および平成25年10月より、育児支援策を拡張した。さらに、平成20年10月1日から、新賃金規定に基づく賃金が支給され、同日から平成25年9月30日までの間は、前記職能調整給および手当調整給が該当者に支給され、同年10月1日以降、前記各調整給はいずれも廃止された。

なお、Yは、組合との労使交渉により、平成26年4月度において、組合平均で3000円のベースアップと7000円の定期昇給を行い、平成27年4月度において、組合平均で3000円のベースアップを行った。

組合は、Yが新人事制度導入を強行したことや、導入前後の団体交渉等が不当労働行為を構成するとして、東京都労働委員会に対し、不当労働行為救済命令の申立てをした。東京都労働委員会は、平成25年11月19日、新人事制度導入前の団体交渉は審査対象外とした上、組合の申立てのうち、Yの人事ニュース等の配布物に組合の内部運営等を問題視する記事を掲載したことが、組合に対する支配介入にあたるとした。Yおよび組合は、中央労働委員会に対し、それぞれ再審査申立てを行ったが、中央労働委員会は、平成28年5月11日、双方の申立てをいずれも棄却する命令を下した。

2) 判旨（請求棄却）

・不利益変更の合理性について

「就業規則の変更により、労働者の既得の権利を奪い、あるいは労働条件を一方的不利益に変更することは原則として許されないが（労働契約法9条）、労働者に周知された就業規則の変更が、合理的な内容である場合には、労働者の合意がない場合であっても、労働契約の内容となるのであって、当該就業規則変更の合理性は、労働者の受ける不利益の程度、労働条件の変更の必要性、変更後の就業規則の内容の相当性、労働組合等との交渉の状況その他の就業規則の変更に係る事情を総合考慮して判断されるべきものである（同法10条）。本件における新賃金規定への変更については、…組合との間で合意が成立していないのであるから、当該変更が合理性を有するものでなければ、新賃金規定への変更は原告ら及び選定者らに対する関係において効力を生じないものというべきである…」。

(a) 不利益の程度

「原告ら及び選定者らの被った不利益を、平成20年10月時点で具体的に本件減額のあった者となかった者とに分け、更に前者を同月以降の昇給の有無により区分し、以下その程度につき検討する。」

「平成20年10月の時点で本件減額があり、同月以降、昇給のあった従業員…で、本件減額のあった者は53名で、そのうち、平成20年10月以降に昇給のあった者は、30名で、その月額給与合計額に対する本件減額の割合は、1.9パーセットから9.1パーセントである。これら…のうち、平成25年10月までの間に基本給の昇給ないし、手当対象から外れて、本件不利益のなくなった者は、23名、残っている者は7名であり、残っている者のうち、最も多い本件不利益の額は、月額1万2300円にとどまる。したがって、これらの者については、…手当調整給が支払われている間に、本件不利益が消失するか、…残ったとしてもその額は比較的軽微な程度にとどまったと評価することができる。」

「平成20年10月時点で本件減額があり、かつ、同月以降の昇給がなかった者は、23名で、各人の月額給与合計額に対する減額の割合は、0.5パーセントから12.1パーセントである。…いずれも平成20年9月30日の時点で、…52歳を超えており、職能調整給…支給終了時である平成25年9月30日から60歳の定年退職時までの期間が3年以内にとどまり、また、同人らの中には、同日までの間に扶養家族が減少し、本件不利益が縮小している者もいる。…その結果、平成20年10月以降に昇給がなかった者についても、緩和措置を考慮した場合における、同月から各退職日までの期間を通じて平均化して算定した1月当たりの減額割合は、いずれの当事者も2パーセントを超えることはなく、うち17名については1パーセント未満に過ぎないものとなっている。…前記のように、緩和措置を前提に定年までの賃金の総支給額から不利益を考えると、その不利益の程度は軽微なものであったと評価することができる。」

「平成20年10月の時点で、本件減額がなかった従業員…については、そもそも新賃金規定への変更の時点での不利益はない。また、規定変更後に生じた事由により、旧賃金体系であれば受給できたはずの手当が受給できなか

ったことが、不利益だと評価することができるとしても、当該従業員が生活上受ける影響は、現実に受給していた給与が減額される場合と比較して、小さいと評価できるから、このような立場の選定者らの不利益を、…前記原告ら…の不利益より大きいものとして考慮することはできない。以上からすれば、新賃金規定への変更によって、原告ら及び選定者らが受けた賃金減額の不利益については、5年間の緩和措置期間内に消失するか、同緩和措置によって軽微なものとなったものと評価することができる。」

(b) 変更の必要性

「被告において、…営業利益は、平成13年度以降、平成20年度まで低迷しており、このような状況の背景には、国際競争の激化と部品コストの増大による影響があったものと認められる。また、前記のとおり、被告の経常利益は、平成12年度から平成16年度にかけて、その前後の年度と比較して低迷していたことが認められる。こうした事情に鑑みれば、被告の経営は、概ね黒字経営ではあったものの、新人事制度の導入を検討し始めた平成15年ないし同制度を導入した平成20年の時点で、主力の…事業について、国際競争力を高め、その営業利益を向上させる必要があったものと認められる。そして、そのための方策として、職能資格制度の導入及び生活手当等の削減により個々の従業員の能力や成果等を人事制度及び給与制度に反映させ、労働生産性を高める経営上の必要性があったということができる。そして、これに加え、男女間の賃金格差解消が当時の社会的要請であったことに鑑みれば、一般的に男性従業員に支払われることの多い家族手当が過大となることは望ましくないから、こうした観点からも、家族手当の比重の大きかった被告において、同手当を減少させ、その分を、たとえば基本給などの増額に利用する必要性があったものと認められる。」

(c) 内容の相当性

「基本給について…新賃金規定による基本給は、従業員の年齢に応じて金額が上がる年齢給に加え、職能給が設けられたことにより人事考課の結果が一定の範囲で昇給に反映されるものとなっており、人事考課規定において、

人事考課の方法や基準が明確に定められている。そして、前記前提事実及び前記認定事実のとおり、新賃金規定への変更により影響を受けた従業員の賃金総原資額は変更後大幅に増額しており、50歳以上の従業員についても、年齢給の上限はあるものの、M1以上への昇格により職能給が上がることが想定されている。これらの諸点を併せ考慮すると、旧賃金規定に基づく賃金制度の実体が、従業員の能力、技能、勤務成績等が反映されることなく、労使交渉に基づき全従業員につき一律に定められた昇給がなされるといった不合理なものであったことと比較して、基本給に関する新賃金規定は、全従業員にとって、個人の能力や成果が適切に反映される公平かつ合理的な賃金制度であると評価することができる。」

「家族手当・地域手当について…平成13年度の民間企業の家族手当の平均支給額は、配偶者1万2490円、第1子4500円、第2子3960円、第3子3530円であったことが認められる。新賃金規定における家族手当は、なおこの平均を上回る内容のものであり、むしろ旧賃金体系における家族手当の金額が全国的にみても厚遇されていたに過ぎないのであって、家族手当に関する新賃金規定の内容が不相当であると評価することはできない。また、…被告においては、仮に新人事制度導入の直接の結果でないとしても、同時期に子育て支援策の拡充を図っていることは事実であり、一部の子育て世代に対する待遇が改善されている。」

「本社以外に勤務する従業員に対しては、食事補助や福利厚生費補助が付与されており、本社の食堂やスポーツ施設等の利用ができないことなどの不利益は、これらの補助により一定程度補てんされているものと評価できることから、地域手当の削減についても直ちに不相当であるということはできない。そして、家族手当及び地域手当が過大であると、従業員の能力、技能、勤務成績等によって額が変動するいわゆる能力給部分の割合が相対的に低下し、従業員個人の能力や成果を適切に給与に反映しにくくなるのであって、かかる賃金制度の合理化の目的に照らしても、これらの手当の削減については、相当性を肯定することができる。」

緩和措置の内容については、「本給及び家族手当の減額分について、5年間全額調整給として支払った措置は、同調整給が支払われている間の昇給に

より本件減額の影響を軽減し、あるいは、定年までの不利益を軽減する期間として相当であるということができ、十分な緩和措置と評価することができる。」

(d) 労使交渉の状況

「被告は、制度導入までの約1年の間に、組合に対し、資料等を示して制度の内容を何度も説明するなどして、組合の理解を得るための努力をし、更に、子育て支援策の拡充を提案するなど、組合への一応の配慮をしていたということができ、全一般職から構成される組合との交渉状況が、変更の合理性を否定する事情とまではならない。…被告は、労使協議会や団体交渉等において、組合からの質問や意見を受け付け、それに対する回答を行っていることからすれば、被告が結果として組合の要求に応じなかったとしても、被告の労使交渉が一方的であった、あるいは、形式的であったと評価することはできない。」

「以上を総合的に検討すると、新賃金規定への変更により、原告ら及び選定者らに及ぶ不利益は、5年間の緩和措置を前提とすれば、軽微なものであったというべきであり、能力主義や成果主義的要素を賃金に反映する経営上の必要性があったこと、新賃金規定が、子育て支援策等と合わせて、経営上の必要性に見合った合理的な内容であることが認められ、被告が組合に対し制度の説明を行い、組合の理解を得ることに努めていたことを併せ考慮すれば、新賃金規定への変更は、合理的な変更であると評価することができる。」

・新賃金規定への変更の不当労働行為該当性について

「被告は、組合との間で、新賃金規定への変更にあたり、労使協議会や団体交渉等の場において、制度の理解のための説明に努めていたことが認められ、こうした被告の組合に対する態度と、新賃金規定が前記のとおり合理性を有するものであることに照らせば、新賃金規定への変更が、不当労働行為に該当するとは認められない。」

2 検討

本件は就業規則変更により賃金額が減額した事案であり労契法10条、すなわち「就業規則の変更が、労働者の受ける不利益の程度、労働条件の変更の必要性、変更後の就業規則の内容の相当性、労働組合等との交渉の状況その他の就業規則の変更に係る事情に照らして合理的なものである」か否かが争点といえる。

本判決については、不利益性の判断方法、変更の必要性、変更内容の相当性、組合等との交渉の状況の各判断についてそれぞれ疑問がある。とりわけ組合等との交渉の状況についての判断には多大の問題がある。というのは、本件は就業規則の変更時に関連する協約を使用者が一方的に破棄し、従業員全員が加入する組合の反対を押し切ってまで就業規則を一方的に不利益変更した事案である。にもかかわらず、労契法10条の合理性判断の一要素である「労働組合等との交渉の状況」について十分な議論を展開していないからである[1]。本解説では、この問題に焦点を当てる。

1) 本判決判断の特徴

労使交渉の状況についての本判決の判断は以下のとおりである。

「労使交渉の状況…被告は、制度導入までの約1年の間に、組合に対し、資料等を示して制度の内容を何度も説明するなどして、組合の理解を得るための努力をし、更に、子育て支援策の拡充を提案するなど、組合への一応の

---

[1] 全般的には、拙稿「条文解説 労基法93条」金子征史＝西谷敏編『基本法コンメンタール 労働基準法 第5版』(日本評論社、2006年) 364-373頁、集団法との関連については、同「集団法からみた就業規則法理(上)(下)」労旬1869号29-43頁、1871号32-43頁 (2016年)、本書16頁、変更手続については、唐津博『労働契約と就業規則の法理論』(日本評論社、2011年) 135頁参照。

なお、就業規則の不利益変更事案のパターンとしては、①企業経営の悪化にともなうもの、②法改正や政策の変更にともなうもの、③賃金制度変更にともなうもの、がある。本件は③のパターンであり、関連する事案については、拙稿「成果主義人事制度導入の法的問題 (1) (2) (3)」労判938号5-13頁、労判939号5-11頁、労判940号5-10頁 (2007年)、道幸哲也＝小宮文人＝本久洋一『判例ナビゲーション労働法』(日本評論社、2014年) 123頁参照。

配慮をしていたということができ、全一般職から構成される組合との交渉状況が、変更の合理性を否定する事情とまではならない。…被告は、労使協議会や団体交渉等において、組合からの質問や意見を受け付け、それに対する回答を行っていることからすれば、被告が結果として組合の要求に応じなかったとしても、被告の労使交渉が一方的であった、あるいは、形式的であったと評価することはできない。」

また、不利益変更の合理性に関する結論部分は以下のとおりである。

「以上を総合的に検討すると、新賃金規定への変更により、原告ら及び選定者らに及ぶ不利益は、5年間の緩和措置を前提とすれば、軽微なものであったというべきであり、能力主義や成果主義的要素を賃金に反映する経営上の必要性があったこと、新賃金規定が、子育て支援策等と合わせて、経営上の必要性に見合った合理的な内容であることが認められ、被告が組合に対し制度の説明を行い、組合の理解を得ることに努めていたことを併せ考慮すれば、新賃金規定への変更は、合理的な変更であると評価することができる。」

同判断については以下のような特徴がみられる。

その1は、「約1年の間に、組合に対し、資料等を示して制度の内容を何度も説明するなど」と説示しているが団交内容を具体的に検討せず抽象的な事実経過のみを述べていることである。

その2は、「組合からの質問や意見を受け付け、それに対する回答を行っている」と説示しており交渉内容につき合意達成よりも意見聴取や説明が中心になっていることである。全体として労働条件の決定にむけた対等な交渉ではなく、「組合の理解を得るための努力」や「組合への一応の配慮」のみが重視されているわけである。

たしかに、就業規則の変更にともなう「意見聴取」ならばそのような判断もありえたかもしれない。しかし、本件は全従業員を組織している組合と長期間にわたり協約締結によって労働条件を決めてきたにもかかわらず、労使協議の最中に協約を破棄して就業規則により労働条件を一方的に変更した事案に他ならない。にもかかわらず本判決には、使用者の一連の行為が労使（協約）自治の観点から問題があるという視点がほとんどない。裁判所だけではなく労使ともにそのような問題関心が希薄なようにみうけられる。つま

り、本件協議が「意見聴取」なのか「団交」なのかの位置づけは必ずしもはっきりしない。

　最近の判例法においては制度変更にともなう労働条件の不利益変更について労働者に対する丁寧な説明や情報の開示が重視されている。たとえば、山梨県民信用組合事件・最二小判（平成28.2.19労判1136号6頁）は、「就業規則に定められた賃金や退職金に関する労働条件の変更に対する労働者の同意の有無については、当該変更を受け入れる旨の労働者の行為の有無だけでなく、当該変更により労働者にもたらされる不利益の内容及び程度、労働者により当該行為がされるに至った経緯及びその態様、当該行為に先立つ労働者への情報提供又は説明の内容等に照らして、当該行為が労働者の自由な意思に基づいてされたものと認めるに足りる合理的な理由が客観的に存在するか否かという観点からも、判断されるべきものと解するのが相当である」とさえ判示している。

　同事件は、労働条件の変更合意につき形式的な合意があったとしてもその真意性を重視している。このような配慮は、合意獲得以上に強力な権限が認められている就業規則の一方的変更事案についても当然認められるべきものであろう。とりわけ、本件での新人事制度導入事案の合理性判断については組合や従業員に対する説明・協議・団交のあり方がもっとも重要な事項と思われる（それ以外の事案でも説明の程度・仕方を重視する裁判例は増加する傾向にある。日本航空事件・東京地判平成15.10.29労判866号40頁、牛根漁協協同組合事件・鹿児島地判平成16.10.21労判884号340頁等）。

　なお、就業規則の不利益変更事案については、組合の関与が労基法上の意見聴取なのか労組法上の団交なのかがはっきりしないケースも少なくない[2]。

---

(2)　就業規則の作成・変更に特化した交渉の態様については次のような特徴がみられる。就業規則の作成等は基本的には使用者の一方的権限なので「交渉」といっても合意の達成よりは就業規則内容の説明が中心となる。他方、組合のスタンスも、反対、反対しない、賛成する、合意するさらに同内容の協定を締結するまで多様なバリエーションがある。
　　また、就業規則は組合員以外の非組合員や別組合員の利害にも直接関係し、さらにその内容は同一なので、交渉の仕方に一定の制約はある。たとえば、組合併存下の交渉ではそれぞれの組合と自主交渉をして合意内容が異なるという事態は考えられない。その点でも、協約締結を目的とした交渉とは大きく異なる。本書47頁。

本件については一連の経過から基本的に団交問題であるとの前提で考えていきたい。

2) 協約破棄と誠実交渉義務

まず前提的な議論として、就業規則変更時の交渉のあり方については次の3つの観点から問題になる。
①それ自体が不誠実交渉に該当するか、
②一連の経緯から協約破棄が不当労働行為とみなされるか、
③労契法10条の合理性判断につきそれを否定する事由になるか、である。

それぞれ関連する論点であるが、ここでは本件の争点でもある③を中心に論じる。もっとも、その前提として①②の側面も問題になる。

本件は協約破棄とそれに続く就業規則による労働条件の一方的変更の事案である（少数組合との協約破棄が問題となった事案として、安田生命保険事件・東京地判平成9.6.12労判720号31頁がある）。そこで労使自治の観点から協約関係の継続を基礎づける法理が問題になる。とはいえ、わが国ではアメリカ法と異なり協約関係の継続を基礎づける特別の法理は形成されていない。期間の満了もしくは一方からの解約によって協約関係は当然に終了すると解されている。一定のチェックは解約行為が不当労働行為とみなされるかが問題になるくらいであり、その場合でもその後の協約関係がどうなるかまではあまり考えていない。

たとえば、労働委員会命令の取消訴訟事案であるが、次のような判断が示されている。

社会福祉法人陽気会事件は、協約（労働条件変更時の協議義務を定めている）解約の不当労働行為性が直接の争点となった。神戸地判（平成8.5.31労判704号118頁、大阪高判平成9.2.21労判737号81頁、最三小判平成9.7.15労判737号79頁）は、協約内容や組合に対する一連の対応から組合の弱体化を企図したものとして支配介入とみなしている。また、駿河銀行事件は、「組合専従者に関する協定」を組合と十分な交渉をすることなく一方的に解約したことが争われた。東京地判（平成2.5.30労判563号6頁、東京高判平成2.12.26労判583号25頁）は、協約失効によって組合の執行役員全員を専従者から排

除し組合の運営を阻害し職能資格制度の導入を円滑に行う意図があったとして支配介入の成立を認めている。同時に、「協約を解約することが使用者の権利であることは当然であるが、この解約権の行使がことさら組合に不利な時期を選ぶなど、専ら組合に打撃を与える目的でされた場合には、権利の行使であっても支配介入として不当労働行為に該当する」という判断も示されている。

　ところで、アメリカ法では、誠実交渉義務法理に基づき協約関係の継続につき一定の配慮をしている。具体的にはデッドロックまで団交を継続することを要件に当該交渉事項につき使用者は一方的変更ができるという法理である。NLRB v. Katz 369 US 736（1962）がリーディングケースといわれ、デッドロックをどう認定するのか、一方的変更につきどのような救済命令が適切か等の論点がある[3]。なお、日米では団交権保障のシステムが相違し[4]、またアメリカ法上は就業規則制度が存在しないという違いはあるが協約関係継続の観点から一方的変更の前提として交渉の誠実性を重視するという視点は日本法にとってもきわめて示唆的である。

　本件では、協約破棄の不当労働行為性が独自の争点とはなっていないが、その後なされた就業規則の不利益変更の合理性を判断する際には、上述の視点、つまり協約（労使）自治の観点から労働条件変更についての誠実交渉の要請を極力重視すべきものと思われる。この点で、団交において結論を得るに至るまで組合員との関係において新設ないし変更した就業規則の規定の適用がなかったものと扱うことを命じたＹ農協事件滋賀労働委員会命令（平成29.8.7）が注目される。

3）協約解消後の労働条件の決定

　協約関係解消後は新規に協約を締結しない限り契約内容の変更は有利、不利を問わず個別合意か就業規則によらざるをえない。協約規範と契約内容に

---

[3] 詳しくは拙稿「労働条件の変更と誠実交渉義務（上）（下）」日本労働研究雑誌267号12頁、268頁33頁（1981年）参照。
[4] アメリカ法上の団交制度が直面している問題については、拙稿「団交権『保障』の基本問題（上）」法時89巻6号（2017年）104頁。

つき、化体説をとっても外部規律説をとってもそうである。

　裁判例では既存の就業規則が適用されるという例もある。香港上海銀行事件・最一小判（平成1.9.7労判546号6頁）は、「就業規則は、労働条件を統一的・画一的に定めるものとして、本来有効期間の定めのないものであり、労働協約が失効して空白となる労働契約の内容を補充する機能も有すべきものであることを考慮すれば、就業規則に取り入れられこれと一体となっている右退職金協定の支給基準は、右退職金協定が有効期間の満了により失効しても、当然には効力を失わず、退職金額の決定についてよるべき退職金協定のない労働者については、右の支給基準により退職金額が決定されるべきものと解するのが相当である。そうすると、従業員組合との間の右退職金協定は昭和53年12月31日に失効したが、それに伴い就業規則が変更された事実は認められないから、上告人については、右就業規則所定の退職金の支給基準（本件退職金協定に定められた退職金の支給基準と同一である。）の適用があるというべきである」と判示している。

　しかし、通常は「新」就業規則の適用が問題となり、本件のような不利益変更事案ではその合理性が争点となる。たとえば、音楽之友社事件・東京地判（平成25.1.17労判1070号104頁）は「本件労働協約が失効した後においても、効力停止中の本件昇給条項を除く本件労働協約規定に基づく労働条件は、新たな労働協約の成立や就業規則の合理的改訂・制定が行われない限り、原告組合員らと被告との間の労働契約を規律するものとして存続するものと解すべきである」と説示している。就業規則の合理性については使用者が立証していないとしてその合理性を否定している。

　なお、変更に合理性ありとの判断がなされているケースもあるが、注目すべきはその理由として交渉の誠実性が重視されていることである。日本書籍出版協会事件・東京地判（平成2.10.29労判572号29頁）は始業時間を早める変更に合理性があるとしたが、「被告と組合との交渉の経過は、被告側は、勤務時間を実働7時間、拘束8時間とすることを必須としながらも、それが確保されれば時間帯については組合側の要望に合わせてもよい旨弾力的な姿勢を示し、現に、かなりの点について組合の指摘をいれて就業規則案に修正を施し、また、結局組合の拒否に会って実施に至っていないものの、所定勤

務時間の 30 分の延長に対する補償として 7.7 パーセントの基本給増額の提案をしたのであるが、これに対して、組合側は、労働協約と異なる内容又は組合が要求している事項に反する内容のものについてすべて反対するのみでなく、就業規則案のほとんどの規定を不要、無意味と決めつけ、本件就業規則案に対する対抗策として、従前の労働協約の内容を上回る条件の総括的労働協約の締結を目標として要求するとともに、本件就業規則案の白紙撤回を要求し続けるなど前示のとおり極めて頑なな姿勢に終始したこと」をあげている。

4) 就業規則の不利益変更の合理性と労使間協議・団交

　就業規則の不利益変更の際の（過半数）組合との協議・団交と合理性との関連についての判断は多くの裁判例で示されている。ただ、その協議の性質については、労基法 90 条の「意見聴取」なのか労組法上の団交なのかがはっきりしないケースが少なくない。本件については実質的にみると労使協議をも含めて団交と解される。団交ということになると不当労働行為制度上、誠実交渉義務や一方的変更禁止の法理[5] が要請される。

　就業規則変更が義務的交渉事項になると就業規則変更について個別交渉をすることは団交原則に違反したり支配介入になる余地が出てくる。この点は、労契法 9 条の反対解釈として個別合意により就業規則を介する労働条件の不利益変更が許されるか否かを考える場合にも問題になる[6]。つまり、就業規則変更についての個別合意は個別交渉の結果に他ならないので、団交権を侵害する側面があるからである。就業規則法理との関連につき、「就業規則によって協約労働条件を切り下げる集団法上の対抗行為と評価することで合理性が認められない」という批判もなされている[7]。

　ところで、この要請は、就業規則の不利益変更事案に関しては労契法 10

---

(5)　具体的内容については、拙著『労使関係法における誠実と公正』（旬報社、2006 年）169 頁。
(6)　拙稿「労働法における集団的な視角」西谷敏先生古稀記念論集『労働法と現代法の理論（下）』（日本評論社、2013 年）3 頁。本書 64 頁。
(7)　毛塚勝利「労働契約法の成立が与える労使関係法への影響と今後の課題」季労 221 号（2008年）33 頁。

条の「労働組合等との交渉の状況」の評価に結びつく[8]。とくに本件のような人事制度改定ケースについては働き方全般に係わるので組合に対する説明の仕方・程度が重視され不利益変更の合理性判断に直結する例も少なくない[9]。

　実際にも適切かつ十分な説明の必要性は以下の裁判例において他のファクターとともに重視されており、適切な説明がなされなかったこと等から合理性が否定されている。同時に合理性が認められた事案については、組合との協議によって一定の修正がなされたことや事後的な合意がなされたことが指摘されている。いずれにしても交渉の誠実性が重視されているわけである。

　キョーイクソフト事件・東京高判（平成15.4.24労判851号48頁）は、「本件就業規則改定は、賃金制度を年功序列型から業績重視型に改め、従業員間の賃金格差を是正することを目的としたものであり、その経営上の必要性があったことを否定することまではできないが、その内容は、賃金を高年齢層から低年齢層に再配分するものであり、被控訴人らを含む高年齢層にのみ不利益を強いるものとなっており、総賃金コストの削減を図ったものではない上、これにより被控訴人らの被る賃金面における不利益の程度は重大であり、これに対する代償措置も十分なものではなく、組合及び被控訴人らとの交渉の経緯も控訴人会社が新賃金規程を一方的に説明したにとどまるものであったから、本件就業規則改定は、これに同意しない被控訴人らとの関係において、そのような不利益を法的に受忍させることもやむを得ない程度の高度の必要性に基づいた合理的な内容のものであると認めることはできないものと判断する」と判示している。

　東武スポーツ事件・東京高判（平成20.3.25労判959号61頁）は、新給与規定による労働条件の不利益変更につき労働組合がないこと等から「十分な検討資料と検討時間」を与える必要があると判示し、雇用契約上の法的規範としての効力がないとしている。

---

[8] （多数）組合の対応が不利益変更の合理性にどう関連するかについては、拙稿「集団法からみた就業規則法理（下）」36頁。本書16頁。
[9] 制度導入に賛成した組合が原告の利益を擁護する立場になかったとされた例もある（日本交通事業社事件・東京地判平成11.12.17労判778号28頁）。

また、大分県商工会連合会事件・福岡高判（平成23.9.27労経速2127号3頁）は、（退職金減額の）不利益の程度は134万9050円の減収であり看過できる金額ではないこと、変更の必要性それ自体は認められるとしても、減額の幅が相当であるかは疑問であること、変更後の就業規則の内容自体の相当性については、充足率の改善にはつながったものの、永年勤続の定年退職者について他の商工連合会に比べ低い支給率となっていること、被控訴人の主張する代償措置は上記減額に対応するものとはなっていないこと、労働者との交渉の経緯について、各労働者の意見の集約を怠り、労働者側の反対を押し切って改正されていることが認められ、これらによれば、本件変更に合理性があるものと認めることはできないと判示している。

　社会福祉法人賛育会事件・長野地判（平成22.3.26労判1014号13頁、東京高判平成22.10.19労判1014号5頁）は、「本件就業規則等変更が人件費削減を目的とするものではないにもかかわらず、原告らを含め従業員の賃金減額をもたらし、代償措置もその不利益を解消するに十分なものとはいえないのであって、新賃金制度の導入目的に照らして上記賃金減額をもたらす内容への変更に合理性を見いだすことは困難である。また、そのような基本的な労働条件について変更するには、特に十分な説明と検証が必要であるといえるが、原告らを含め従業員ないし労組に対する説明は十分にされたとはいえず、新賃金制度の内容について前記4のとおり問題点を有するものであり、導入に当たり内容の検証が十分にされたとはいいがたいものであった上、従業員への説明や内容の検証を上記程度にとどめてまで新賃金制度を導入しなければならないほどの緊急の必要性があったとも認められない。よって、賃金規程の変更に同意しない原告らに対しこれを法的に受忍させることもやむを得ない程度の高度の必要性に基づいた合理的な内容のものであるということはできず、本件就業規則等変更のうち賃金減額の効果を有する部分は、原告らにその効力を及ぼすことができない」と判示している。

　他方、合理性が認められた例もあるが、そこでは組合の（一応の）納得も重視されている。その点では労使自治を尊重しているとの評価が可能である。

　X銀行事件・東京地判（平成25.2.26労経速2185号14頁）は、「同年7月の本件就業規則変更時点では、新人事制度の導入について意見を保留し応諾し

なかったものの、その後、同年10月21日にその導入について応諾する旨回答しているもので、このように事後的であっても労働組合が新人事制度の導入について応諾しているという事実は、本件就業規則変更の有効性を判断する上で無視できない要素というべきである」と説示している。

学校法人早稲田大阪学園事件・大阪地判（平成28.10.25労判1155号21頁、大阪高判平成29.4.20労経速2328号3頁）は、「本件変更に係る説明に際しても、本件組合からの要求を受けて資料を開示するなどしていたほか、本件組合との交渉においても、新人事制度が所与のものであって、変更の余地がないというような強硬な態度をとることなく、平成24年度の賞与の支給、昇給の延伸及び激変緩和措置等に関する本件組合の要求を受けて、従前提案していた制度から変更するなど、柔軟な対応をとっていたと評価することができる。そうすると、全体として、被告の本件組合あるいは教職員に対する説明の内容・態度は適切なものであったと評価することができ、平成24年4月12日の団体交渉において、書記長が、『平成25年度の改革は考えていただいて結構』、『財政再建策やって頂いて結構』と述べるに至っている（乙38・5頁）のも、その表れと評価することができる」と説示し組合の要求の一部受け入れたことを重視している。

ところで、この説明のあり方は、就業規則内容の協議だけではなく周知との関連でも問題となっており、個々人の不利益内容について具体的に説明する必要性が次のように指摘されている（NTT西日本事件・大阪高判平成16.5.19労判877号41頁、最一小決平成17.10.20労判901号90頁）。

「被控訴人NTTが、特別職群制度の導入について、説明会や勉強会を開催したり、同制度の概要を記載した書面を配布するなど、副参事を含む管理職に対する周知を試みたことは認められるものの、特別職群に移行した場合の具体的な賃金額、その算定根拠等については説明がなかったものである。

労働基準法は、使用者に対し、賃金の決定、計算および支払いの方法等について就業規則の作成を義務づけ（89条1項）、その変更の場合も同様であり（89条1項）、これを労働者に周知させる義務を負わせている（106条1項）のであるから、この賃金額等の点を欠いた説明等は、就業規則の周知義務を尽くしたものとはいえない」。

5）本件における協議をどう評価するか

　本件において、新人事制度につき人事協議会での協議や団交がなされている。一連の協議をどう位置づけるかも論点となるが、人事協議会での話し合いを含め実質は団交と評価しうるのでそれを前提として以下論じていきたい。

　組合はユ・シ協定により全従業員を組織化し代表しており、労使間では長期間に渡り基本的な労働条件は協約によって決定してきた。しかし、新人事制度について使用者は、十分な労使協議を経ることなく一貫して就業規則による導入を企図してきたといえる。以上が本件の全体像と思われる。

　具体的には、①新人事制度に反する内容の関連協約を使用者が一方的に破棄した。解約理由については、組合に対する「新人事制度導入に係る通知」において、「新制度導入を上記日時とした事に伴い、新制度と矛盾する貴組合との間に諸協定につきましては、解約する必要がある為（別添「新人事制度導入に伴う現協定の解約に関する通知」により諸協定を解約することとしました」（甲３号証））と明確に述べている。ここには協約関係を継続する意思は全くみられない。就業規則の不利益変更により労働条件を一方的に決定するという決意の表明と評価しうる。

　②新人事制度に関する従業員に対する説明会を一方的に実施しており、ここでも組合を相手にするという意向はみられない。

　③労使協議や団交での説明も十分ではない。つまり、新人事制度導入との関連では、交渉すべき事項として、ア　新人事制度導入の理由、イ　同制度の具体的内容、ウ　導入にともなう不利益変更内容との具体的関連性、エ　個々人の不利益変更内容を想定しうる。アイについてはそれなりに説明がなされている。しかし、本判決の全体のトーンが新人事制度は合理性があり具体的制度設計につき使用者の裁量が大きいという立場をとっているので新人事制度と個々の不利益性についての関連、つまりウエについて判断がほとんどなされていない。この関連性を具体的に問題にする点がまさに契約法理による歯止めといえるにもかかわらず、本判決の判断過程は経営コンサルタント的な口吻である[10]。

　さらに賃金等の不利益変更事案のフレームとして「高度の合理性」という判例法理（大曲農協事件・最三小判昭和63.2.16労判512号7頁、第四銀行事件・

最二小判平成 9.2.28 労判 710 号 12 頁) 上確立した要件も示されていないことも気になる。また、本件のような人事制度は個々の組合員について異なった影響があるので組合は多様な見解を公正に代表して交渉する義務がある。使用者の交渉態様としても組合内部における組合員相互間の利益調整が必要となるのでそれに配慮する（一定の猶予を与える）必要がある。本件においては個々の組合員の意向確認や利益調整段階にもかかわらず十分な団交をせず就業規則を一方的に実施している点も問題である。

　総じて使用者には労使間の協議を通じて労働条件を決定しようとする態度はみられず、もっぱら労働条件の一方的決定の観点から関連協約を破棄し就業規則制度が利用されたケースといえる。このよう行為を認めることは労使自治に明白に反する結果となる。また、就業規則に比し労働協約を重視する労基法 92 条の趣旨にも反する。本判決は労契法 10 条の合理性判断の一要素である「労働組合等との交渉の状況」について十分な議論を展開しておらず、本件は不利益変更の合理性が認められる事案とはいえない。

　労契法 10 条の基礎となった第四銀行事件最判は、就業規則の変更につき協約締結をふまえたものであることを次のように説示している。「本件就業規則の変更は、行員の約九〇パーセントで組織されている組合（記録によれば、第一審判決の認定するとおり、五〇歳以上の行員についても、その約六割が組合員であったことがうかがわれる。）との交渉、合意を経て労働協約を締結した上で行われたものであるから、変更後の就業規則の内容は労使間の利益調整がされた結果としての合理的なものであると一応推測することができ」る。それだけ使用者サイドの誠実な交渉態度が必要であることを示しているわけである。

---

(10) たとえば、同制度につき、「余裕をもった導入」、「公平かつ合理的」、「再配分当然」という表現も気になる。もっとも、成果主義賃金制度の合理性を指摘する裁判例は少なくない。たとえば、ハクスイテック事件・大阪地判平成 12.2.28 労判 781 号 43 頁、大阪高判平成 13.8.30 労判 816 号 23 頁、ノイズ研究所事件・東京高判平成 18.6.22 労判 920 号 5 頁、最二小決平成 20.3.28 労経速 2000 号 22 頁、トライグループ事件・東京地判平成 30.2.22 労経速 2349 号 24 頁等。

6) その他の問題点

本判決は協約自治の観点以外についても以下のような問題がある。

第1に、変更の必要性については、この時点で変更する必要があったかは疑問である。たとえば手当等について5年間の調整期間を付している事実について、代償措置との関連では使用者の相当な配慮といえるが、この時点で変更する緊急性があったかの点では疑問が残る[11]。

第2に、不利益内容の特定については、変更時のそれによるべきである。本判決はその後の昇給等から不利益性が軽微としている。変更時に昇給する権利等が確定していたならば別であるが必ずしもそうともいえないのでこのような判断は疑問である。

第3に、変更後の相当性について他社との比較をしているが、手当等は組合の力で獲得してきたものなのでそのようなアプローチは労使自治をないがしろにするものである。

第4に、代償措置につき不利益変更内容との対応で適切な代償措置といえるかが、対象者、内容、今までの経緯との関連で疑問である。同時に代償措置が整備される余裕があるのなら就業規則の変更につき緊急の必要性があったかがやはり問題になる。

---

(11) 経過措置のあり方が争点となった事案としては、三晃印刷事件・東京高判平成24.12.26労経速2171号3頁、前掲・ノイズ研究所事件等がある。

第5章　協約上の人事協議条項をめぐる法理
──個別人事に対する組合の関与

　労働契約上、使用者には業務上の指揮命令権とともに広範な労務管理権限が認められている。この労務管理権限が適正に行使されるべきことは当然であり、労働契約法は、解雇事由（同法16条）や懲戒事由（15条）の相当性、出向の必要性（14条）等について定めている。使用者は人事上の多様な不利益措置の理由等について当該労働者に対して適切に説明し理解を得ることが要請されているわけである[1]。

　最高裁も広島中央保健生協事件で適正な説明や労働者の承諾等の重要性を以下のように指摘している（最一小判平成26.10.23 労判1100号5頁）[2]。「均等法1条及び2条の規定する同法の目的及び基本的理念やこれらに基づいて同法9条3項の規制が設けられた趣旨及び目的に照らせば、女性労働者につき妊娠中の軽易業務への転換を契機として降格させる事業主の措置は、原則として同項の禁止する取扱いに当たるものと解されるが、当該労働者が軽易業務への転換及び上記措置により受ける有利な影響並びに上記措置により受ける不利な影響の内容や程度、上記措置に係る事業主による説明の内容その他の経緯や当該労働者の意向等に照らして、当該労働者につき自由な意思に基づいて降格を承諾したものと認めるに足りる合理的な理由が客観的に存在する」ときには同項の禁止する取扱いにあたらないものと解するのが相当である。

---

[1]　解雇法理の特徴と実態については、菅野和夫＝荒木尚志編『解雇ルールと紛争解決』（労働政策研究・研修機構、2017年）を、解雇過程の法的な問題については、道幸哲也＝小宮文人＝島田陽一『リストラ時代　雇用をめぐる法律問題』（旬報社、1998年）58頁（道幸執筆）、所浩代「解雇過程における使用者の説明・協議義務」学会誌131号（2018年）68頁参照。

[2]　最判は労使間合意の成立についても労働者の真意を重視している（山梨県民信用組合事件・最二小判平成28.2.19 労判1136号6頁）。

労働組合も使用者の人事権行使に対して多様な形で関与している。とくに、使用者の恣意的な権限行使を制約するための関与の仕方としては、①協約による一般的基準、手続についてのルールの設定、②個別人事に関する団交要求、とくにコミュニティ・ユニオンの駆込み訴えのケース、③協約上の人事協議・同意条項の履行、④苦情処理や懲戒委員会等の活用、等がある[3]。

　本章では、人事権行使に対するチェックを目的とした協約上の人事協議（同意）条項の法理を検討する。人事協議に関する協約上の条項としては、人事異動全般に関するルールについて協議する条項（最近の例として、大阪府理容生活衛生同業組合事件・大阪地判平成29.7.12LEX/DB25546524がある）と個別の人事をなす際に組合との協議を必要とする人事協議条項、さらに組合の同意までを必要とする人事同意条項がある。また、対象となる人事内容としては、配転と解雇さらに懲戒処分の例が多い。

　本章では、実際の裁判例が多い人事協議条項の問題を中心に検討する。具体的には、人事協議条項をめぐる最近の裁判例の傾向と問題点を検討する。理論的には人事協議の際に組合が個別組合員の利益をどう擁護すべきか、労使および組合内部でどのような利害対立状況があるかを考察したい[4]。人事協議条項の二重の構造ともいうべきものを解明しそれに見合う法理を提起していく予定である。使用者との協議過程における組合と組合員との関係を対象としている側面では、組合の公正代表義務論に連なる論点ともいえる[5]。

　ところで、解雇については最近、解雇基準の明確化や金銭解決制度についての論議も活発になされている[6]。これらの問題を考えるうえでは、恣意的な解雇をどうチェックするかという視点も重要であり、その際の組合の役割も見逃すことはできない。組合員、従業員の理解や納得のためでもある。

---

(3)　その他に、就業規則作成・変更過程への労働者代表の意見聴取、整理解雇時の説明等も問題になる。

(4)　このような問題関心は、拙稿「人事協議・同意条項をめぐる判例法理の展開（二）──昭和50年代の裁判例の検討」労判448号（1985年）29頁で示していたが、学界はほとんど関心を示さなかった。

(5)　公正代表義務については、拙著『労使関係法における誠実と公正』（旬報社、2006年）236頁参照。

(6)　たとえば、特集「解雇の金銭解決制度をめぐる議論状況」季労259号（2018年）。

1 人事協議・同意条項の実態

　最新の協約実態調査（平成 23 年労働協約等実態調査）によると 人事に関する事項についての労働組合の関与状況は以下のとおりである（なお、前回は平成 18 年の調査である）。

　一般組合員（組合役員を除く）の人事に関する事項について、労働組合の関与状況をみると、何らかの方法（「同意」、「協議」、「意見聴取」、「事前通知」、「事後通知」、「その他の関与」を合わせたものをいう。）で「関与している」労働組合の割合は、「解雇」73.0％［前回 78.8％］、「懲戒処分」71.0％［前回 77.1％］、「配置転換」65.1％［前回 67.1％］の順で高くなっている。労働組合の関与の程度が大きいもの（「同意」、「協議」、「意見聴取」の計）の割合をみると、「解雇」45.7％［前回 52.7％］、「懲戒処分」43.4％［前回 48.8％］の順で高くなっている。

　解雇については、同意 11.2％、協議 24.9％、配転については、同意 5.0％、協議 9.4％である。これを 30 年前の昭和 57 年の調査と比較すると、解雇について同意 14％、協議 41％、配転については同意 8％、協議 28％となっていた[7]。

　労使コミュニケーションについては、平成 26 年労使コミュニケーション調査があり、事業所調査事項として、①労使関係についての認識、②重視する労使コミュニケーション事項、③労使協議機関に関する事項、④職場懇談会に関する事項、⑤苦情処理に関する事項、⑥外部の機関等の利用に関する事項、がある。もっとも、個別人事に関する労使協議条項についての調査はない[8]。

---

[7] それ以前の調査については、前掲・拙稿「人事協議・同意条項をめぐる判例法理の展開（一）——昭和 50 年代の裁判例の検討」労判 447 号（1985 年）12 頁参照。

[8] 個別労働紛争への組合の関与については、久本憲夫「個別労働紛争における労働組合の役割」日本労働研究雑誌 613 号（2011 年）16 頁等。

2 平成以降の裁判例の傾向

　労使協議条項に関しては、①同条項の目的、②同条項の法的な性質・効力、③違反か否かの判断基準（協議の程度や時期）、④組合の個別組合員の利益擁護義務、⑤同意権の濫用等の論点がある。学界・裁判例の基本的問題関心は②③にあった。②については、当該条項違反の処分を無効と解する見解がほぼ通説といえる。ただ具体的な理由づけとしては、規範的効力あり[9]、制度的効力あり[10]、適正手続違反[11]、特段の理由づけなしの立場がある。他方、濫用性判断の一要素とし必ずしも無効と解さない見解もある[12]。いずれの見解も人事協条項の意義や利害状況にはそれほど立ちいった議論を展開してはいない。

　人事協議・同意条項をめぐる裁判例に関し、昭和50年代については、拙稿「人事協議・同意条項をめぐる判例法理の展開（一）（二）――昭和50年代の裁判例の検討」労判447号・448号（1985年）で検討した。それ以前の裁判例については後藤清『実務判例労働協約法』（1978年）3章が詳細である。そこで、本章では主に平成以降の裁判例を対象にその傾向を検討する。全般的な印象では、平成以降も裁判例の傾向はそれ以前とそれほどの違いはなく、ただ個別の条項の解釈適用をめぐる事例が若干多いと思われる。

　以下では、協議義務違反として無効とされた例と必ずしも無効とされなかった例に区分して紹介する。後者については多様な理由づけがなされている。なお、人事対象となった組合員と組合の意向が対立した（と思われる）事案については項を改めて紹介する。

---

[9] たとえば　西谷敏『労働組合法　第3版』（有斐閣、2012年）351頁、西谷敏＝道幸哲也＝中窪裕也編『新基本法コンメンタール　労働組合法』（日本評論社、2011年）187頁（土田道夫執筆）。

[10] たとえば、青木宗也「人事条項」日本労働法学会編『新労働法講座　第5巻　労働協約』（有斐閣、1966年）284頁。

[11] たとえば、川口実「労働協約の効力」前掲・日本労働法学会編『新労働法講座　第5巻　労働協約』194頁。

[12] たとえば、菅野和夫『労働法　第11版補正版』（弘文堂、2017年）882頁。

1) 協議義務違反として無効とされた例

人事協議条項違反の解雇等は無効とみなされるのが通説・判例といわれるが、無効とされた例は必ずしも多くはない。また、当該条項に規範的効力があるとはっきりと判示した例も少なく、多様なアプローチが採用されている[13]。以下では、法的なフレームと協議の程度に区分して紹介する。

(a) 法的なフレーム

その1は、規範的効力を認めるものである。東京金属ほか事件・水戸地下妻支決（平成15.6.16労判855号70頁）は、「上記条項は規範的効力を有するものと解されるから、債務者らがこの事前協議義務に違反して従業員を解雇した場合には、当該解雇は無効となると解するのが相当である」と判示している。

その2は、軌範的効力を認めつつも実体的判断と連動させている例である。エコスタッフ（エムズワーカース）事件・東京地判（平成23.5.30労判1033号5頁）は、規範的効力があるとしながらも、「解雇は本件労働協約に違反し、手続の相当性を明らかに欠くものであって、社会通念上相当であるとは認められないから、解雇権を濫用したものとして無効である」という判断を示している。

その3は、協議義務違反が配転命令の濫用性判断のファクターとされた例である。ノース・ウエスト航空事件・東京高判（平成20.3.27労判959号18頁）は、労使確認書3項の「会社は、第1項の六名を含む客室乗務員である全ての組合員については、資質、適性、執務能力がある限り、客室乗務員としての職位を失うことがないように努力する」との規定につき規範的効力が認められないと判断したが、同時に、「労働協約を締結した当事者を規律する信義誠実の原則からも、また、本件労使確認書には、第2項として、被控

---

(13) やや特殊な事案として、「就業規則」に定める組合の了承手続違反の整理解雇が無効とされたケース（ロイヤル・インシュアランス・パブリック・リミテッド・カンパニー事件・東京地決平成8.7.31労民集47巻4号342頁）と企業閉鎖をする際に事前に協議し同意を得ることを求める履行請求権が認められたケース（エム・ディー・エス（異議申立）事件・東京地決平成14.1.15労判819号81頁）もある。

訴人は、被控訴人が行う各施策について客室乗務員の理解を深め、業務の円滑な推進を図るため、客室乗務員に対して、人員計画、事業計画、その他の客室乗務員に関する諸問題等についての説明を適切な時期、方法により行うよう努力する旨の条項が定められていることからも、被控訴人は、支社組合及び客室乗務員に対し、第3項の努力義務を果たすためにどのような努力をしているのか、努力義務の対象事項を達成できないおそれがある場合には、その理由を具体的に説明する努力義務があるものである」として、本件配転命令は労働協約当事者間の信義則に反するという判断が示されている。

　以上の他に、特段の判断を示すことなく、適切な協議がなされないことから解雇等を無効と解するものもある（たとえば、イサヲ製作所事件・大阪地決昭和58.7.22労判414号59頁）[14]。

(b) 協議の程度

　解雇が無効とされた事案における実質的な論点は、協議のあり方や程度である。十分な協議がなされなかった場合には当該解雇等も無効になっている。人事協議条項自体の法的効力に関心を示さないケースも少なくない。

　まず、協議が全くなされなかったケースだけではなく十分な協議がなされない場合にも当該条項に違反したと解されている。たとえば、前述の東京金属ほか事件・水戸地下妻支部決は、「このような事前協議条項は、上記のような従業員にとって重大な利害関係のある事項を使用者が決定しようとするに際し、労働組合の関与を認め、その判断をも反映させることにより、使用者の恣意を排除し、労働者の身分の保護を図ろうとする趣旨に出たものである。したがって、使用者が事前協議義務を尽くしたといえるためには、単に形式的に労働組合との間で協議を行ったのみでは足りず、上記の趣旨に適するような実質的かつ誠実な協議がなされる必要があると解される。もっとも、使用者において、常に組合の理解、承認を得るまで協議を尽くす必要があると解するのは相当ではなく、従業員の解雇等がその客観的状況に照らしやむを得ないものと認められ、かつ、使用者が組合に対しその事情につき理解を

---

(14) このような裁判例が多いといわれる。野川忍『労働協約法』（弘文堂、2015年）295頁。また、前掲・拙稿「人事協議・同意条項をめぐる判例法理の展開（一）」16頁。

求むべく真摯な努力をしたにもかかわらず、組合側がその実情を無視して協議の進行に応じようとしない場合には、使用者は協議を打ち切り、解雇等を行うことができると解するのが相当である」と説示している。「実質的かつ誠実な協議」の必要性があるわけである。

　協議のあり方を判断するにつき、組合活動を保障し組合員の権利を尊重するという協議条項の成立経緯を重視する裁判例もある。ナトコペイント事件・名古屋地判（昭和63.7.15労判525号41頁、名古屋高判平成2.5.31労判580号53頁）は、次のように説示している。「このような条項が組合と使用者との間に合意されたのは、被告が使用者の人事権の行使に一定の制約を課す結果になることを容認したうえ、できる限りナトコ労組の組合活動を保障し組合員の権利を尊重する趣旨に出たものと認められる。従って、被告としては、本件配転を命ずるに当たっては被告の業務上の必要性を検討するというだけでは足りないのであって、当該人事異動が組合活動に及ぼす支障等に対しても十分配慮し、組合の意見も考慮するとの立場から組合との間で十分の協議を尽くす必要があるものと解される」。そこでこれを本件についてみると、「原告らが終始右和解条項を盾に原告ら全員の配転を白紙撤回せよと強く迫り、これに固執したことから、団交においてもなかなか話合いによる解決の糸口がつかみにくい状況にあったことも窺えるが、それにしても、本件配転は一旦和解により解決した条項を、わずか半年に満たない間にこれを蒸し返すような形で実施しようとしたものであって、原告ら及び組合がこれに強く反発したとしてもこれを非難することができないものであることは前叙のとおりであるから、被告が10回に及ぶ団交において労使の意見が全く平行線であったため、話合いによる解決の見込みがないとして本件配転の実施に踏み切ったことが、果たして本件和解に定める協議条項の趣旨を十分尊重したといえるかは疑問といわざるをえない」。

　なお、協議条項を同意条項的に解する例もある。たとえば、大阪フィルハーモニー交響楽団事件・大阪地判（平成1.6.29労判544号44頁）は、「協定第5項にいう『協議』とは、前記同条項の目的に照らし、特段の事情がない限り解雇の意思表示の事前になされることが必要であり、しかも、単に労使が当該解雇につき話合いの場を持っただけでは足りず、解雇の是非当否につい

て双方がそれぞれの立場から、議論を尽くすことをいうものと解され、同条項にいう『協議が整った』とは、労使が右議論を尽くしたうえで双方が解雇相当との結論に到達した場合をいうと解するのが相当である」（乙山産業事件・大阪地判平成 22.6.18 労判 1011 号 88 頁も同旨）。

　他方、同意条項につき協議条項的に位置づけ、誠実交渉をすれば同意がなくとも違反にならないと明確に判示する例も存する（石原産業事件・大阪地判平成 22.9.24 労判 1018 号 87 頁）。これらの事案では、協議と同意につき必ずしも厳格な使い分けがなされていないわけである。

2）人事が無効とされなかった例

　人事協議条項があるにもかかわらず当該条項違反を理由に特定の人事が無効とされなかった例も多く（他の理由で無効となったケースもある）、以下のように多様な理由づけがなされている。

(a) 協議条項の法的な効力を問題にする例

　その 1 は、当該条項違反だけを理由に解雇等が無効にならないとする事案である。その典型が当該条項に規範的効力がないとする例である。たとえば、ノース・ウエスト航空事件・東京高判（平成 20.3.27 労判 959 号 18 頁）は、「『基準』とは、個別的労働関係における労働者の処遇に関する具体的で客観的な準則を意味する」とし、本件では第 2 項から適切な時期・方法により説明を行う努力義務を、第 3 項から職位確保努力義務、第 5 項から組合の要求に対して誠意をもって協議する義務を負ったと主張するが、労働者の処遇に関する具体的で客観的な準則を定めたものではない等として規範的効力がないと判示している（もっとも、前述のように配転は権利濫用として無効とされている）。

　なお、解雇は事前協議事項であるが事前協議約款に反して保安業務を廃止した一事をもって本件解雇は無効とならないとする例もある（兵庫県プロパンガス保安協会事件・神戸地決平成 10.4.28 労判 743 号 30 頁。もっとも保安業務廃止の合理性がなく無効とされている）。また、協議手続等につき実体的判断との連動を重視する見解も手続自体の不履行を独自の無効事由としない見解

といえる。たとえば、よみうり事件・名古屋高判（平成7.8.23 労判689号68頁）は、同意条項につき不同意の理由に合理性がなければ不同意のまま発令しうると解している。

　その2は、特定の人事が協議対象とならないと解するものであり、協議をしなくとも協議義務の違反がないとされる。たとえば、協議義務は「転勤」についてであり本件「配置換え」は対象にならない（エッソ石油事件・大阪地判平成3.8.29 労判595号37頁）、事前協議・同意約款は配転・解雇を含まない（峰運輸事件・大阪地判平成12.1.21 労判780号37頁）、組合役員異動の事前協議の対象が限定的であり組合活動に影響がある場合に限る（株式会社銀装事件・大阪地判平成9.1.27 労判711号23頁）などの判断が示されている。

　また、転勤協議条項を限定解釈するネッスル静岡出張所事件・静岡地判（平成2.3.23 労判567号47頁）は、「『正当な理由で転勤に関し異議の申し立てがある場合、会社と組合で協議する。』と規定されているので、被告は、常に組合との協議の義務を負うものではなく、本人の異議申立てが正当な理由に基づくものと認められる場合に、初めて協議の義務を負うというべきもの」として協議をしなかったとしても本件転勤命令が無効とならないと判示している。実体的判断によって協議内容が限定されているわけである。

(b)　協議がなされたことを理由とする例

　適切な協議がなされたとする例は多い[15]。塚腰運送（人事異動）事件・京都地判（平成16.7.8 労判884号79頁）は次のように説示している。「被告は、平成13年6月23日の輸送部門のミーティングにおいて、原告らを含む分会員に対して本件人事異動の説明をし、更に、同年7月3日から同年7月17日にかけて4回にわたり団体交渉を行い、本件人事異動に至る経緯やその内容を説明した書面を交付するとともに、本件人事異動の直近三か月の経営状

---

(15)　労使慣行上の配転協議がなされた例として内山工業事件・岡山地判（平成6.11.30 労判671号67頁）が、日常的な協議を通じて解雇同意があったとされた例としてインチケープ・マーケティング・ジャパン事件・大阪地決（平成7.12.21 労判688号27頁）がある。また、土田株式会社事件・東京地決（平成9.9.11 労判739号145頁）は解雇問題について誠実な団交がなされたと判示している。

況が分かる資料の交付もした上、分会と議論をしたというのであるから、本件人事協議条項（平成11年7月14日付けで改正後のもの）の文言にも照らすと、本件人事異動について被告は、上記条項所定の『事前に組合と協議』を行ったものというべきである」。

また、人事の効果を否定するほどの著しい義務違反かを問題にする例もある。インチケープ・マーケティング・ジャパン事件・大阪地決（平成7.12.21労判688号27頁）は、「労使間の協議が不十分で、覚え書の趣旨が十分尊重されたとはいえないにしても、債務者の対応において、その効力を否定せざるを得ないような著しい義務違反があったとはいい難い。」としている[16]。

ところで、注目すべきは、以下の諸事例のように組合の消極的な対応がなされても協議が履行されたと解されていることである。ここでは、組合員個人の意向と組合の協議対応との緊張関係を問題にする視角はほとんどない。

組合の協議態様が重視されており[17]、組合が協議を拒否した場合には使用者は義務を履行したといえる（大阪築港運輸事件・大阪地決平成2.8.31労判570号52頁）、経営協議会が開催されなかったが執行委員会において解雇が承認されている（日本タクシー事件・大阪地決平成2.10.1労判572号68頁）、分会長の懲戒解雇事案につき、組合が賞罰委員会の審議の参加を拒否しているが実質的に審議手続は履践されている（大分鉱業事件・大分地決平成9.3.19労経速1639号5頁）、解雇について組合の事前了承がないが事実上解雇を了解している（マガジンハウス事件・東京地判平成20.3.10労経速2000号26頁）等

---

(16) JR東海事件・大阪地判平成6.8.10労判658号56頁も参照。
(17) 古い事案であるが池貝鉄工事件・最一小判（昭和29.1.21民集8巻1号123頁）は、必ずしも人事協議条項の事案でないが使用者が一定程度協議した事実を重視している。「被上告人会社が極度の経営不振に陥り企業倒壊の寸前にまで追い込まれたため、企業再建の方策として人員整理を含む新たな経営方針を樹立し、右協約条項に基づき組合側と協議を重ねたのであるが、右人員整理を内容とする企業再建方策が当時の情勢下においては被上告人会社としてやむを得ない措置であり、且早急にこれを実施する必要に迫られていると認められるにも拘わらず、上告人等の所属する組合にあつてはあくまで人員整理の方針に反対し、この方針を改めなければ協議に応じない態度を固執したため被上告人会社としてはやむを得ずそれ以上の協議を断念して人員の整理を断行したものであるというのである。そして原審は、かかる事情の下において、会社が一方的に人員整理基準を定めてこれに基づいて、人員の整理を実施したからとてこれを目して前示協定に違反するものとはいい得ないと判示したのである。この原判旨は当裁判所においても首肯し得るところであ」る。

の判断が示されている。また、北海道厚生農協連合会（帯広厚生病院）事件・釧路地帯広支判（平成9.3.24 労判731号75頁）は、「被告と訴外組合との間の労働協約においては、被告は人事異動を行うときは事前に本人に通知し、この場合には正当な理由なくこれを拒んではならないこと、訴外組合から異議を申し立てた場合には被告は訴外組合と協議することが定められている」が、本件において組合からの異議申立がなかったと説示している[18]。

この点につき正面から議論をしている事案は組合の不十分な協議態様を理由に整理解雇が無効になるかが争われた昭光化学工業（仮処分）事件であり、原審と異議審は異なった判断を示している。

原審（横浜地決昭和51.4.9判時824号120頁）は、協約違反で無効になるとして以下のように説示した。「本件のような人員整理にともなう組合員の解雇は、右規約16条10号にいう、『重要なる労働条件に関する事項』として、右三機関のうち大会の附議事項であると解され、前記労働協約47条所定の『協議決定』において、組合としての意思を決定する権限もまた大会に属するというべきである。したがって前記『確認書』の内容、整理解雇基準該当者、該当事由につき組合としての意思を決定し、『協議決定』とするか、これを不満としてさらに交渉を継続すべきかを決めて、かくて最後的意思決定をする権限は、大会に属する。

しかるに疎明によれば、申請外組合の役員は事前に右意思決定権限を同組合の大会から委任を受けたこともなく、又、被申請人会社との間の前記合意した事項について右大会を開催してこれに附議することもしなかったことが一応認められる」。さらに、使用者は、「前記人員整理に関する事項が大会附議事項であること及び右事項に関して組合大会等が開催されていないことは十分に知っていたものと一応認められる」。

他方、仮処分異議審である横浜地判（昭和55.3.28労経速1046号3頁）は、協約違反にあたらないとして以下のように説示している。

「被申請人は、労働協約47条の協議決定につき、組合大会の決議を要することを知らなかったものと一応認めるのが相当であり、してみれば、組合大

---

[18] 就業規則の変更について協約上の同意拒否権の濫用とあたるとされた事案として安田生命保険事件・東京地判（平成9.6.12 労判720号31頁）がある。

会の決議がなかったことをもって、労働協約47条の協議決定の効力が左右されるものではなく有効」である。

「申請人らは、労働協約47条の協議の対象は、解雇の必要性、解雇基準、解雇条件の他解雇基準該当者の氏名およびその該当性の有無まで含まれるところ、本件解雇に際しては解雇基準該当者の氏名およびその該当性の有無が全く協議されていない旨主張する。なるほど、本件解雇に際して被解雇者の具体的氏名が開示されなかったことは前記認定のとおりであるが、昭和50年8月14日に解雇基準の合意がなされ、被申請人から組合に対し被解雇者の解雇基準該当数と職域区分の説明がなされた後、組合は右解雇基準が公平に運用されるよう被申請人と慎重に協議を続け、その過程で組合としては、具体的該当者についてほぼ認識を有していたこと、22日、被申請人から、組合に対し、解雇基準該当者名と該当解雇基準を記載した文書の提示の申し込みを受けながら、組合は、これを受け入れずに、本件解雇をなすことに同意し、本件解雇後同月27日に、被申請人から、前記文書の提示を受けて、これを了承したことは、前記認定のとおりであるから、これによれば実質的に被解雇者の解雇基準該当性について協議している」。

(c) 特別事情

協議自体が期待しがたい特別な場合にあたるとの判断も示されている。洋書センター事件・東京高判（昭和61.5.29 労民集37巻2・3号257頁）は、以下のように説示している。「組合の構成員は、パートタイマーの控訴人Kを除けば、本件解雇をされた控訴人T及び同Nの両名のみであり、組合の意思決定は主として右両名によつて行われ、組合の利害と右両名の利害とは密接不可分であつたところ、右控訴人両名は、本件解雇理由たる、前叙の両名共謀によるM社長に対しての長時間に及ぶ軟禁、暴行傷害を実行した当の本人であるから、その後における組合闘争としての、右控訴人両名らによる旧社屋の不法占拠などの前叙の事態をも併せ考えると、もはや、被控訴会社と組合及び右控訴人両名との間には、本件解雇に際して、本件事前協議約款に基づく協議を行うべき信頼関係は全く欠如しており、前叙の『労働者の責に帰すべき事由』に基づく本件解雇については、組合及び当人の同意を得ることは

勿論、その協議をすること自体、到底期待し難い状況にあつた、といわなければならないから、かかる特別の事情の下においては、被控訴会社が本件事前協議約款に定められた手続を履践することなく、かつ、組合及び当人の同意を得ずに、控訴人Ｔ及び同Ｎを即時解雇したからといつて、それにより本件解雇を無効とすることはできない。」

3　組合員の意向と組合の協議義務

　人事協議をする主体は組合であり、人事対象の組合員個人の意向を重視して協議を行うことが普通である。しかし、組合としては協議の開始や進め方につき独自の利害や立場があるので組合が対象組合員の意向を十分に反映した対応をするとは限らない。では、実際の裁判例において、組合の協議態様と当該人事との関連につきいかなる判断が示されているか。この点については、旧い時期からの裁判例も対象とする。

1）　全般的な傾向

　基本的な立場は、協議義務自体は使用者に課せられているので組合が協議に応じなければ協議をしなくとも必ずしも協議義務「違反」とならないと解されている[19]。前述の大阪築港運輸事件・大阪地決平成 2.8.31 労判 570 号 52 頁、日本タクシー事件・大阪地決平成 2.10.1 労判 572 号 68 頁、大分鉱業事件・大分地決平成 9.3.19 労経速 1639 号 5 頁、マガジンハウス事件・東京地判平成 20.3.10 労経速 2000 号 26 頁がある。組合内部の問題だからであり、一応確立した判例法理といえる。

　では、組合の協議態様が不十分にもかかわらずなぜ解雇等が無効とならないのか。これが本章の基本的問題関心であり、この点についてまで踏み込

---

[19]　本人の弁明につき、「どのような形で本人の弁明を徴するかは、労働協約の定めの趣旨に従って決すべきところ、被告の労働協約は、組合との協議に重点を置いていることから、本人の弁明は、主として組合側委員を通じて人事委員会の協議に反映されることを予定しているものであり、必ずしも本人の出席を必要としているものとは解されない」との判断も示されている（川中島バス事件・長野地判平成 7.3.23 労判 678 号 56 頁）。

んだ事案として三和電器製作所事件がある。本件では人事同意条項につき事前に本人の意思や事情を全く聴取することなく同意したことが争点となり、大阪地決（昭和58.1.24 労判403号52頁）は組合の意向や組合運営に対する使用者の信頼を重視して以下のように判示している。労使の本音といえるかもしれない。

「組合が会社との間で本件同意約款を締結した本来の趣旨は、配転等は労働者の労働条件や生活条件に重大な影響を及ぼしかねないものであるところ、会社が配転等にあたって直接組合員からその意向や事情を聴取することを認めると、弱い立場にある組合員の意思が抑圧ないし強制され、十分にその利益を擁護できないおそれが生ずるので、組合が当該組合員に代わって同人の意向や事情を最大限に尊重する立場で会社との間で折衝し、当該組合員の利益を擁護することにあったこと、申請人が書記長を務めていた時代は、組合が会社から組合員の配転等について同意を求められた場合、当該組合員から事前にその意思や事情を聴取しないで会社に同意を与えたことはほとんどなかったこと、しかるに、本件配転命令の場合は、組合は、申請人から事前に本人の意思や事情を全く聴取することなく、右配転命令につき会社に同意を与えていること、以上の事実が一応認められる。右認定事実によると、本件配転命令についてなされた組合の同意は、実質的にみて組合員個人の利益を擁護するという本件同意約款の本来の趣旨に反しており、全く形式的な取扱となっているため、本件配転命令について本件同意約款に基づく同意の効力が有効に生じたとするにはいささか疑問がないわけではない。」

しかしながら、「組合は、申請人らNグループに代わって執行部派が執行部の役員を占めるようになってからは、会社から組合員の配転について本件同意約款に基づく同意を求められた場合、たとえば当該組合員の能力を全く無視し退職に追い込むようなことになるなど一定の例外的な基準に該当しなければ、原則として同意する方針をとっており、当該組合員から事前に直接本人の意思や事情を聴取することは全く行っておらず、むしろこの取扱が常態となっていたこと、組合において、現執行部に対する批判勢力の中心人物である申請人を大阪から排除し、その活動を困難にするため、会社と結託し、あるいは会社に迎合して本件同意約款に基づく同意権を濫用したとの事実を

疎明するに足りる資料は存しないこと、会社としては、本件同意約款所定の手続を忠実に履践していながら、会社の全く与り知らない組合内部の事情によって配転命令の効力が左右されるようなことは、企業運営上とうてい耐え難いと考えられること、以上の諸点を合わせ考えると、前記のような事情が存在するからといって、本件配転命令についてなされた組合の同意の効力を否定することは相当ではない」。

さらに、組合サイドの裁量を重視する立場もある。日本ステンレス・日ス梱包事件・新潟地高田支判（昭和61.10.31労判485号43頁）は、組合が同意権を放棄したので同意がなくとも協約違反とはいえないとし、その放棄の趣旨について、「原告らの問題に対して組合としては深入りしたくないため、同意或いは不同意を積極的に意思表示をすることを避けて、放棄という言葉を使ったのであり、結果的には同意したことと同じ意味である」と説示している。深入りを避ける点も組合の本音といえようか。

2）組合の協議態様を問題にする例

協議態様の不十分さや組合内部手続違反を問題にする次のような注目すべきアプローチもみられる。「組合員との関係における組合の協議義務」を構想する際に参考とすべき視点といえる。

その1は、組合内部手続違反を理由として組合による解雇の承認がなされていないとされた例である[20]。阪神電気鉄道（仮処分異議）事件・大阪地判（昭和35.5.10労民集11巻3号455頁）は、協約の解雇承認約款に基づいて組合員の解雇を承認する権限が、組合規約の解釈上組合大会に属すると解せられるとして、中央委員会の授権に基づく経営協議会組合側委員の承認があっても、右協約にいう組合の承認とは認められないと判示した。同時に、解雇承認約款に定める解雇の承認がその権限のない者によってされた場合に民法の表見代理の法理の適用があるかについて、「元来市民法上、必ずしも事情を詳かにしない他人との取引の安全保護のため認められる右の法理を、労働法上の法律関係に全部そのまま移して用いることは相当でなく、被申請人に

---

(20) 組合内部手続違反の協約の効力を否定した例として中根製作所事件・最三小判平成12.11.28労判797号12頁がある。

相手方の権限調査の責務を免れしめる根拠とすることはできない。」と説示して解雇を無効とした[21]。

その2は、濫用性判断の一ファクターとし解雇無効とする事案である。東海カーボン事件・名古屋地判（昭和58.8.31労判422号25頁）は、弁明手続の不履践と解雇の効力との関連につき以下のように説示している。「本件労働協約における諮問委員会に関する条項は、客観的な制度・機関の組織及び運営を定めたいわゆる制度的・組織的部分に属するものと解するのが相当である。しかして、本件諮問委員会制度は、労使間の協約により、会社が組合員を懲戒に処そうとするときは、会社、組合各同数の委員で構成される諮問委員会に諮問しなければならないとすることによって、会社による懲戒権の行使に組合の意向も反映させ、もって懲戒権の行使の公正を確保し、組合員の地位と利益を守ることを目的としたものであるから、懲戒権の行使に右制度の目的に反する重大な手続違反があったときは、その懲戒は、特段の事情のない限り適正手続違反として無効であると解するのが相当である。

そこで、本件における弁明手続不履践の手続違反が本件解雇を無効たらしめるものであるか否かについて考えるに、会社及び組合が協約37条で『委員会においては、必ず本人に弁明の機会を与えなければならない。』と定めたのは、本人に対し諮問委員会における弁明の機会を保障することが懲戒権の行使の公正を確保するために必要不可欠と考えたためであることが明らかであるから、弁明手続の不履践は、特段の事情のない限り、諮問委員会制度の目的に反する重大な手続違反というべきである。」

よって、特段の事情の有無についてさらに検討するに、「本件における弁明手続の不履践については組合側にも責任の一半があるといわざるを得ないから、右手続違反により直ちに本件解雇が無効になるものと解するのは相当でなく、右手続違反は、解雇権濫用の有無の判断に当って斟酌すべき一事由たるにとどまるものというべきである」[22]。

その3は、組合サイドの不誠実な協議態様ゆえに無効となることがありうることを指摘する事案である。旭東電気（仮処分異議）事件・大阪地判（昭

---

(21) 控訴審・大阪高判昭和38.4.26労民集14巻2号651頁は、連合国最高指令官声明等との関連で解雇を有効としている。

和53.12.1労判310号52頁)は、「人事基準」に関する協議のケースについて、組合が協議をしなくとも無効ではないとしつつも特段の事由があれば別な判断がありうるとする以下のような説示をしている。

「右協約が整理解雇の場合の一般基準について組合と協議し、慎重な態度をもつて決定すべきものとしている趣旨は、被解雇者の人選や選定基準の設定を会社側の一方的裁量に委ねるとこれら人選や基準の設定が会社の恣意に流れる虞れがあるため、これを抑制して組合側の利益擁護を図るために右人選や基準の設定について組合の意思を反映させる機会を組合に与えようとする点にあるものと理解される。

そこでこれを本件についてみるに、前記認定の事実からすれば、組合には右のような機会が十分与えられていたにもかかわらず、被解雇者の人選及びその基準を会社側に委ねて協議しようとしなかつた(むしろ、基準設定についての関与を回避したことさえ窺える。)というべきであり、このような組合の態度は、本件人員整理に当たり会社に対して経理資料等の開陳を求めないまま唯唯諾諾と会社の方針を受入れてしまつた点と共に大いに問題ではあるけれども、組合において前記協議の機会を放棄したことが、会社側の妨害によるものであるとか、組合幹部の独断もしくは会社との共謀によるものであるとかといつたような特段の事情の存在しない本件にあつては、右解雇基準について協議がなされなかつたことをもつて、本件解雇が前記労働協約に違反して無効であるとはいい難い」。

本判決が示した、「組合において前記協議の機会を放棄したことが、会社側の妨害によるものであるとか、組合幹部の独断もしくは会社との共謀によるものであるとかといつたような特段の事情」の場合は別という判断は注目される[23]。

---

(22) 「本部代表委員が組合代表として労働協約上期待されている組合員の権利擁護の任を果たさなかつたことが懲戒手続違反になるとの主張について、本件において、仮に申請人主張のとおり支部代表委員が組合員の権利擁護の任を果たさなかつたとしても、それは、組合内部における支部代表委員の組合に対する責任の問題に過ぎず、懲戒手続違反を構成しないことが明らかであるから、申請人の右主張はそれ自体失当といわざるを得ない」との判示もなされている。
(23) 三和電器製作所事件・大阪地決(昭和58.1.24労判403号52頁)も、「会社と結託し、あるいは会社に迎合して本件同意約款に基づく同意権を濫用した」場合を問題にしている。

以上の他に組合の意向と個々の組合員の利害との対立について論じた裁判例が若干あるが、本格的には論じられてはいない。たとえば、組合が出向問題を取り上げなかった事を理由とする組合に対する賠償請求は認められず（神戸製鋼所ほか事件・東京地判平成2.12.21労判581号45頁）、組合の事前同意につき錯誤無効、同意権濫用、信義則違反とはいえない（全国農業協同組合連合会事件・宇都宮地判平成14.1.17労判823号84頁）とされている。

　さらに、会社との協議調整を図る組合サイドの法的義務につき、「労働組合は、組合員の労働条件、特に身分に関する処分（解雇、配置転換等）がなされた際には、団体交渉等を通じて、会社との間において、組合員の利益を最大限擁護し、これを実現すべく活動する立場にあると解するのが相当である。しかし、原告が主張するような会社との協議調整義務を定めた法令上の規定は存在しないこと、労働組合が、団体交渉等を通じて、会社との間で当該組合員の利益等を実現すべく協議調整するに当たっては、様々な事情を総合的に勘案して行われるものであるところ、仮に、これらを法的義務であるとすると、労働組合活動の自主性や独立性が阻害される可能性が否定できないことからすると、労働組合が、組合員に対して、会社との協議調整を図る法的義務を負っているとは解し難い」という判断も示されている（N社ほか事件・大阪地判平成22.2.26労経速2072号26頁）[24]。

---

(24)　苦情処理委員会の採決の拘束力が争われた事例では（富士重工事件・東京高判昭和49.4.26労民集25巻1・2号183頁、最三小判昭和52.12.13労判287号7頁）以下のような判断が示されている。
　「右手続により就業規則の解釈適用に関する最終的判断が示された場合、協約当事者たる労使双方がこれに拘束されるのはもとよりであるが、元来労働組合は組合員たる労働者固有の労働契約上の権利に関して処分権限を有しないため、たとえ労働者に対する懲戒処分につき苦情処理委員会で最終的判断がなされたとしても、労働者が当然それに拘束され、改めてその紛争の処理を訴訟の手段に求めることを禁止する効果を生ずるものと解することはできない。すなわち、苦情処理の対象が労働者個人の労働契約上の権利に関する就業規則の解釈適用であるときは、そこで示された最終的判断は、当該労働者との関係においては、労使間で紛争を自主的に解決する努力をすることを定めたにとどまり、とくに右労働者において以後その紛争の処理を訴訟手続に訴えない旨の合意（不起訴の合意）の存在が認められないかぎり、さきに苦情処理手続の対象とした事項についての訴の提起を当然に不適法とならしめるものではない」。

4　検討

　ここでは2つの視点からこの問題を考察する。第1は、人事協議のあり方と対象組合員に対する人事の効力との関係である。人事協議義務違反ゆえに解雇等が無効になるかという古典的な問題である。第2は、人事協議につき個別組合員と組合との意向が対立する場合どのようなパターンがあるか、そのパターンに応じてどのような紛争が発生し、どのように法的な処理をすべきかを考えてみたい。いずれも人事協議条項の趣旨・目的や構造を解明するためである。以下では、典型例として解雇のケースについて検討する。

1）解雇無効の構造

　解雇については、その違法性と効力が問題となるが、ここでは後者についてのみ論じる。解雇無効を基礎づける事由としては以下が考えられる。
①実体的事由として、就業規則・労働協約上の解雇事由に該当するか（①のA）
　　　　　　　　社会的に相当か、濫用にあたるか（①のB）
②手続的事由として、本人への説明や弁明機会の付与がなされたか（②のA）
　　　　　　　　協約上の人事協議がなされたか（②のB）

　まず、無効事由として①と②との関連が問題となる[25]。①のAは独自の無効事由である。しかし、①のBについては独自の無効事由になる場合（解雇処分が重すぎる場合）と②の判断と連動して濫用性判断の一ファクターと

---

[25]　最近の裁判例が実体的判断の効力評価の際に関連する説明の程度や仕方を重視していることも注目すべきである。たとえば、退職金の減額合意の効力が争われた山梨県民信用組合事件・最二小判（平成28.2.19労判1136号6頁）は、「就業規則に定められた賃金や退職金に関する労働条件の変更に対する労働者の同意の有無については、当該変更を受け入れる旨の労働者の行為の有無だけでなく、当該変更により労働者にもたらされる不利益の内容及び程度、労働者により当該行為がされるに至った経緯及びその態様、当該行為に先立つ労働者への情報提供又は説明の内容等に照らして、当該行為が労働者の自由な意思に基づいてされたものと認めるに足りる合理的な理由が客観的に存在するか否かという観点からも、判断されるべきものと解するのが相当である」と判示している。

　なお、「情報提供又は説明の内容」が重視されているが、同じ手続とはいえ、「協議」と「情報提供・説明」はその性質が異なる。後者は一方的であり、前者は双方向であるとともに後者の情報提供・説明を内包した行為といえる。

なる場合もある。

　②について、まず（②のA）については①と連動して濫用性の一ファクターとなる場合もある。むしろ、「濫用性」判断については①のBと②のAは未分化といえる場合が多い。他方、人事協議条項（②のB）については規範的効力があるとして①と関係なく独自の無効事由と解するのがほぼ通説的な立場といえる[26]。もっとも、②のBについても①と関連づけて解雇等の濫用性を判断するという有力な見解もある。しかし、これでは協約上の独自のルールの意義が適切に評価されていないことになる。さらに、②のAと②のBがどのような関係に立つかの問題もある[27]。

　②のBを中心に考えると、①と②のBはそれぞれ独自の無効事由といえる。つまり、①ゆえに②のBの判断を回避することはできず、逆に②のBが適正に履行されたがゆえに①の判断を回避することもできない。しかし実際は協議の具体的内容や程度は、①の実体的判断と強く関連しているので、②の評価につき①に関する判断が一定の影響がある事は否定できないであろう。

　次に、人事協議といっても、一般組合員に関するものと組合役員に関するものがある[28]。ここでは前者を取り上げる。

　では人事協議条項（②のB）の目的はなにか[29]。その1は、使用者の人事権行使についての恣意的な判断をチェックするためである。組合の納得だけではなく対象労働者の納得や無用な紛争の回避にも役立つ。その2は、労使による自主的な紛争回避・処理である。権利義務関係だけではなく多様な側面から人事のあり方を問題にしうる。たとえば、解雇ではなく自主退職にする等である。以上の2点は、手続的保障の独自の意義といえる。その3は、使用者、組合員にとどまらず従業員に対しても組合の規制力・影響力を強化するためでもある。団結強化ともいえる。

　これを組合員個人と組合とに区別して論じると以下のような複合的な目

---

(26)　もっとも、理論的にはそれほど詰めた議論はなされていない。
(27)　人事協議制採用の理由として人事について個別労働者が公式に苦情を申し立てることは困難であるからと指摘されている。松田保彦「制度的条項」日本労働法学会編『現代労働法講座　第6巻　労働協約』（総合労働研究所、1981年）322頁。

的・利益があると思われる。

　協議対象となった組合員個人との関連では、恣意的ないし違法な使用者の行為のチェック、他の解決手段の模索、さらに本人の納得等が目指される。組合の力によるので個人の場合よりはより強固な交渉力が期待できる。他方、協議主体である組合自体については、組合員個人の利益を擁護することによって組合の役割を組合員や他の従業員に対し示すとともに人事ルールの形成に関与することができる。人事協議につき独自の利益を有しており、「当該人事異動が組合活動に及ぼす支障等に対しても十分配慮し、組合の意見も考慮するとの立場から組合との間で十分の協議を尽くす必要がある」わけである[30]。その意味では、対象労働者が協議を望まない場合にも組合独自の判断で人事協議を要求することはでき、相当な理由なしにそれを拒否したならば協議義務違反とみなされる。もっとも、人事自体が無効となることはないであろう。

2）　人事協議における組合の組合員擁護義務

　以上をふまえて組合が、組合員の意向に反して協議をしないことや十分な協議をしない場合にどう考えるべきか。ここでの関心は解雇等の人事自体も「無効」とみなされるかである。その解明のためには使用者の協議義務の不

---

(28)　組合役員に対する協議・同意条項についてはもっぱら組合の利益（団結権）擁護が問題となる。日本電気事件・東京地判（昭和43.8.31労民集19巻4号1111頁）は、同条項の趣旨につき、「組合役員である組合員の異動は組合活動上にも大きな影響を与える場合もあるので、組合に当該役員の転勤等による組合活動に対する影響如何を検討させ、その結果、組合活動上に重大な支障をもたらすものと判断した場合にはその異動を拒否する権限を与えたものと解するのが相当である」と判示している。また、ニチモウ事件・山口地下関支判（昭和52.2.28判時872号118頁）は、その対象を「『組合本部役員及び支部四役』に限定しているのであるから、このような条項については、右に述べたところがそのままあてはまるものではない。すなわち、同条項の制定の趣旨は、一般組合員に関する人事同意条項のように個々の労働者の地位の安定と向上にあるのではなく、労働者の団結権の尊重を基盤として、労働組合が使用者と対等の立場に立って労働者の労働条件の維持改善等を図ることにあると解すべきである。従って、被申請人会社としては、右条項を作成したことによって、労働組合の正当な活動を保障するために、右範囲の組合役員につき、自己の有する人事権の行使を『組合の同意』を限度として規制することを約したものであり、被申請人会社が申し出た人事について、組合が、その運営上の必要に応じて、自主的判断によって同意するか否かを決することを認めたものというべきである」と判示している。

(29)　人事協議約款の多面的構造については、前掲・松田論文328頁。

履行をめぐる使用者、労働者、労働組合の利害状況を明らかにする必要がある。これは3つの側面がある[31]。なお、ここで想定している協議義務は、その都度の個別人事の適否を対象とするものである。より緩和された労働条件基準やその変更についての協議義務は対象としていない。

第1は、組合→使用者の関係である。一連の裁判では協議義務は基本的にこの関係で問題になり、協議義務の不履行は、組合員の利害とは別に、組合の利益を害し、義務違反もしくは不当労働行為とみなされる場合もある。ただ、組合が協議自体を求めない、もしくはそれほど熱心ではない場合には使用者の協議義務の不履行は組合の自己選択の結果とみなされる。この関係において「不履行」といえるかが問題となる。

第2は、組合員→組合の関係である。組合は組合員を代理・代表して協議する義務があるかが問題となる。これが肯定されると組合が適切に協議しないことは組合員との関係における「協議義務違反」とみなされる。同義務違反に対しては組合員から組合への損害賠償を一応想定しうるが、違法性、損

---

(30) この点につきナトコペイント事件・名古屋地判（昭和63.7.15労判525号41頁）は、配転が和解条項に基づく協議義務違反であるとして以下のように説示している。

「原告らは、本件配転は本件和解条項2に定められた組合との協議を経ていない旨主張し、被告は前記一〇回に及ぶ団交において十分協議を尽くしている旨主張するので、この点についてもここで検討を加えておくこととする。

　右協議条項が、原則として従業員の同意がない限り人事異動をすることができないとの制限を付した人事同意約款でないこと、反対に形式的に話合いの過程を踏みさえすれば協議を尽くしたことになる単純な手続規定でもないことは本件和解の文言から明らかであるが、更に前記認定の本件和解に至る経緯に照らすと、このような条項が組合と使用者との間に合意されたのは、被告が使用者の人事権の行使に一定の制約を課す結果になることを容認したうえ、できる限りナトコ労組の組合活動を保障し組合員の権利を尊重する趣旨に出たものと認められる。従って、被告としては、本件配転を命ずるに当たっては被告の業務上の必要性を検討するというだけでは足りないのであって、当該人事異動が組合活動に及ぼす支障等に対しても十分配慮し、組合の意見も考慮するとの立場から組合との間で十分の協議を尽くす必要があるものと解される」。

(31) この紛争パターンは、組合が適切に権限行使をしない事のリスクを使用者が、もしくは使用者も負うかという点では、ユニオン・ショップ制下における除名無効の場合の解雇の効力（日本食塩製造事件・最二小判昭和50.4.25民集29巻4号456頁）や組合規約違反の手続で締結された協約の効力問題（中根製作所事件・最三小判平成12.7.26労判789号6頁）と類似している。もっとも、以上の2つのケースは、組合内部手続における瑕疵であるが、協議義務違反は使用者との関係における「瑕疵」（といえるかが争点であるが）なのでその性質は大きく異なっている。また、チェックオフ協約の（準）規範的効力については、拙稿「チェックオフをめぐる集団法理と個人法理」労旬1658号（2007年）42頁。

害額等についての問題がある。このレベルだけで解雇の無効に直結するとは解されていない。

　第3は、組合員→（組合）→使用者の関係である。使用者の協議義務不履行は、組合自体の利益を害しそれを通じて組合員の利益をも害するので、解雇は無効と解されている。人事協議条項をめぐる解釈論はこのような図式を当然の前提にしている。もっとも、無効となる法的なメカニズムについてはそれほど詰めた議論はなされていない。

　では、このパターンにおいて組合が適切に協議義務を履行しなかった場合はどうか。「組合員との関係における組合の協議義務（以下わずらわしいので「擁護義務」と呼ぶ）ともいうべきものを想定したならば、擁護義務違反は無効原因となるか。これは、使用者自身の協議義務違反と（も）みなされるかの問題に他ならない。

　使用者の協議義務を組合との関係だけで位置づけると、組合が協議しない、もしくは十分に協議しないことを使用者の協議義務違反とはみなしえないであろう。注目すべきは、この立場からは、協議義務違反が認められてもそれが解雇等の無効に直接結びつく法的な構成が必ずしも明らかにならないことである。いわゆる通説的地位を占める規範的効力説の理論的な詰めの甘さが露呈してくるわけである。

　他方、使用者の協議義務を組合の組合員との関係における擁護義務をも内在化したもの、換言すると組合員との関係における「労使による適正協議義務」と位置づけるならば、適正協議がなされていないと解する余地がある。人事協議条項の趣旨を、組合だけではなく組合員との関係においても恣意的な人事をチェックするシステムを協約により「労使」が自主的に形成したとみなすわけである。そうすると適正な協議がなされなかったリスクを組合員に負わせることはやはりアンフェアである。組合の擁護義務の不履行は、それ自体が組合員の利益を害するとともに、使用者と組合が一体として協議を回避する、もしくは適切な協議をしないことによって人事の適正さが担保されず、使用者も組合とともに組合員個人の利益を害しているといえるからである[32]。

　個別組合員の権利を重視すると以上のような構成も可能となる。そうする

と相当な理由なしに労使での協議がなされなかった場合には、組合の組合員擁護義務違反[33]とともに「労使の適正協議義務」違反ともなり、後者については人事権行使に関する基準的なルール違反として解雇も無効となると解される[34]。その実質的理由としては、人事の適正化との関連につき協議は人事基準に劣らない意味があり事前の協議が協約紛争の独自の事前処理システムとしての役割を果たしているからである[35]。また解釈論的には、労組法16条に定める「基準」は一般的準則性[36]を前提としており、協議条項は人事をなす際の手続的「基準」に他ならないので、当該条項の規範的効力ゆえと解することもできる[37]。

他方、一定の関与が規定されているので実体的レベルの事情をもふまえて協議不履行ゆえに解雇が協約上の信義則違反と構成する余地もある[38]。この延長上に、団交なしの労働条件の一方的変更事案について同様な処理をする可能性がでてくる[39]。

いずれにせよ実際の論点は労使協議がなされなかったこと、もしくは十分な協議しかなされなかったことに相当な理由があるかである。組合の要求に

---

[32] このようなアプローチに親和的な裁判例として、前述の旭東電気（仮処分異議）事件・大阪地判（昭和53.12.1 労判310号52頁）、三和電器製作所事件・大阪地決（昭和58.1.24 労判403号52頁）参照。

[33] 擁護義務違反に対しては組合員から組合への損害賠償をも想定しうるが、違法性や損害額等の問題がある。不利な内容の協約を締結した組合執行委員長に対する組合員からの損害賠償請求事案もあるが、請求は認められていない（朝日自動車労働組合事件・大阪地判平成9.2.24 労判721号65頁、AIGエジソン生命労組事件・東京地判平成19.8.27 労判954号78頁）。

[34] 詳しくは前掲・拙稿「人事協議・同意条項をめぐる判例法理の展開（二）──昭和50年代の裁判例の検討」26頁。

[35] 事後の協約紛争を予防・回避するという目的もある。

[36] 東京大学労働法研究会編『注釈労働組合法　下巻』（有斐閣、1982年）804頁は、「個々の労働契約関係を全体として規律するに足るだけの客観的かつ明確な一般的準則を構成することを必要とする」と立論している。また、解雇基準条項と不可分に結びつく場合には規範的部分と解する見解もある。沼田稲次郎『労働法実務体系　第7巻　労働協約の締結と運用』（総合労働研究所、1970年）219頁。

[37] 規範的効力論の学説については、中窪裕也「文献研究32　労働協約の規範的効力」季労172号（1994年）94頁。

[38] ノース・ウエスト航空事件・東京高判（平成20.3.27 労判959号18頁）、日本メールオーダー事件・東京地判（平成21.4.13 労判986号52頁）参照。また、東海カーボン事件・名古屋地判（昭和58.8.31 労判422号25頁）は手続違反の重要性の程度を問題にしている。

もかかわらず使用者が協議に応じないもしくは適切な協議をしない場合には明確にルール違反とみなされ、解雇等も無効となる。これが通常想定されているケースである。

問題は、組合員の要請にもかかわらず組合が（適正な）協議を要求せず、結果的には「労使」が適正な協議をしなかったとみられる場合である。組合は個別組合員の代理ではなく組合員全体の代表なので労使協議の進め方に一定の裁量が認められる。さらに組合が消極的な場合の使用者の対応のあり方も問題になるので適正かとの判断はデリケートな作業である[40]。

個別事案ごとの判断の基準として、組合員が適正な労使協議について一定の関与をなしうるためには、①協約内容の周知がなされたか、②組合が対象組合員に協議の必要性についての打診をしたか、③協議をしなかったことにつき個別組合員に「労使」が適切に説明・説得したか、を想定しうる。組合員の納得のために人事協議条項の趣旨を実質化し、組合の役割を可視化するためには以上のようなアプローチが適切と思われる[41]。

ところで人事協議条項を規範的効力から位置づける本章のアプローチ以外に、紛争処理システムの適正実施[42]の観点から、つまり制度的効力論から説明することも可能と思われる。また、協議手続違反を濫用性判断の一ファクターとする説も成り立たないわけではない。ただ、いずれのアプローチにおいても協約規範の二重構造の解明は不可欠である。

---

(39) 組合との団交が不十分なことを理由として個別契約上の権利が侵害されていると解する以下のような例もある（前掲・日本メールオーダー事件・東京地判、エクソンモービル事件・東京高判平成24.3.14労判1057号114頁、エコスタッフ（エムズワーカース）事件・東京地判平成23.5.30労判1033号5頁等）。また、労働条件の一方的変更については、前掲・拙著『労使関係法における誠実と公正』169頁。

(40) 協議の有無についての判断の困難性から「具体的で客観的な準則」とはいえないとして協議条項に規範的効力がないとする見解もある。桑村祐美子「労働協約の規範的効力」日本労働法学会編『講座労働法の再生 第5巻 労使関係法の理論課題』（日本評論社、2017年）120頁。

(41) 「利益当事者に開放された透明性の高い協議・交渉」の制度化ともいえる。水町勇一郎「法の『手続化』——日本労働法の動態分析とその批判的考察」法学65巻1号（2001年）29頁。

(42) たとえば、イビケン事件・名古屋高判平成 28.7.20 労判 1157 号 63 頁。もっとも本件は上告審（最一小判平成 30.2.15 労判 1181 号 5 頁）において次のように判示されている。「上告人は、本件当時、法令等の遵守に関する社員行動基準を定め、本件法令遵守体制を整備していたものの、被上告人に対しその指揮監督権を行使する立場にあったとか、被上告人から実質的に労務の提供を受ける関係にあったとみるべき事情はないというべきである。また、上告人において整備した本件法令遵守体制の仕組みの具体的内容が、勤務先会社が使用者として負うべき雇用契約上の付随義務を上告人自らが履行し又は上告人の直接間接の指揮監督の下で勤務先会社に履行させるものであったとみるべき事情はうかがわれない。
　以上によれば、上告人は、自ら又は被上告人の使用者である勤務先会社を通じて本件付随義務を履行する義務を負うものということはできず、勤務先会社が本件付随義務に基づく対応を怠ったことのみをもって、上告人の被上告人に対する信義則上の義務違反があったものとすることはできない。」

第6章　権利実現への組合のサポート

　組合には職場において従業員の集団的な「声」をあげる役割がある。個々の組合員や労働者の苦情や不満を職場全体の要請として集約し使用者にぶつけることが期待されているわけである。このような日常的な活動は重要であり、個別の苦情処理を通じて職場全体の労務管理上の課題を発見することも珍しくない。

　同時に、権利保障の観点からは使用者と個別組合員との間の合意形成についてのサポートや支援も重要である。労使間合意の実質化は、集団法上は当然であるが、契約法の解釈においても見逃すことはできない。合意の真意性確保の観点からは、個別の説明や適切な情報開示の必要性が指摘されており集団的な「納得」もが要請されている。この点と関連して近時の裁判例は集団法的な側面にも一応留意しているが[1]、学説の反応はイマイチである。感度が鈍いともいえる。

　では、具体的に権利実現につき、集団法的なレベルにおいてどのような活動が要請されるであろうか。

　その1は、労働条件や職場内ルールの周知である[2]。就業規則・労使協定の周知については労基法上義務化されているが（106条）、適切な権利行使の

---

[1]　最高裁の著名な裁判例においても、組合との協議や合意の重要性は指摘されている。たとえば、就業規則の不利益変更の合理性の要素として（第四銀行事件・最二小判平成 9.2.28 労判 710 号 12 頁）、また、労契法 20 条違反の有無との関連においても（長澤運輸事件・最二小判平成 30.6.1 労判 1179 号 34 頁）団交に基づく調整給支給がなされたことが判示されている。また、退職金減額支給合意の真意性が争われた事案において関連する労働協約の締結権限も争われている（山梨県民信用組合事件・最二小判平成 28.2.19 労判 1136 号 6 頁、差戻審・東京高判平成 28.11.24 労判 1153 号 5 頁）。

ためにはそれ以外の労働協約や労使慣行、職場内ルールの周知も重要である。これは、組合員だけではなく職場の従業員にとってもそうである。職場における共通の了解や理解が個々人の権利行使を支えるからである。とりわけ、「共通」という側面がポイントである。そのためには、周知の具体的態様・工夫が重要視される。知りたいという関心を高める事前の日常的啓発活動も不可欠である。

　その2は、関連情報を入手するための団交、入手した情報を広報する情宣活動である。これらの活動は、不当労働行為制度によって保護されているが、組合独自の利益だけではなく個々の組合員の権利行使のためであることにも留意すべきであろう。実際にも団交事案としては労務管理や労働者の待遇に関する多様な事項は義務的交渉事項とみなされている。たとえば、職員の待遇に関する乗車証交付問題（国鉄事件・最三小判平成3.4.23労判589号6頁）や勤務体制を決める服務表作成（都城郵便局事件・最一小判昭和51.6.3判時817号39頁）、さらに労働者の就労状況等を調査するための調査方法（東急バス事件・東京地判平成22.2.22別冊中労時1394号43頁）等である。

　情宣活動としては、組合機関誌や組合掲示板の利用[3]、さらにビラ配布等がなされている。このビラ配布については、組合にとって極めて重要な情報宣伝活動であることから配布への警告は支配介入であるとの判断も示されている（日本チバガイギー事件・東京地判昭和60.4.25労判452号27頁、東京高判昭和60.12.24労判467号96頁、最一小判平成1.1.19労判533号7頁）。また、組合掲示板の役割も重要である。最近この利用方法につき紛争が多い。苦情処理や労務管理のあり方についての共通の知識を得ることが重要なので掲示内容を使用者がチェックすることには問題がある（JR東海事件・最三小決平成29.9.12労経速2331号17頁、原審は東京高判平成29.3.9労判1173号71頁）。

　さらに、その前提として労働条件や労務管理のあり方についての個々の労働者の疑問や労働者間の情報共有も重要である。問題関心や問題意識の共有

---

(2)　この点については本書9頁、また論点はややずれるが不当労働行為の救済としてポストノーティス命令の趣旨として従業員全体への告示という側面がある（拙著『不当労働行為の行政救済法理』（1998年、信山社）114頁参照）。

(3)　掲示板利用につき、拙著『労働組合法の基礎と活用』（日本評論社、2018年）143頁参照。

は集団的な労働条件決定や組合結成の基盤となる。この共有は同僚の処遇や労働条件に対する興味・関心と結びつく。とはいえ、最近の法理、とりわけプライヴァシーやハラスメント法理はこの関心についてきわめて冷淡である。実際にもトラブル回避のために他人と関係を結ぶこと自体をいやがる傾向さえ出てきており、これでは職場はやっていけない。職場における、会社や同僚との関係における適切な距離とはなにかが問われているわけである。この情報の共有をめぐる紛争については後述する。

以上をふまえて本章では権利保障と組合の役割について考えていきたい。

組合の基本的な役割は、労働条件の維持改善や雇用の保障にある。同時に個別組合員（労働者）の権利実現への支援も重要である。労働者の権利実現については、近時そのエンフォースメントのあり方が注目されており、労働法上の議論も深まっている[4]。しかし、集団化による実現や組合の役割との関連まではそれほど議論されてはいない。せいぜいコミュニティ・ユニオン[5]や組合のモニタリング機能[6]との関連で問題になるくらいである。

実際には企業内において多様な権利抑制行為がなされており、関連する裁判例も少なくない[7]。明確な抑圧行為だけではなくソフトな抑制やそれをささえる企業風土もみられる。企業に反抗しない、というより権力のある者に対して寄りそう気働き・忖度の世界といえるかもしれない。企業告発やセクハラ告発が困難な原因でもある。

では、権利保障につき組合はどの程度実際に取り組んでいるか。たとえば、厚労省による平成25年労働組合活動等に関する実態調査（前回は23年）によると労働者の個別の労働問題に「取り組んでいる」労働組合は92.6％［前

---

(4) この点については、山川隆一「労働法の実現手法に関する覚書」西谷敏先生古稀記念論集『労働法と現代法の理論（上）』（日本評論社、2013年）75頁、同「労働法における法の実現手法」『岩波講座・現代法の動態　第2巻　法の実現手法』（岩波書店、2014年）171頁、野川忍＝島田陽一＝山川隆一「鼎談・問題提起　労働法におけるエンフォースメント」季労234号（2011年）2頁、北岡大介「企業実務家からみたエンフォースメント」季労234号（2011年）37頁、特集「違法労働」日本労働研究雑誌654号（2015年）等参照。

(5) 本書171頁。

(6) 組合のモニタリング機能については、毛塚勝利「企業統治と労使関係システム――ステークホルダー民主主義論からの労使関係の再構築」『早稲田大学21世紀COE叢書　企業社会の変容と法創造　第6巻　労働と環境』（2008年、日本評論社）47頁。

回 91.6％］となっており、取組の方法（複数回答）をみると「各職場毎に職場委員等を設置」58.3％［前回 57.9％］が最も多く、次いで「労使協議制度を通じて関与」57.8％［前回 69.1％］、「苦情処理制度を通じて関与」29.1％［前回 30.1％］などとなっている。

　数字的には一定の対応をなしているが、どの程度実際に役立っているかは必ずしも明確ではない[8]。

　本章では、個々の労働者の権利保障につき組合はいかなる役割を果たしうるかを考察する素材として関連裁判例を検討していきたい。企業閉塞状態の一端を知るとともに個々人の権利がどのように保障されているか、また集団化への契機がどこにあるかを解明するためである。

　具体的には、1で企業風土の解明のために意見表明や同僚への働きかけを理由とする処分事案を、それをふまえて2で具体的論点として労働時間、年休、ハラスメントをめぐる紛争を検討する。これらの問題は法的に明確な規準を立てにくいため、職場において労使が自主的に解決するニーズがきわめて高い紛争に他ならないからである。また、紛争化の背景には働きにくい職場環境が存する場合が多いからでもある。

---

(7)　裁判例の検討は、拙著『成果主義時代のワークルール』（旬報社、2005 年）109 頁、拙稿「権利主張を支えるワークルール教育（二）」労旬 1838 号（2015 年）30 頁参照。前掲論文では適切な権利主張・行使に関する裁判例として以下のようなケースを検討した。
　1　法的な知識・理解の必要性
　2　契約締結過程における労働者に対する処分等　①契約書の署名拒否等、②真実告知義務違反
　3　権利主張・行使を理由とする不利益取扱い　①組合活動上の権利行使、②労基法上の権利行使、③育休・産休の取得、④ハラスメント申告
　4　権利主張・意見表明に対する抑圧的な職場環境　①同僚への働きかけに対する抑制、②意見表明に対する処分、③許可申請に対する不許可、④会社要請の拒否を理由とする不利益取扱い
　5　権利実現に対する反撃　①不当労働行為手続きにおける直接的アクション、②裁判手続きを利用した直接的アクション、③個別労働紛争解決促進法上のあっせん手続、④争議行為への対抗
(8)　職場懇談会や苦情処理に関する調査は、平成 26 年「労使コミュニケーション調査」がある。また、土屋直樹「企業内における不満・苦情への対応」26 頁、呉学殊「労働組合の紛争解決・予防——コミュニティ・ユニオンの取り組みを中心に」69 頁、いずれも日本労働研究雑誌 581号（2008 年）参照。

1 意見表明や同僚への働きかけをめぐる紛争

　組合による権利実現のためには組合の結成や活発な運営が課題となる。この過程は不当労働行為法理により保護されている。では、組合結成に連なる可能性のある個々の労働者の不満や会社に対する批判はどうか。ここでは、労働相談や集団志向行為に対する会社サイドの抑制行為をめぐる裁判例を検討することによって組織化の基盤の可能性を探ってみたい。

　具体的には、同僚への働きかけに対する抑制行為、権利主張や苦情・意見表明に対する抑制行為、会社提案に対する拒否ゆえの不利益取扱や権利主張を理由とする排除を検討する。とりわけ、同僚への働きかけに着目したい。当該働きかけは集団化、組合結成の契機にもなりうるからである。

1) 同僚への働きかけに対する抑制

　権利行使を同僚に働きかけることに対する抑制行為として、警告書の送付や処分の例がある。紛争化やその拡大・深化に嫌悪を示しているものといえる。働きかけが組織的集団的になされると労働組合の結成へと結びつくことが多く不当労働行為制度による保護の対象ともなりうる側面がある[9]。

　権利行使を抑制する目的で使用者が警告書を出すことは許されていない。しかし、そのような行為を認めるケースもある。キュリオステーション事件・東京地判（平成25.7.17労判1081号5頁）は、従業員に対し残業代を請求させる行為に対し会社からの警告書[10]（告訴、賠償請求）の送付が不法行為にあたらないとして以下のように判示している。

　「前記認定の本件警告書の記載内容は、威力業務妨害罪における『威力』の意義や不法行為の構成要件等に照らすと、いささか措辞に穏当を欠くきらいはあるものの、原告が被告に対し時間外手当を請求すること自体を批判するようなものではないし、原告の被告従業員に対する接触の方法や態様等によっては民事上又は刑事上の責任が生じうるとの見解を表明し、そのような

---

[9]　拙著『労働委員会の役割と不当労働行為法理』（日本評論社、2014年）147頁、前掲・拙著『労働組合法の基礎と活用』56頁。

責任が生じた場合にはそれに応じた法的措置をとることがあるという当然のことを宣言したに過ぎないから、本件警告書の送付が原告の裁判を受ける権利を侵害する違法なものであると認めることはできない。また、前記認定のとおり、原告は、本件警告書受領後も、被告に対する時間外手当の請求に向けた行為を精力的に行っているのであって、本件警告書により畏怖するなどして精神的苦痛を被ったことも窺われない。」警告書は法律的な素養のない者にとってかなり恫喝的な内容であり、疑問と思われる判断である。

　他方、多くの事例において当該使用者の行為をチェックする判断が示されている。東和エンジニアリング事件では、人事部長の発言（「雇い止めによる雇用終了でも会社都合ではなく自己都合として取り扱うことがある」）を非正規社員にメールしたことを理由とする譴責処分の効力が争われた。東京地判（平成25.1.11労経速2179号7頁）は、以下のように判示し無効、違法であるとした。

　「原告は、Ｐ４からＰ３による本件発言の内容を聞きつけて被告の対応に不安を覚え、自分を含めて被告に勤務する非正規社員が不当に雇止めされないようとの考えの下に、本件発言の事実を他の非正規社員に知らせることで問題意識を喚起、共有し、非正規社員全体の立場が不当に弱められることを防止しようとする意図に出たものであって、それなりに理解できる行動であ

---

(10)　警告書の内容は以下のとおり。
　　「貴殿におかれましては、通知人を退職した後、労働基準監督署に対して、通知人に対する貴殿主張の残業代等の請求をなさっているところかとは存じますが、同手続が進行中であるにもかかわらず、また、貴殿は通知人を自主的に退社されたにもかかわらず、貴殿が、通知人において現在も勤務している従業員複数名に対して、電話・対面の方法等にて、貴殿が通知人に対して残業代の請求を行っていることを告げたり、そればかりか、従業員に対して残業代請求をすることを勧誘・推奨したり、事実とは異なる貴殿の主張により、通知人の体制・雇用環境等を批判するなどの行為をしていることを確認しております。
　　これらの行為は、通知人の従業員の士気を著しく損ねるものであり、もって、通知人の業務を妨害する行為として、刑法第233条の偽計業務妨害罪ないし同法第234条の威力業務妨害罪の構成要件に該当しうるとともに、民法709条の不法行為として損害賠償請求の対象となりうる違法行為であります。
　　よって、今後、貴殿が、通知人の従業員等に対して、電話・メール・対面の方法を問わず接触し、通知人の残業代請求等を促すなどの場合であればもちろんのこと、それ以外にも、通知人の雇用環境や体制等についてのあらゆる批判的言動を行った場合は、直ちに、刑事告訴または損害賠償請求を行うことと致しますので、本書をもって警告致します。」

ったというべきである。他方、被告の立場からいえば、上記のとおりＰ３の本件発言が、人事・総務課の職員の発言としては適切でなかったにもかかわらず、その点を棚に上げ、原告の本件メール送信行為のみをことさらに問題視して、原告を懲戒処分に処したものであって、この点は問題といわざるを得ない。」同時に、「労働者側の自己防衛としてかような手段をとることを一概に非難できないというべきであるし、一労働者である原告が、使用者である被告に対し、直截に是正措置を求めるということも現実的な選択肢とはいい難」いという見解も示されている。

　また、千種運送店事件・千葉地判（平成 4.3.25 労判 617 号 57 頁）は、同種事案につき以下のように判示している。「労働者が年次有給休暇の権利を行使したことだけを理由として当該労働者を解雇するようなことは、解雇権の濫用にあたり許されるものではない。また、年次有給休暇の権利に関して正当な認識がなされておらず右権利を行使することが困難な実情にある事業所の労働者が、その改善のため同僚を啓蒙し休暇をとる場合には有給休暇として休むよう働きかけることも、それ自体は、年次有給休暇制度に関する法令の趣旨目的に照らし相当な行為ということのできるものであり、これだけを理由として当該労働者を解雇することは解雇権の濫用として許されない。」

　トーコロ事件においても、東京地判（平成 6.10.25 労判 662 号 43 頁）は、労基法違反に関する意見を表明した手紙を同僚に郵送したことを理由とする解雇を無効としている。

　「問題意識を喚起、共有」することや「同僚を啓蒙し休暇をとる場合には有給休暇として休むよう働きかけること」自体をも問題にするような企業の体質はやはり異常である。当然の見解といえる。

2) 発言・意見表明に対する処分

　同僚への働きかけまでに至らない意見表明自体を問題にするケースもある。裁判例は、意見表明を理由とする解雇等を無効としている。たとえば、社内ミーティング等で特定の発言をしたことを理由として解雇等をすることは、社内の円滑なコミュニケーションを阻害するので解雇等は許されないと判断されている。とりわけその目的が労基法の遵守や労働条件の改善である場合

には解雇が濫用と解されている（カテリーナビルディング事件・東京地判平成15.7.7 労判862号3頁）。

　労務管理に関する意見表明についても同様な判断が示されている[11]。アールエフ事件では、社長に対する発言を理由とする配転の効力等が争われ、長野地判（平成24.12.21 労判1071号26頁）は、以下のように説示して無効と判断した。会社の私物化の典型といえる事案である。

　「本件配転命令は、Ｐ３社長が、本件社長ミーティングにおいて、午前3時に至るまで、酒に酔った状態で、主に、Ｐ18、Ｐ20及びＰ4を替える、大阪店従業員が現在のメンバーで大阪店を変えていきたいなどと言っているのは現状のままで楽したいからだという内容を、威迫や暴言等を交えながら延々と話し続けるという状況の中、『同じ話が繰り返されており、翌日も大阪店の各従業員は業務を行わなければならないのであるから、早く方針を決めてほしい。』と至極当然の内容を率直に述べた原告Ｐ1について、自らの意に沿わない従業員であると考え、また、本件社長ミーティングでパワーハラスメントがあったと考えており、原告Ｐ1を擁護する言動を行った原告Ｐ2を原告Ｐ1の同調者であるとみなし、原告らを被告から排除するために、その手始めとして本件配転命令を行ったものであることは明白であるというべきである。したがって、本件配転命令が不当な目的により権利を濫用して行われたことは明らかであって、無効とすべきである。」

　また、ウップスほか事件では、社内ミーティングでの労働条件に関する質問等を理由とする懲戒解雇が無効とされた。札幌地判（平成22.6.3 労判1012号43頁）は、「原告のミニミーティングにおける発言については、ミーティングの趣旨、目的をわきまえないものであったということはできるものの、こうした使用者側も参加するミーティングの機会に労働条件に関する質問をすること自体が直ちに許されないものとはいい難いし、こうしたミーティングが就業時間外に開催され、時間外手当の支給等もされていないことなどからすれば、それ自体を被告ウップスにおける業務であったと断ずることもできず、さらに、こうした原告の発言により、被告ウップスにおける業務遂行

---

(11) 経営方針についての発言についても解雇が無効と解されている（Agape事件・東京地判平成28.7.1 労判1149号35頁）。なお、この延長として企業告発のケースがある。

に具体的に支障が生じたような事情もうかがわれないのであり、これをもって、原告が正当な理由なく社内秩序を乱したものということはできない。」と判示している。

　他方、発言の経緯や内容によっては処分等が例外的に許されるとするケースもある。パワーテクノロジー事件は、委託先常駐派遣労働者が注文者である現場担当者に対し就業環境の悪さゆえに仕事を終了する意向を示したことを理由とする出勤停止処分の効力が争われたものである。東京地判（平成15.7.25労判862号58頁、東京高判平成16.1.14労判875号78頁も同旨）は、就労場所に関する業務命令違反であるとして懲戒処分を有効とした。相手方の質問に答え意向を述べただけで業務命令違反とみなすのはやや異常と思われる。

3）　会社提案に対する拒否を理由とする不利益措置

　労働契約の締結や変更は対等な立場で行うことが原則である（労基法2条、労契法3条、8条）。しかし、労働条件等につき会社から一定の提案がなされた場合にそれを拒否することは必ずしも容易ではない。契約レベルの問題ではなく、会社の方針に対する「反抗」と解される傾向にあるからである。会社は、当該行為に対し多様な人事上のカードで対処でき、それをはっきりとまたは隠然と使うことができる。本人だけではなく、他の同僚に対する見せしめ的な機能も見逃すことができない。その点では、組合活動を理由とする不利益取扱いと同様な性質を有している。

　意見表明だけではなく労働者が使用者の申し出に応じないもしくは拒否した場合にもそれ自体を理由として処分等がなされる場合もある。裁判上は、合意をしないこと自体は解雇や処分の正当事由とは解されていない。たとえば、日本オリーブ事件名古屋地決（平成15.2.5労判848号43頁）は、新人事管理基本制度等の変更に同意しないことは解雇理由にならないという判断を示している。合意のとり方も問題になり、丸一商店事件では、残業代の放棄か退職かを選択させたことが争われ、大阪地判（平成10.10.30労判750号29頁）は、これは権利行使を理由とする退職の強要であり、実質は解雇に他ならないと判示している。

　もっとも、日本ヒルトン事件・東京高判（平成14.11.26労旬1548号32頁）

は、労働条件の不利益変更について合意がなされない場合に、「継続的に会社経営の合理化や経費削減を図っていかなければ」会社にとって酷であるとして雇い止めを有効としている（原審は無効としている。東京地判平成14.3.11労判825号13頁）。

　最近では、希望退職募集・退職勧奨に関するものが多い。退職勧奨は、それに応じるかどうかは労働者の自由といえるので、「勧奨」の域を超えて「強要」の程度になると違法とみなされる。同時に、勧奨に応じなかったことを理由とする配転等の不利益取扱いも許されない。裁判例は主に動機の不当性を問題にしている。整理解雇過程の希望退職募集についても同様なことがいえよう。

　新和産業事件・大阪高判（平成25.4.25労判1076号19頁、原審は大阪地判平成24.11.29労判1067号90頁）は、退職勧奨拒否に対する報復としての配転命令を無効であるとして次のように判示している。「本件配転命令は、一審原告の職種を総合職から運搬職に変更し、これに伴い、賃金水準を大幅に低下させるものであることをも考慮すると、一審被告は、一審原告が退職勧奨を拒否したことに対する報復として退職に追い込むため、又は合理性に乏しい大幅な賃金の減額を正当化するために本件配転命令をしたことが推認される。そうすると、本件配転命令は、業務上の必要性とは別個の不当な動機及び目的によるものということができる。」

　兵庫県商工会連合会事件・神戸地姫路支判（平成24.10.29労判1066号28頁）も、退職勧奨に従わなかったことを理由とする転籍・出向命令は違法であるとして以下のように判示している。まず、退職勧奨について、「本件退職勧奨は労働者である原告の自由な退職意思の形成を妨げるものであり、その手段・方法が社会通念上相当と認められる程度を超えた違法なものであると評価できる」とし、「本件転籍命令は、被告丙川が、退職勧奨に応じない原告に対し、単身赴任手当不支給という経済的不利益を与えることを意図して主導したものであると推認される。したがって、本件転籍命令は、違法・不当な動機・目的をもってなされたものというべきであるから、権利の濫用として違法とな」る。

　退職勧奨を拒否したこと自体は正当な解雇事由にならないが、整理解雇レ

ベルになるとどうなるか。退職勧奨を拒否した者に対する整理解雇の効力が争われた事案としてコムテック事件がある。東京地判（平成23.10.28労経速2129号18頁）は、人員削減の必要性について、「川口事業所の閉鎖に伴い何名の人員削減の必要があったのかについては明らかではない上、被告が何名の人員削減を行う必要があったと考えていたのかということも明らかではなく、むしろ、前記認定事実によれば、被告において必要削減人数についての検討は行っておらず、退職勧奨を拒否したことにより残った原告1名を解雇したに過ぎないと認められること」とし、また、被解雇者選定の妥当性について、「同事業所従業員の全員を削減対象とした上で、自主退職又は退職勧奨に応じたことにより退職した者及び被告において異動先を見付けられた者について退職及び異動の措置をとった後、最終的に、退職勧奨に応じず、異動先を見付けられなかった原告1名を解雇したものであるから、少なくとも、被告において、被解雇者の選定について、客観的で合理的な基準を設定していたとは認められない」と説示し解雇を無効とした。

　整理解雇がらみの事案としては、希望退職応募を拒否したことを理由になされた出向命令の効力が争われたリコー事件がある。東京地判（平成25.11.12労判1085号19頁）は、以下のように出向態様の不利益性から出向命令を無効とするとともに不法行為の成立も認めた。

　「リコーロジスティクスにおける作業は立ち仕事や単純作業が中心であり、原告ら出向者には個人の机もパソコンも支給されていない（原告a本人、甲A 18）。それまで一貫してデスクワークに従事してきた原告らのキャリアや年齢に配慮した異動とはいい難く、原告らにとって、身体的にも精神的にも負担が大きい業務であることが推察される。

　また、d及びeとの面談においても、本件希望退職への応募を勧める理由として、生産又は物流の現場への異動の可能性がほのめかされていたこと、原告らと同様に余剰人員として人選され、本件希望退職への応募を断った者（原告らを含め152人）は、全員が出向対象とされ、リコーロジスティクスを含む生産又は物流の現場への出向を命じられたこと等の事実に鑑みれば、本件出向命令は、退職勧奨を断った原告らが翻意し、自主退職に踏み切ることを期待して行われたものであって、事業内製化はいわば結果にすぎないとみ

るのが相当である。」

4) 権利主張を理由とする排除

　権利主張の準備活動として、関連する企業情報の入手や伝達が必要となる。情報の性質や入手・利用方法によって当該行為の違法性が問題になる。WILLER EXPRESS 西日本事件・大阪地判（平成26.10.10労判1111号17頁）は、デジカメによる就業規則の撮影および撮影データを労働審判を委任した弁護士に提出した行為を企業秩序違反にあたらないと判示している。他方、レガシイ事件・東京地判（平成27.3.27労経速2246号3頁）は集計シート（従業員が顧客からの受任業務を処理するのに費やした作業時間数が記載されている表形式の文書）の持ち出しや交付を機密保持義務違反としている（もっとも、会社の損害は認められていない）。

　労基法上の権利行使を理由として解雇等の不利益取扱いをすることは明文で禁止されている（労基法104条）。では、間接的な抑制的機能がある措置はどう評価されているか。淀川海運事件は、他の従業員の反感を理由とする整理解雇「基準」の相当性が争われ、実際には時間外手当の支払いを求める別件訴訟（東京地判平成21.3.16労判988号66頁）提起の評価が問題となった。権利主張の困難さと職場における連帯の難しさをはしなくも示す事案といえる。

　原審（東京地判平成23.9.6労経速2177号22頁）は、人選の合理性についても公正さに欠ける面があったとして次のように判示した。「第1次訴訟におけるX（原告）の権利行使は、裁判所に正当なものと認められている以上、Y（被告会社）としては、少なくともそれに対し中立的な態度を採るべきであるにもかかわらず、他の従業員の反感、不満のみを重視し、Xのみを非協調的であると評価するのは、結局のところ、訴訟提起自体を非難の対象とするのと変わりはないというべきである」。

　他方、東京高判（平成25.4.25労経速2177号16頁）は次のように説示し整理解雇を有効とした。「再建途上のYにおいて、企業の存続と雇用の継続を第一に考えるYの他の従業員らが、Xについて自己中心的で協調性に欠ける人物として受け止めるにとどまらず、嫌悪感を抱き、反発するようになった

ことは必ずしも不自然なこととはいえず、現に多くの従業員がXの職場復帰を拒絶する意思を表明していることもあながち理解できないわけではない」。また、「労働契約が労使間の信頼関係に基礎を置くものである以上、他の従業員と上記のような関係にあったXを、業務の円滑な遂行に支障を及ぼしかねないとして、被解雇者に選定したYの判断には企業経営という観点からも一定の合理性が認められるというべきであって、これを不合理、不公正な選定ということはできない。なお、本件においては、Yの経営陣も、イで述べた従業員と同様のXに対する強い嫌悪感を抱いており、そのことが整理解雇の対象者の人選に影響していることは否定できないところであるが、そのような事情があったからといって、Xを対象者に選定したことが直ちに不合理、不公正なものとなるものではないと解するのが相当である。」

整理解雇において人選基準として勤務態度不良や「協調性の欠如」が主張されることは少なくない。では、本件のように会社に対する訴訟提起や組合として一定の見解を表明したことを理由とする場合はどうか。本件ではYは、人選基準として「非協調的な言動に対する他の従業員の強い反感や不信感が蓄積し、Yの業務の適正な遂行に支障が生じていたこと」と主張しており、原審は、人選基準が公正さに欠けると判断した。

会社と対立した立場に立ったことが整理基準とされた例は多く、通常は相当な基準とはみなされていない。たとえば、新関西通信システムズ事件・大阪地決（平成6.8.5労判668号48頁）は、「全社一丸となって会社を盛り上げようとの気概のある者、会社の方針を守る者」という基準が抽象的・恣意的であると判示し、退職勧奨（日本通信事件・東京地判平成24.2.29労判1048号45頁、宝林福祉会事件・鹿児島地判平成17.1.25労判891号62頁）や転籍に応じなかったこと（三和機材事件・東京地判平成7.12.25労判689号31頁、千代田化工建設事件・東京高判平成5.3.31労判629号19頁）を相当な基準とはいえないと判示している。

他方、本件控訴審は次のように判断している。①Xらの提訴は、Yとの関係においては非難されるべきものでないが企業の存続と従業員の雇用の継続を優先して権利主張を自ら抑制した他の従業員がそれをどのように受け止めていたかは別の問題である。②再建途上において、企業の存続と雇用の継続

を第1に考える他の従業員らが、Xについて自己中心的で協調性に欠ける人物として受け止めるにとどまらず、嫌悪感を抱き、反発するようになったことは必ずしも不自然なこととはいえず、現に多くの従業員がXの職場復帰を拒絶する意思を表明している。③労働契約が労使間の信頼関係に基礎を置くものである以上、他の従業員と上記のような関係にあったXを、業務の円滑な遂行に支障を及ぼしかねないとして、被解雇者に選定した判断には企業経営という観点からも一定の合理性が認められ、不合理、不公正な選定といえない。

　この説示に対しては次のような根本的疑問がある。

　第1に、他の従業員（Yも含む）の嫌悪感をどう規範的に評価するか。本判決は、他の従業員のXに対する嫌悪感に深い理解を示しているが、その原因となったXの行為の評価はほとんどなされていない。自分たちが我慢しているからといって他人の正当な権利行使に「不快感」を示すことは必ずしも珍しいことではない。しかし、法的なレベルでそれが解雇を基礎づける正当な不快感さらに嫌悪感だとはとうてい思えない。驚くべき秩序感覚といえる。この論理からすれば、整理解雇につき訴訟を提起すること自体も許されないことになり、裁判を受ける権利（憲法32条）、法治国家の危機といえる。同種事案は、差別やハラスメントに関しても想定しうる。

　第2に、解雇した主体は使用者に他ならないので、従業員の意向を忖度しただけではその正当性を基礎づけることはできない。本判決は、「労働契約が労使間の信頼関係に基礎を置くもの」とか「企業経営という観点」を一応その理由としているが、はっきりと「経営陣も、イで述べた従業員と同様のXに対する強い嫌悪感を抱いており、そのことが整理解雇の対象者の人選に影響していることは否定できないところである」と認定し基本的に権利主張をしたことを問題にしている。このような整理解雇基準は労基法104条2項の趣旨（公序）に反する側面があるものと思われる。同時に、組合の方針を理由とする部分については不当労働行為（労組法7条1号、3号）と解する余地がある。

小括

　権利主張をしたことを理由として解雇等の不利益取扱いをすることが許されないのは当然である。多くの裁判例もこのように判断をしている。

　とはいえ注目すべき事柄の第1は、権利主張や同僚への働きかけを理由とする処分事案があること自体である。これらの事案でみられる、問題意識を喚起、共有することや同僚の啓蒙をことさら問題にする使用者の態度は理解を超えるものである。

　ミーティング等での発言・権利主張は、労働者の利害の共通性の喚起という側面があり、同僚への働きかけと同様な性質がある。この種紛争が職場で自主解決がなされず判決までいたることは抑圧構造の強固さを物語っており、潜在的に同種事案が多いであろうことも推定しうる。パワハラ事案の背景にもこのような抑圧構造がみられる。こうなると、「組合結成などはとんでもない」ことになる。

　さらに、淀川海運事件・東京高判（平成25.4.25労経速2177号16頁）は、権利主張をしたことを権利主張を自ら抑制した他の従業員がそれをどのように受け止めていたかは別の問題であるとし、再建途上において、企業の存続と雇用の継続を第1に考える他の従業員らが、Xについて自己中心的で協調性に欠ける人物として受け止めるにとどまらず、嫌悪感を抱き、反発するようになったことは必ずしも不自然なこととはいえないとまで説示している。同僚の意向に藉口した（といえるかが争点であるが）使用者の整理解雇基準の設定はやはり許されないものと思われる。まさによくできた排除のシステムである。

　第2は、労働条件等につき会社から一定の提案がなされた場合にそれを拒否することは実際に必ずしも容易ではない。契約レベルの問題ではなく、会社の方針に対する「反抗」と解される傾向にあるからである。裁判例は拒否を理由とする不利益措置につき一定のチェックをしているが、裁判を提起しなければならない状況は問題である。

　この個別同意については、労働時間法制との関連で労働者の意思を尊重する観点から重視されている（労基法38条の4第1項6号、高度プロフェショナル制度構想）。しかし、実際に合意をしないことは困難である。人事処遇上

多様な報復的な措置ができるからである。

全体として以上検討した職場の閉塞状態は[12]、権利行使を阻害しているとともに労働者利害の共通性の認識をも抑制する機能を果たしている。集団化のニーズを大きく阻害しているわけである。

2 個別紛争と組合の役割

組合員の権利実現にむけた組合の役割は、多様な事項で問題になっている。以下では、職場の全体的状況（企業運営や企業風土）が紛争化の背景にある論点として、労働時間・年休問題とハラスメント問題を取り上げたい。

その理由の1は、いずれも働き方に関する企業風土が紛争化の背景にあるからである。労働時間・年休紛争はまさに職場全体の問題である。またハラスメントについても個別の人間関係紛争の様相を示しているが、不適切な労務管理がその背景にある場合が少なくない。いずれも職場のあり方という側面があるわけである。

その2は、法的に明確な規準の設定が難しいからである。たとえば、労働時間概念については一定の判例法理が確立しているが、多様な職場実態・働き方に適切に対応しきれてはいない。また、年休法上の「事業の正常な運営を妨げる場合」（労基法39条5項）の要件は明確性を欠く。さらに、ハラスメントについては多様な紛争パターンがあり、かつ人間関係紛争との側面もあるので明確な法的ルールを設定しにくい。同時に、法的な処理によって適切に解決するのかという基本問題も残されている。

その3は、職場において実態に見合った、かつ労働者の声をも反映させて

---

[12] 使用者からの労働者に対する損害賠償が認められている事案が増えていることも最近の特徴といえる。たとえば、学校法人早稲田大学事件・東京地判平成26.12.24労判1116号86頁、KPIソリューションズ事件・東京地判平成27.6.2労経速2257号3頁、甲化工事件・東京地判平成28.2.5労経速2274号19頁、ドリームイクスチェンジ事件・東京地判平成28.12.28労経速2308号3頁等。一方、請求が認められなかったケースも多い（N社事件・東京地判平成27.6.26労経速2258号9頁、元アイドルほか事件・東京地判平成28.7.7労判1148号69頁、広告代理店A社元従業員事件・福岡高判平成28.10.14労判1155号37頁、プロシード元従業員事件・横浜地判平成29.3.30労判1159号5頁等）。また、会社からの訴訟提起自体を違法とする例もある（近畿機械工業事件・広島高判平成25.12.24労判1089号17頁、前掲・プロシード元従業員事件・横浜地判）。

ルールを設定する、その意味で集団化のニーズが高いからである。

1) 労働時間問題

　労働時間規制について、法制度的には、一律規制は大幅に修正され、36協定等の労使協定による一定の緩和以外に変形制、裁量労働制等が認められている。労使自治の必要性を明確に示すものといえる[13]。

　しかし、もっとも中心となる労働時間概念については、労使自治の要請は働いていない。判例法理は一貫しており、①指揮命令下にあること、②就業規則等の規定ではなく客観的に決まること、③労働からの解放が保障されていないこと、をあげている（三菱重工業〈会社上告〉事件・最一小判平成12.3.9判時1709号122頁、大星ビル管理事件・最一小判平成14.2.28労判822号5頁、大林ファシリティーズ事件・最二小判平成19.10.19労判946号31頁）。判例法理では、指揮命令の程度や労働の密度はほとんど問題にならず、労働時間か否かにつき基本的にグレーゾーンは存在しない。また、労働時間にあたるか否かを労使間で自由に決定することは許されない。せいぜい、合意に基づき軽微な労働に対しては時給額を下げる等して賃金額によって調整するぐらいが考えられる[14]。

　この判例法理については、多様な働き方・働かせ方によってその適用につき混迷状況が生じている[15]。法的基準の明確性への疑念が発生しているともいえる。実態に見合った規制をするためには一定程度労使自治に委ねるべきかが問われているわけである。

　この労働時間規制につき組合の役割としては、実体法レベルで、労働時間

---

[13] 36協定で代表される過半数従業員代表制のあり方も労使自治との関連で問題になる。本書201頁。

[14] 大星ビル管理事件・最一小判参照。また、国際自動車事件では、割増し賃金の基礎となる基本給額決定の仕方が主に歩合給賃金との関連で問題になっている。差戻審（差戻前の上告審最三小判平成29.2.28労判1152号5頁）の東京高判（平成30.2.15労判1173号34頁）は、歩合給の算定にあたって割増し賃金相当額を控除する方法は合理性を有すると解しており、多数組合との同意の事実も重視している。もっとも、このような仕方で過剰な長時間労働を抑止することは疑問である。

[15] 混迷状態については浅野高宏「働き方改革時代の労働時間の認定判断と適正把握に向けての課題」季労260号（2018年）150頁。

か否か、さらにそれに対応する賃金額に関するルール設定、権利実現レベルでは関連する就業規則等の周知や残業代等の請求への支援が考えられる。

(a) 実体法レベルの役割

　第1の実体的レベルについては、判例法上の労働時間概念は基本的に支持されるべきものと考えるが、その適用につき次のような問題が存している。基準としての明確性が問題となり、労使による関与が一定程度要請されるわけである。

　その1は、労働時間概念につき、1日8時間以内の労働（ここでは所定内労働と表示する）とそれ以上の労基法上の割増賃金が発生する労働（時間外労働）とを明確に区別していないことである。判例法上の労働時間概念は、通常割増賃金の請求事案で問題になるのでもっぱら時間外労働を前提にしている。このルールを所定内労働にそのまま適用しうるかは必ずしもはっきりしない。紛争パターンの相違があるからである。

　つまり所定内の場合は、賃金カットの理由として使用者が「労働をしなかったこと」を立証し、時間外の場合は労働者が割増賃金請求のために「労働したこと」を立証する必要がある。所定内の場合は、（一定時間）労働をしなかったことを使用者が立証しなければならない。同じ「指揮命令下」であっても、立証すべき指揮命令の内容や強度に大きな違いがあるわけである[16]。

　その2は、「指揮命令」概念自体が拡散していることである。客待ち時間や待機、仮眠時間も指揮命令下とされているが実際の労働強度や緊張度はかなり緩やかである。これらについてそれを労働時間とみなすか否かについては労使が自由に決定することはできない。しかし、それに対応する時給額をどう定めるかについては労使交渉の余地があり（大星ビル管理事件・最一小判平成14.2.28労判822号5頁参照）、これがある種の調整原理といえる。なお、同一労働同一賃金の問題は残されている。

　その3は、指揮命令概念の抽象化である。実際の個々的具体的な指揮命令

---

(16) 道幸哲也＝開本英幸＝浅野高宏編『変貌する労働時間法理』（法律文化社、2009年）17頁（道幸執筆）、長谷川珠子「労働時間の法理論」日本労働法学会編『講座労働法の再生　第3巻　労働条件論の課題』（日本評論社、2017年）146頁も参照。

ではなく通常想定される指揮命令から労働時間を算定するアプローチ（ある仕事のために何時間働いたであろうこと）である。たとえば、阪急トラベルサービス（第2）事件は、労基法38条の2第1項のみなし労働時間制の適用の有無が争われたものであり、最二小判（平成26.1.24労判1088号5頁）は、労働時間性について「想定される作業量」からそれを算定している[17]。この種事案につき、何時間就労したかを個別的具体的に立証することは困難なのでこのようなアプローチはやむをえないものと思われる。ここでは一般的に想定される働き方・労働時間が問題となる。指揮命令概念の抽象化に他ならない。

　以上のような問題をふまえると、労働時間概念についても、一定の場合には労使の決定に委ねる必要があると思われる。法解釈のレベルだけでは適切に対処できないからである。このような関与は、権利実現レベルにおいてもプラスとなる。

(b)　権利実現レベルでの役割

　第2の権利実現レベルについては、労使協定内容の周知と個々の労働者の権利主張への支援が考えられる。

　労基法106条1項は、「使用者は、この法律及びこれに基づく命令の要旨、就業規則、第18条第2項、第24条第1項ただし書、第32条の2第1項、第32条の3、第32条の4第1項、第32条の5第1項、第34条第2項ただし書、第36条第1項、第38条の2第2項、第38条の3第1項並びに第39条第5項及び第6項ただし書に規定する協定並びに第38条の4第1項及び第5項に規定する決議を、常時各作業場の見やすい場所へ掲示し、又は備え

---

[17]　同事件東京高判（平成24.3.7労判1048号6頁）は、「本件添乗業務の内容によれば、添乗員は、実際にツアー参加者に対する説明、案内等の実作業に従事している時間はもちろん、実作業に従事していない時間であっても、ツアー参加者から質問、要望等のあることが予想される状況下にある時間については、ツアー参加者からの質問、要望等に対応できるようにしていることが労働契約上求められているのであるから、そのような時間については、労働契約上の役務の提供を義務付けられているものであって、労働からの解放が保障されておらず、労基法上の労働時間に含まれると解するのが相当である。」と判示している。実際の労働ではなく「労働契約上求められている」作業に着目している。

付けること、書面を交付することその他の厚生労働省令で定める方法によって、労働者に周知させなければならない。」と定め、労基法、就業規則、労使協定の周知を使用者に義務づけている。

また厚生労働省令で定める周知方法として、「一 常時各作業場の見やすい場所へ掲示し、又は備え付けること。二 書面を労働者に交付すること。三 磁気テープ、磁気ディスクその他これらに準ずる物に記録し、かつ、各作業場に労働者が当該記録の内容を常時確認できる機器を設置すること」（労基法施行規則52条の2）をあげている。

この周知のあり方については、もっぱら就業規則のそれ（労働契約法上の周知・7条、10条も問題になる）が問題になっており、労働時間に関する労使協定の周知が争われたことはほとんどない。また周知を欠く労使協定は無効とならないと解されているが[18]、私は疑問を持っている。

周知の目的は、労働時間等に関する労使間ルールを伝えることにより適切な権利行使を促進することにある[19]。当該ルールは職場での共通の知識・了解になるわけである。この点からは、周知がなかったことから関連する業務命令が一定の制限（無効）をうけることも想定される。就業規則については周知を欠くとして懲戒解雇を無効としたフジ興産事件・最判（最二小判平成15.10.10労判861号5頁）があるが、そのアナロジーが考えられる[20]。

ところで、労基法上周知義務は使用者にあるが、協定締結主体が過半数組合の場合には組合による周知や使用者に対する周知するようにとの働きかけも問題になろう。協定締結主体のとしての責務といえるからである。より一般化すると協定だけではなく労働協約内容の組合員への周知についても同様な問題状況にある[21]。

---

[18] 東京大学労働法研究会編『注釈労働基準法 上巻』（有斐閣、2003年）47頁（川田琢之）。なお、労働局に届出のあった36協定の不開示決定に対する取消も問題となっている（大阪労働局事件・大阪地判平成17.3.17労判893号47頁）。本件については、渡邊賢「36協定届出書の記載事項と情報公開法の非開示事由該当性」労旬1623号（2006年）14頁参照。
[19] 就業規則の周知については本書27頁。
[20] 協定の周知の問題ではないが関連する事案として、ドワンゴ事件・京都地判平成18.5.19労判920号57頁、乙山彩色工房事件・京都地判平成29.4.27労判1168号80頁がある。
[21] 人事協議条項との関連については本書141頁。

労働者の権利主張を支えるものとして使用者の労働時間管理義務という発想も重要である。この点を明示する裁判例（医療法人大生会事件・大阪地判平成 22.7.15 労判 1014 号 35 頁等）も増えてきている[22]。また、2017 年 1 月に厚生労働省は「労働時間の適正な把握のために使用者が講ずべき措置に関するガイドライン」を作成し、制度的・立法的な試みもなされている[23]。この管理義務に関する具体化、ルールの設定につき組合が関与するニーズも見逃せない。さらに、会社法上の役員等の第三者に対する損害賠償責任（429 条）との関連における体制構築責任も問題になっている。より広い観点から組合の役割を見直すことができるわけである。

　労働者の権利主張への支援レベルについては、権利主張の前提として、ある就労時間が労働時間か否かの認定が必要になる。労働組合は、就労実態に応じて労働者の意向を反映して意見を述べ、労働時間性の確認作業に関与することができる。判例法理上労働時間か否かは客観的に定まるとはいえ、実際には前述のようにグレーゾーンのケースが少なくないので、「交渉」の余地が全くないわけではない（たとえば、業務と一体化したチャット事案、ドリームエクスチェンジ事件・東京地判平成 28.12.28 労経速 2308 号 3 頁）。労働時間性だけではなく、対価たる賃金額決定レベルになるとますますそういえる。

　さらに、違法な残業命令や賃金不払事案が少なくないので[24]、それらについての労基署への申立（労基法 104 条）、裁判支援についても組合の役割は大きい。職場全体の問題であり、それらを通じて勤務体制の見直しが可能となるからである。このレベルにおける職場代表的機能の解明も不可欠である。

---

(22)　労働時間管理義務については　浅野高宏「労働時間管理義務に関する実務上の諸問題」小宮文人＝島田陽一＝加藤智章＝菊池馨実『社会法の再構築』（旬報社、2011 年）121 頁。
(23)　同ガイドラインでは、労働時間等設定改善委員会等の活用として、「事業場の労働時間管理の状況を踏まえ、必要に応じ労働時間等設定改善委員会等の労使協議組織を活用し、労働時間管理の現状を把握の上、労働時間管理上の問題点及びその解消策等の検討を行うこと。」も指摘している。また、2018 年働き方改革関連法では、労働安全衛生法を通じて労働時間把握義務の強化が図られている。
(24)　平成 28 年労働基準監督年報によれば、違反事業場における法違反の内容を法条項別の違反率でみると、労働時間に関する違反率が 31.5％で最も高く、次いで安全基準 26.3％、健康診断 21.9％、割増賃金 20.9％、労働条件の明示 15.3％、賃金台帳 11.3％の順になっている。

2) 年休問題

　年休権については、労基法上のそれが主に問題になる。労基法39条は年休権について基本的なルールを定めるとともに、その取得方法について労使協定による一定の関与を定めている。時間単位取得について4項、計画年休について6項の規定であり、協定の効力が争われることもある（三菱重工業事件・福岡高判平成6.3.24労民集45巻1・2号123頁）。年休権についても組合の役割は、取得に関するルールの設定と個々の組合員の権利行使への支援が考えられる。

(a) ルールの設定

　まず、前者から検討すると、年休権をめぐる主要な争点は、「事業の正常な運営を妨げる場合」という時季変更権行使事由をめぐるものである。この要件は、基準としての明確性を欠き、また労働者相互間の調整が要請される場合があるので労使間でルールを定める必要がある。具体的には、人員配置（電電公社此花電報電話局事件・最一小判昭和57.3.18労判381号20頁）や代替要員確保（弘前電報電話局事件・最二小判昭和62.7.10労判499号19頁、電電公社関東電気通信局事件・最三小判平成1.7.4労判543号7頁）に関する場合である。また、請求に関する手続的ルール（たとえば、2日前までに請求する）を定めることも考えられる（前掲・電電公社此花電報電話局事件・最一小判）。協定内容は労基法39条に違反することは許されないが、職場の実態にあった適切なルールならば紛争回避の観点からも有用と思われる。

(b) 権利行使の支援

　後者については、年休権取得を使用者が阻害する行為は多様なかたちでなされている。

　まず、手当等に関する不利益取扱いが問題になり、判例法理はややスタンスの異なった判断を示している。まず、年休取得者に対する精皆勤手当上の不利益取扱いについて、労基法附則134条（現行法136条）には私法上の効力は認められず、「その効力については、その趣旨、目的、労働者が失う経済的利益の程度、年次有給休暇の取得に対する事実上の抑止力の強弱等諸般

の事情を総合して、年次有給休暇を取得する権利の行使を抑制し、ひいては同法が労働者に右権利を保障した趣旨を実質的に失わせるものと認められるものでない限り、公序に反して無効」にならない（沼津交通事件・最二小判平成 5.6.25 労判 636 号 11 頁）との判断が示されている。他方、年休取得日を昇給決定（日本シェーリング事件・最一小判平成 1.12.14 労判 553 号 16 頁）や賞与の算出（エス・ウント・エー事件・最三小判平成 4.2.18 労判 609 号 12 頁）において欠勤日とすることは無効とされている。

　より端的な使用者の制約的行為も問題となっており、職場においてそれらの行為をチェックするニーズが高く、それは組合の役割でもある。裁判例としては、主に時季変更権行使のあり方が問題となっている。

　年休承認後の使用者による取消しが違法となるという判断（全日本空輸事件・大阪地判平成 10.9.30 労判 748 号 80 頁）や使用者の不当な権限行使により年休権自体が失効したことが債務不履行にあたるという判断（西日本 JR バス事件・名古屋地金沢支判平成 10.3.16 労判 738 号 32 頁）が示されている。

　その他の阻害態様として、日能研関西ほか事件では、年休請求自体を取り下げさせた行為の違法性が争われた。原審神戸地判（平成 23.10.6 労判 1055 号 43 頁）は違法性はないとしたが、大阪高判（平成 24.4.6 労判 1055 号 28 頁）は、以下のように説示し上司たる A 課長の取り下げるようにとの発言を違法であると判断した。「本件取下げに関する被控訴人 A 発言は、被控訴人 A が、控訴人の第一次考課者であることを前提として、本件有休申請を取り下げなければ、控訴人に対する評価を下げることになるという内容であって、被控訴人会社における被控訴人 A の地位を利用して本件取下げを強要したものであり、また、被控訴人 A は、控訴人に対して、平成 15 年 10 月に控訴人が有給休暇申請（亡実母の 17 回忌の法事の日）をしたことにより控訴人の評価を下げざるを得なくなったと告げており（略）、従前においても、有給休暇申請と控訴人に対する評価を関連させることがあったことなどの事情を考慮すると、被控訴人 A 発言の違法性の程度は極めて高いものと認められる。」

　また、年休権行使を萎縮させる措置も争われており、抑制的発言が不法行為とされている（国家公務員共済組合連合会ほか事件・福岡地小倉支判平成 27.2.25 労判 1134 号 87 頁）。また、甲商事事件・東京地判（平成 27.2.18 労経速 2245

号3頁）は、「被告が、平成15年7月を境に給与明細書の有休残日数を勝手に0日に変更したり、通達〔2〕を発して取得できる年次有給休暇日数を勝手に6日間に限定したり、しかもその取得理由を冠婚葬祭や病気休暇に限るとしたことは、原告らに対して、労基法上認められている年次有給休暇を取得することを萎縮させるものであり、労働契約上の債務不履行にあたる。」として慰謝料50万円の請求を認めている。

さらに、継続勤務についての虚偽情報の告知も違法とされている。中津市事件・大分地中津支判（平成28.1.12労判1138号19頁）は、「被告は、原告と被告との間の任用関係に基づき、虚偽の情報を積極的に告知しない法的義務を負っていると認められるところ、被告はこれに違反したものであり、国賠法上違法な行為に該当する。また、上記法的義務は継続的な任用関係に基づく信義則上の付随義務であって、その違反は債務不履行となると解される。」と判示している[25]。

以上の裁判例、とりわけ甲商事事件・東京地判は、年休権行使を制約するルールが、また中津市事件・大分地中津支判は取得ルールについて不適切な教示・説明が問題になっている。個別の申請に対する制約ではなく、制度的なそれが問題となっているので、制度的、換言すれば集団的に是正する必要があるわけである。同時に、年休に関する法的なルールを知る必要性をも示している。

3) ハラスメント問題

労使紛争は、通常使用者と労働者もしくは労働組合との間のトラブルとして現れる。ところが最近、上司と部下との間の人間関係のトラブルが多発している。いわゆる、セクハラ、パワハラ等のハラスメント紛争である。ここでは、法人としての使用者は必ずしも前面には出ず、上司の事実上のハラス

---

[25] 不当とされなかった例もある。住之江A病院事件・大阪地判（平成20.3.6労判968号105頁）は、代休残日数を年休に優先して取得させる運用につき年休妨害の意図があるとまではいえないとし、また東京都人事委員会（大森高校）事件・東京地判（平成9.4.25労判731号85頁）は、時季変更権行使の可能性を指摘しても年休取得に不当な圧力をかけたとまではいえないと判示している。

メント行為の適否が問題になることが多い。もっとも、このような行為がなされる背景として会社の風土や労務管理のあり方に問題がある場合が多い。

たとえば、平成24年に報告書が公表された「職場のパワーハラスメントに関する実態調査」の企業調査において、パワーハラスメントに関連する相談がある職場に共通する特徴として、「上司と部下のコミュニケーションが少ない職場」が51.1％と最も多く、「正社員や正社員以外など様々な立場の従業員が一緒に働いている職場」（21.9％）、「残業が多い／休みが取り難い」（19.9％）、「失敗が許されない／失敗への許容度が低い」（19.8％）が指摘されている。従業員調査でも同様の傾向が示されている。コミュニケーション不足で余裕のない職場といえる。

ハラスメント紛争は、上司の事実上の措置や発言が主に問題になるので、多様なバリエーションがあり、その適否を法的に判断することは必ずしも容易ではない。ハラスメントといっても法的に違法な行為と必ずしも違法とまではいえないけれど社会的にみて不適切な行為に区分しうる。前者についても、多様なバリエーションがありその程度は主に慰謝料額等に反映される。また、違法性の判断自体も特定の人間関係がその背後にあるので、外形的に同じ行為であってもなされた経緯や状況に応じてその判断が異なることもある。さらに、紛争化するか否かはハラスメントを受けた労働者の性格や耐性によって異なることさえある。一義的明確な判断基準を立てにくい紛争に他ならない[26]。

パワハラ紛争のとらえ方の難しさについて、最近の厚労省「パワハラ防止対策検討会」報告「実効性のある職場のパワーハラスメント防止対策」は以下のように興味深い指摘をしている。

---

[26] パワハラの定義として以下が示されている（厚労省「パワハラ防止対策検討会」報告「実効性のある職場のパワーハラスメント防止対策」）。「職場のパワーハラスメントとは、同じ職場で働く者に対して、職務上の地位や人間関係などの職場内の優位性（※1）を背景に、業務の適正な範囲（※2）を超えて、精神的・身体的苦痛を与える又は職場環境を悪化させる行為をいう。※1上司から部下に行われるものだけでなく、先輩・後輩間や同僚間などの様々な優位性を背景に行われるものも含まれる。※2個人の受け取り方によっては、業務上必要な指示や注意・指導を不満に感じたりする場合でも、これらが業務上の適正な範囲で行われている場合には、パワーハラスメントには当たらない。」

「相談に来た被害者が一方的な主張をしており、被害者にも非があるのではないかと思われるケースや、調査の結果、被害を主張していた労働者が反対にパワーハラスメントの行為者であったことが発覚したケース、また、客観的にはパワーハラスメントではなかったにもかかわらず行為者とされて退職した者が、企業に責任を追及したケース等、様々な事案について示された。また、企業内の相談窓口に寄せられた相談のほとんどが、何らかの感情の動きをパワーハラスメントという言葉に置き換えた相談であり、本当にパワーハラスメントに該当すると思われる相談は全体の1割弱であったという意見も示された。こうした状況を含め、パワーハラスメントの被害が訴えられた際の事実関係の確認が難しく、被害者がメンタルヘルスに不調を来している場合や同僚等の第三者が行為者との関係性から萎縮してしまう場合等になかなか必要な証言が得られないことや、噂の流布等の場合には行為者を特定できないことが課題として示された。行為者と被害を訴える相談者の人間関係、地位、業務の状況等が千差万別であることから、パワーハラスメントに該当するか否かの判断が難しいとの意見も示された。」

　もっとも、多くの裁判例を通じて一定の法理らしきものが形成されつつあるのも事実である[27]。ただ法理が確立するにともない職場内での自主的な紛争解決機能は後退してきた点も見逃せない。職場内における人間関係紛争については、上司や同僚、さらに労働組合等の職場集団が一定の解決を試み、「紛争化」自体が回避されていたからである。しかし、セクハラ・パワハラ事案は、上司が加害者に他ならない場合が多いので、通常の相談・苦情処理は機能しなかった。また、職場集団や仲間もその役割や力が低下したために解決の担い手自身が消滅しつつある。同時に、人格権法理が個人法理に特化して確立することによって、このような傾向が助長されてもいる。実際に、純粋な人間関係紛争と思われる事案も散見され（アンシス・ジャパン事件・東

---

(27) 裁判例の傾向については拙著『パワハラにならない叱り方』（旬報社、2010年）、『雇用社会と法』（放送大学教育振興会、2017年）146頁参照。なお、ハラスメント関連文書（ヒヤリング記録）の文書提出（民訴法220条）（茨城大学事件・最一小決平成25.12.19労判1102号5頁）、ハラスメント訴訟提起等を非難する学長表明の違法性（茨城大学事件・水戸地判平成26.4.11労判1102号64頁）、パワハラ等不告知の適否（学校法人尚美学園事件・東京地判平成24.1.27労判1047号5頁）も争われている。

京地判平成 27.3.27 労経速 2251 号 12 頁、T 大学事件・東京地判平成 27.9.25 労経速 2260 号 13 頁)、法的な解決の限界も見え始めている。損害賠償の支払いだけによっては、被害者のプライドや職場秩序の回復は難しいからである。また、仕事の仕方や労務管理のあり方が紛争の背景にあるケースも少なくないので、事後的な法的な「解決」よりも、事前の紛争の予防・回避策が重要視される。

では、組合はこの種紛争についてどのように関与しうるか、また関与すべきか[28]。人間関係紛争という側面があるので労使間で一義的かつ明確な基準を設定することは困難である。しかし、上司による部下に対する明確な人権侵害行為については一定のチェックが可能である。とりわけ、個々の従業員が声を上げにくい場合が多いので従業員総体の意思として組合が声を上げるニーズが大きい。苦情の申立や団交要求によって「問題化」するだけで一定の効果はある[29]。それでも、職場はソフトな抑圧と忖度の世界なので事実関係の解明は容易ではない。何よりも組合がこの種事案の処理につき期待され信頼を得ていることが前提となる[30]。

さらに、ハラスメント行為は、特定の対象労働者だけではなく、職場環境の悪化として他の同僚への影響も見逃せない(非組合員に対するセクハラを批判するウェブサイト上の記述が正当な組合活動とされた例もある。連合ユニオン

---

(28) 労使のパワハラ対策については、労働政策研究・研修機構『職場のいじめ、嫌がらせ、パワーハラスメント対策に関する労使ヒヤリング調査――予防・解決に向けた労使の取り組み』JILPT 資料シリーズ 100 号(2012 年)、特集「職場におけるパワハラ対策――労働組合の取組み」労旬 1791 号(2013 年)等参照。

(29) たとえば、連合ユニオン東京 V 社ユニオンほか事件は、原告会社の社会的評価を低下させる記事を組合のホームページに掲載したことが名誉棄損にあたるとして、会社が不法行為に基づき、無形的損害の賠償および遅延損害金の支払いを求めるとともに、会社の執行役員兼営業本部長である原告乙が、被告組合およびその執行委員長である被告丙に対し、被告組合がホームページに原告乙がセクハラをしたとの事実を掲載したことおよび被告丙が原告甲社の株主総会で原告乙がセクハラをしたと発言したことがいずれも名誉棄損にあたるとして、共同不法行為に基づき、慰謝料および遅延損害金の支払いを求めた事案であり、東京地判(平成 30.3.29 労判 1183 号 5 頁)は被告らの行為は、正当な組合活動として社会通念上許容される範囲内であるとした。

(30) シンポジウム報告「職場のハラスメント問題への新たなアプローチ」学会誌 128 号(2016 年)、金子雅臣=角田邦重=中野麻美「鼎談 職場のいじめ・パワハラを考える」季労 218 号(2007 年)、厚労省「パワハラ防止対策検討会」報告「実効性のある職場のパワーハラスメント防止対策」(2018 年 3 月 30 日)、木村恵子「企業が押さえておくべきハラスメント防止対策」労働経済判例速報 2361 号(2018 年)31 頁においてもほとんど期待されていない。

東京V社ユニオンほか事件・東京地判平成30.3.29労判1183号5頁）。その点でも集団性があるわけである。A社長野販売ほか事件では、特定人に対する退職強要行為がその行為を見聞した同僚に対しても違法であるとして次のような注目すべき判断を示されている（東京高判平成29.10.18労判1179号47頁）。

「被控訴人X3と被控訴人X4は、被控訴人X2や被控訴人X1と同じ職場で働いており、控訴人Yの被控訴人X2や被控訴人X1に対する言動を見聞きしていることは前記認定のとおりであるから、控訴人Yが正当な理由なく被控訴人X2や被控訴人X1に対し懲戒処分を科したり賞与の減額をしたりするとともに、会社の経営に不要であると伝えていることを認識していたことが認められる。そうすると、被控訴人X3と被控訴人X4が今後自分たちにも同じような対応があると受け止めることは当然である。

その結果、被控訴人X3は控訴人会社に再就職して勤務して50歳代後半であり、被控訴人X4は控訴人会社に転職して勤務しており、いずれも定年まで勤務するつもりでいたのに、被控訴人X2や被控訴人X1に対する正当な理由のない懲戒処分や賞与減額を見聞きし、いずれ自分たちも同じような対応を受け、退職を強いられるであろうと考え、被控訴人X3は同年7月16日に、被控訴人X4は同年7月17日にそれぞれ退職願を提出し退職するに至ったのである。

これらの事情を総合勘案すると、控訴人Yの被控訴人X2及び被控訴人X1に対する上記一連の退職強要行為は、被控訴人X3及び被控訴人X4にも間接的に退職を強いるものがあるから、被控訴人X3及び被控訴人X4との関係においても違法な行為に当たる。」

また、働き続けるためには関係の修復の必要がある。この点はすでに指摘されているが[31]、実効性のある具体的施策となるときわめて困難である。組合にとってもこの分野のノウハウや人材の養成が必要になる。

---

(31) 差別事件に対する構造的アプローチについては、山川隆一「現代型雇用差別に対する新たな法的アプローチ」アメリカ法2002-2号365頁、水町勇一郎『集団の再生』（有斐閣、2005年）159頁等。

第7章　合同労組の提起する法的課題

　合同労組は、戦前から存在していた。それが合同労組問題として意図的に論じられるようになったのは総評が中小企業労働者の組織化運動を開始した1955年頃からである。組合運動論としては、企業別組合「主義」を打破するため、産業別もしくは地域に着目した点が特徴といえる。労働法上も労働委員会実務上や理論的に多くの問題が発生し、1960年代に活発な議論がなされた[1]。しかし、合同労組運動の衰退とともに論争が終了していった。

　中小企業労働者の組織化がコミュニティ・ユニオン活動として再度全国的に注目をあびるのは1980年代である。コミュニティ・ユニオンは、特定地域において個人加入を原則とする労組であり、組織単位が企業を超えており、さらに地域の諸活動を重視している点が特徴といえる。また、いままで組織化の対象となりにくかった管理職層やパート・派遣労働者が主体となることが注目されている[2]。同時に労働問題の可視化の役割も重視される[3]。歴史的には、合同労組からコミュニティ・ユニオンへの展開がなされているが、労働委員会実務的には「合同労組」と表現されているので、本章でも一応この表現を使いたい。

　ところで、不当労働行為の最近の新規申立件数は、平成21年で395件で合同労組関係が267件であり、3分の2を占める。その割合が増加する傾向にある。このような傾向は調整事件でも同様であり、21年の全申請件数730

---

(1) 論争状態は、江原又七郎『日本の合同労組』（法政大学出版局、1960年）。沼田稲次郎編『合同労組の研究』（労働法学研究所、1963年）、林信雄『合同労組と労働法』（ミネルヴァ書房、1962年）、吾妻光俊「合同労組論序説」季労50号（1963年）、石川吉右衛門＝天池清次＝小沼良太郎＝三段崎俊吾＝渡辺健二『合同労組』（日本労働協会、1963年）等参照。

件のうち487件がそうであり、注目されるのはその半分にあたる269件がかけ込み訴えのケースである。労働委員会の扱う事件の約3分の2が合同労組関係の事件であるわけである。このような傾向は継続しており、平成28年における合同労組事件の新規申立件数は、215件（新規申立件数303件の71.0％）となっている。このうち駆込み訴え事件は93件あり、新規申立件数に占める割合は30.7％、合同労組事件に占める割合は43.3％となっている。なお、東京、大阪の各労委における新規申立事件に占める合同労組事件の割合をみると、東京77.3％、大阪80.0％となっている。調整事件については、新規係属事件310件中、合同労組事件は225件・72.6％、このうち駆け込み訴え事件は129件・41.6％であった。

　合同労組をめぐる法律問題は、組合活動の各ステージで発生している。実際には、個々の労働者が解雇等がなされた後に合同労組に加入し、当該組合からの団交要求が拒否されるいわゆる「駆込み訴え」のケースが典型である。以下では、この事例を中心に広く関連する法律問題を検討したい。同時に、合同労組（運動）が、労組法理論にいかなるインパクトがあるか、またありうるかも考察したい。組合組織形態の持つ組合内部問題法理上の意味、企業外部からの組織化を支える団結権法理、さらに、個別苦情処理を目的とする団交権を支える法理等が問題となる。

---

(2)　全体状況は、『コミュニティユニオン宣言』（第一書林、1988年）、『ユニオン・人間・ネットワーク』（第一書林、1993年）、小畑精武「コミュニティ・ユニオン運動の到達点と展望（上）（下）」労旬1560号、1562号（2003年）、浜村彰＝長峰登記夫編著『組合機能の多様性と可能性』（法政大学出版局、2003年）、木下武男『格差社会にいどむユニオン』（花伝社、2007年）、特集「合同労組」日本労働研究雑誌604号（2010年）、松井保彦『合同労組運動の検証──その歴史と論理』（フクイン、2010年）、橋口昌治『若者の労働運動』（生活書院、2011年）、呉学殊『労使関係のフロンティア』（労働政策研究・研修機構、2011年）、遠藤公嗣編著『個人加盟ユニオンと労働NPO』（ミネルヴァ書房、2012年）、木下武男『若者の逆襲　ワーキングプアからユニオンへ』（旬報社、2012年）、小谷幸『個人加盟ユニオンの社会学』（御茶ノ水書房、2013年）等参照。組合法との関連については、名古道功「コミュニティ・ユニオンと労働組合法理」学会誌119号（2012年）23頁、木南直之「労働組合の概念、意義、機能」日本労働法学会編『講座労働法の再生　第1巻　労働法の基礎理論』（日本評論社、2017年）139頁等。

(3)　呉学殊「合同労組の現状と存在意義──個別労働紛争解決に関連して」日本労働研究雑誌604号（2010年）62頁。

1 労働組合かどうか

　労組法の労働組合の定義は、基本的に、労働者が主体、労働条件の維持改善が目的、2名以上の構成員（2条本文）というものである。さらに、労働委員会の救済を受けられるためには、自主性および民主性の要件をも満たす必要がある（5条）。

　ここでは労働者集団の形態が企業別か、職業別か、産業別かは全く問題にならない。さらに、「労働者」概念についても、失業者も含み、雇用されていることは必ずしも要件となってはいない（3条）。したがって、異なった企業に所属するとはいえ、労働者が結成する合同労組が「労働組合」に該当することには異論はない。中外臨床研究センター事件・東京地判（平成27.7.10 労経速2256号10頁）は、「原告組合においては、a以外の組合員が、原告会社という特定の使用者との間で、労組法上の労働者と認めるべき使用従属関係や支配決定関係を有していないこともまた、本件の弁論の全趣旨からして明らかであるところ、当該事情が、原告組合における前述の法適合要件の充足を否定するものでないことは明白である」と判示している。また、個人加盟と団体加入のいずれも認める混合組合についても救済申立適格が認められている（エスエムシー事件・東京地判平成8.3.28労判694号43頁）。

　もっとも、合同労組について次のような問題にも直面している。1960年代は、匿名組合員問題が主要争点であったが、現在それが正面から争われることは少なくなっている。

　その1は、使用者の利益代表者（2条ただし書1号）の加入についてである。企業別組合ならばともかく企業を超えた形で個人加盟がなされる合同労組について同様のルールを適用すべきかは疑問である。資格審査制度の実際の運用も、たとえば使用者の利益代表者の範囲等につきルーズな認定になっている[4]。異なった企業の労働者にとって組合員が利益代表者であることは特段

---

(4)　資格審査制度自体にも疑問がある。拙著『不当労働行為の行政救済法理』（信山社、1998年）201頁。また、管理職の組合加入をめぐる問題については、拙著『労働委員会の役割と不当労働行為法理』（日本評論社、2014年）158頁。

の問題はなく、また組合の自主性を阻害するおそれが全くないといえるからである。組合加入や組織原理につき会社のそれと異なったルールをもつ合同労組こそが「自主的」な組織といえる。

その2は、組合員がはたして「労働者」といえるかの問題である。合同労組は、その形成の経緯から職業別な組織であることが少なくない。ところが、最近、委託労働者や音楽家等の一定程度独立した労働者については、はたして労組法上の「労働者」か否かが争われる事例が増加しており[5]、最判は一連の事案につき労働者性を認める判例法理を確立した。

たとえば、外注先等（INAXメンテナンス事件・最三小判平成23.4.12労判1026号27頁、新国立劇場運営財団事件・最三小判平成23.4.12労判1026号6頁、ビクターサービスエンジニアリング事件・最三小判平成24.2.21労判1043号5頁も参照）について、個別事案との関係においてであるが次の諸点に注目している。かなり一般性のある基準といえる。

①事業の遂行に不可欠な労働力として、その恒常的な確保のために会社の組織に組み入れられていたこと、②契約内容が一方的に決定されていたこと、③報酬が労務の提供の対価としての性質を有すること、④各当事者の認識や契約の実際の運用において基本的に個別の修理補修等の依頼に応ずべき関係にあったこと、⑤指定する業務遂行方法に従い、その指揮監督の下に労務の提供を行っており、場所的にも時間的にも一定の拘束を受けていたこと、である。組織に組み込まれ指揮命令下における労務提供であったこと①⑤、報酬の賃金性③、取引関係の不平等（もしくは独立性の欠如）②④、に注目しているといえる。

労働契約関係自体を問題にする場合は別として、組合法上は集団的に労働条件を決定する関係にあるかが争点といえる。その点では、企業別組合を前提とした、労働契約関係にこだわった労働者把握アプローチ自体に問題があり、労働者サイドにおける連帯の契機をも重視すべきものと思われる[6]。

---

[5] 問題状況については、拙稿「団交関係形成の法理」労旬1687＝88号（2009年）57頁、野田進「就業の『非雇用化』と労組法上の労働者性」労旬1679号（2008年）6頁、土田道夫「『労働組合法上の労働者』とは何のための概念か」季労228号（2010年）127頁等参照。

[6] 問題点については、拙著『労働組合法の基礎と活用』（日本評論社、2018年）6頁。

その3は、二重組合所属の論点である[7]。企業別組合に所属しながら、特定の問題について当該組合の対応が不十分であるとして合同労組にも加入する例がある。この場合に、別組合加入を理由として統制処分ができるかが争われている。別組合が明確に「対立的」な組合であればその余地はあるが（東京税関労組事件・東京地判昭和55.5.7労判341号23頁は、競合組合との共同行為等を理由とする除名処分を有効としている）、合同労組の場合はどうか。合同労組が特定事項についてだけの権限しかなければ、必ずしも対立的とはいえないので、統制処分は許されないと思われる。もっとも、団交・協約法理との関連では両組合の権限配分につきデリケートな問題が発生する（鴻池運輸事件・東京地判平成16.3.4労判874号89頁）。

その4は、組合規約上の問題であり、資格審査上次のようなことが問題となっている。組合員につき使用者の利益代表か否か、役員選挙等につき単位組合であるか連合団体であるか（5条2項5号、9号）、同盟罷業時の投票方法（8号）等[8]。利益代表者か否かは、その組合員の範囲が企業を超えているので明確な基準をたてにくい。

2　組合活動の評価

合同労組員としての活動をしたことを理由とする不利益取扱いは、労組法7条1号に該当する。この点については、合同労組独自の問題はない。しかし、組合加入過程について、加入以前の労働相談や加入に関する相談をどう評価すべきかという論点がある。とりわけ、超企業組合への個人加入の形をとる場合に問題になる。

不当労働行為制度は、組合活動の保護を目的としているので、個別労働者の行為が組合機能とどう関連するかが争われる。はっきりと組合に加入した、もしくは、しようとしたケースについては、加入行為を理由とする不利益取

---

[7]　島田陽一「組合加入をめぐる法律問題」学会誌69号（1987年）83頁、最近の例として、やや特殊な事案といえるが東芝労働組合小向支部事件・最二小判平成19.2.2労判933号5頁がある。
[8]　沼田稲次郎編『合同労組の研究』（労働法学研究所、1963年）147頁以下、中労委事務局「合同労組をめぐる資格審査上の諸問題（上）（下）」中労時328・329号（1958年）等。

扱いは不当労働行為にあたることに問題はない。加入の相談もそれに含まれるであろう。デリケートなのは、「労働相談」のレベルであり、当該行為を理由とする不利益取扱いは不当労働行為にあたるか。

この点は、2つの観点から考えられる。その1は、相談者に対する不利益取扱いかである。行為態様を「労働相談」一般とみなさないで「組合に対し」労働相談をすることと把握すると、組合としてのアドバイスや対応を期待しているとみなすことができる。つまり、加入のための「準備」行為との評価が一応可能となろう（試用期間満日の解雇が、権利主張をしたことにより組合加入を恐れたためという判断を示す例もある。新光美術事件・大阪地決平成11.2.5労経速1708号9頁）。より一般的には、労働条件基準に関する個人の苦情申出等の集団志向的行為や従業員代表としての行為を不当労働行為制度上どう評価すべきかは労使関係法の観点からは重要な論点といえる[9]。

その2は、組合サイドからすると、労働相談は組合活動の一環に他ならず、合同労組の重要な役割とされている。そこで、相談をしたことを理由とする不利益取扱いは、組合活動自体を抑制する行為に他ならないので外形上3号違反とみなされよう。もっとも、相談者は組合員になるとは限らないので、合同労組との関係において不利益取扱いをした使用者を不当労働行為法上の使用者にあたるかの問題は残る。企業を超えた形の労組の組織化活動をそのものとして保護する法理の確立が要請されているわけである。「使用者概念の拡張」の合同労組版といえようか。本書171頁参照。

3　団交

合同労組の法律問題、とりわけ不当労働行為事件の中核は、団交拒否をめぐるものである。拒否事由との関連では、①合同労組が労組といえるか、②

---

[9] アメリカ法上の concertied activities の法理が示唆的である。中窪裕也「アメリカ労働関係法における被用者の権利――NLRBのParexel International事件（2011）を素材に」菅野和夫先生古稀記念論集『労働法学の展望』（有斐閣、2013年）595頁、木南直之「米国におけるWeingarten right の未組織被用者への付与に関する法状況（1）（2完）」法学論叢157巻4号57頁、6号76頁（2005年）、天野晋介「Weingarten rights」季労210号（2005年）165頁等参照。

要求事項が義務的交渉事項といえるか、③使用者の対応が誠実交渉といえるか、等が争われている。また、④救済命令のあり方も問題になる。理論的には、②が難問であり、「解雇者・退職者」に関する「個別人事」が争われることが多く、「要求時期のタイミング」も問題となる。最近の注目例は石綿曝露に関する団交要求拒否が争われた住友ゴム工業事件であり、兵庫県労働委員会命令は団交拒否を不当労働行為にあたらないとしたのに対し、取消訴訟の提起を受けた大阪高判（平成 21.12.22 労判 994 号 81 頁、最一小決平成 23.11.10 別冊中労時 1418 号 46 頁）は、次のように説示して不当労働行為の成立を認めている。

「労働契約関係が存在した間に発生した事実を原因とする紛争（最も典型的なものは、退職労働者の退職金債権の有無・金額に関する紛争である。）に関する限り、当該紛争が顕在化した時点で当該労働者が既に退職していたとしても、未精算の労働契約関係が存在すると理解し、当該労働者も『使用者が雇用する労働者』であると解するのが相当である。

なぜなら、労使紛争の原因となる事実が発生したということは、たとえ紛争が顕在化しておらずとも、当該事実発生時点において、客観的には、団体交渉その他の手段により、正常化すべき労使関係のほころびが発生していたのである。もとより、このような労使関係のほころびは、使用者がその判断によって解決することのできるものである。」

ところで、合同労組といっても、組織構成の仕方として、企業別支部、個人組合員、双方の混合という3パターンがある。ここでは、個人加盟を前提とする団交事案を各論点から検討したい。合同労組問題が鮮明な形で争われるからである。

1） 被解雇者・退職者に関する事項

労組法7条2号は、「使用者が雇用する労働者」の代表者との団交拒否を不当労働行為としている。近時、雇用形態が多様化、複雑化したこともあって、当該組合は雇用する労働者の代表ではないとして団交が拒否される事例が増加する傾向にある。使用者側の交渉主体・当事者の問題に他ならない。労働委員会命令は、請負・委任等の形式が採られていたとしても、実質的に

指揮命令をなし、対価たる「賃金」を支払っているケースについては労働組合法上の使用者とみなしている。

この点は、TV番組制作業務に従事する下請会社の従業員が組織する組合からの団交要求がなされた朝日放送事件において正面から争われた。最判（最三小判平成7.2.28労判668号11頁）は、労組法7条にいう使用者につき、「雇用主以外の事業主であっても、雇用主から労働者の派遣を受けて自己の業務に従事させ、その労働者の基本的な労働条件等について、雇用主と部分的とはいえ同視できる程度に現実的かつ具体的に支配、決定することができる地位にある場合には、その限りにおいて、右事業主は同条の『使用者』に当たるものと解するのが相当である」と判示し、下請労働者は朝日放送の職場において、そのディレクターの指揮監督下で作業秩序に完全に組み込まれて就労しているとして朝日放送の使用者性を認めた。ここに重畳的な使用者概念を認める判例法理が確立すると同時にこのフレームが一般的に適用されることになった(10)。もっとも、このフレームが親子会社にそのまま適用されるかは論点となっている(11)。

ところで、雇用関係の有無は、それが解消されたか否か、また企業継承のケースにおいてはどの企業との間において雇用関係が現存するのかという形においても問題になる（従業員がいなくなったことを理由として団交を求めうる根拠を欠くという判断も示されている。ティアール建材・エルゴテック事件・東京地判平成13.7.6労判814号53頁）。いわば、雇用関係が未確定もしくは流動的な事案であり、以下のようなケースが散見される。

第1は、雇用関係の有無が正面から争いになるケースである。被解雇者が所属する組合（通常は一般労組もしくは合同労組）からの解雇問題についての団交要求の事案においてとくに問題となる。判例は、解雇について争っている限り、被解雇者は雇用する労働者に他ならないと判断している（たとえば、三菱電機鎌倉製作所事件・東京地判昭和63.12.22労判532号7頁）。解雇後に組合に加入したケース（いわゆる駆け込み訴え）においても同様に解されてい

---

(10) 同最判のとらえ方について、拙著『労働組合の変貌と労使関係法』（信山社、2010年）259頁参照。
(11) 前掲・拙著『労働委員会の役割と不当労働行為法理』170頁。

る（前掲・三菱電機事件・東京地判、日本鋼管鶴見造船所事件・最三小判昭和 61.7.15 労判 484 号 21 頁）。

　また、たとえ雇用関係が終了したとしても、懸案事項が残っている限りその範囲において団交義務があると解されている（日本育英会事件・東京地判昭和 53.6.30 労民集 29 巻 3 号 432 頁、もっとも本件ではその後交渉義務が尽されていると判断されている）。同様な判断は、住友ゴム工業事件大阪高判が「労働契約関係が存在した間に発生した事実を原因とする紛争（最も典型的なものは、退職労働者の退職金債権の有無・金額に関する紛争である。）に関する限り」退職者についても団交義務があると説示している。

　第 2 は、雇用関係が流動的なケースである。この点は、経営権をめぐる争いから、別会社の従業員が組織した組合からの団交要求の適否が問題となった四條畷カントリー倶楽部事件において争われた。大阪地判（昭和 62.11.30 労判 508 号 28 頁）は、交渉に応ずべき使用者には、「労働契約関係に準じる地位にある者、労働契約関係の継続の有無につき争いのある同契約上の雇い主で労働者の労働関係上の諸利益についてなお支配力あるいは影響力を行使しうる者」をも含むとの一般的な基準を示すとともに、「原告と組合員らとの雇用をめぐる諸関係は未だ未確定」であるとしてその使用者性を認めている。

　ところで、理論的には同じ解雇・退職のケースであっても、組合員であった者が解雇され、退職したケースと解雇・退職後に組合に加入したケースが想定される。前者に関しては、交渉の必要性がある限り、組合が同人の問題を取り上げることにそれほどの問題はない。一方、後者については、組合員になる前の事項につき団交の対象とできるかは論点となりうる。もっぱら当該事項に関する処理をするために組合に加入したと解されるからである。とはいえ、当該事項（解雇・退職問題）が義務的交渉事項ならば、現時点において「組合員」に関する紛争状態とみなしうる。したがって、団交拒否はやはり許されないであろう。ただ、団交といっても、もっぱら過去の行為の処理に関するものになりがちである。

2）個別人事

　義務的交渉事項は、労働条件や労働者の待遇に関する事項と労使関係のル

ールに関する事項である。協約化との関連では、労働条件「基準」が典型といえる。

　では、個別人事は義務的交渉事項といえるか。この点は、ほとんど論議されることなく肯定的に把握されている（奈良学園事件・最三小判平成 4.12.15 労判 624 号 9 頁、大藤生コン三田事件・大阪地判平成 8.9.30 労判 708 号 67 頁）。駆込み訴えの事例においても同様である（三菱電機鎌倉製作所事件・東京地判昭和 63.12.22 労判 532 号 7 頁、日本鋼管鶴見造船所事件・最三小判昭和 61.7.15 労判 484 号 21 頁）。

　交渉時期についても、人事がなされるまで待つ必要はなく、それ以前も事前団交に応じなかったことが不当労働行為とみなされている（医療法人光仁会事件・東京地判平成 21.2.18 労判 981 号 38 頁、東京高判平成 21.8.19 労判 1001 号 94 頁）。

　とはいえ、次のような論点も提起されている。その 1 は、公務員につき人事権行使自体は管理運営事項に該当するか。公務員団交法制上の重要な論点である[12]。実際にも、懲戒処分自体は管理運営事項に該当するので義務的交渉事項に該当しないという判断が示されている（広島県教育委員会事件・東京高判平成 21.7.15 別冊中労時 1388 号 56 頁）。また、指導員という被用者たる地位は義務的交渉事項に該当しないが、身分喪失にともなう経済問題は該当すると判示されている（堺市・堺市教委事件・大阪地判昭和 62.12.3 労判 508 号 17 頁）。

　その 2 は、団交の仕方、誠実交渉義務のあり方も問題になる。つまりもっぱら個別人事の適否が争われるからである。組合サイドは当該人事、たとえば解雇の撤回を要求するが、使用者がそれを拒否したとしても、解雇理由の説明は要求されよう。実際には、団交といっても苦情処理に他ならないわけである。その点では、あくまでも個別事案の処理に他ならないが、使用者が一定の見解や判断を示すことは、実際は当該労使関係においてルール設定的な機能を果たす。集団的性質があるわけである。本書 230 頁参照。

---

(12)　詳しくは、前掲・拙著『労働組合の変貌と労働関係法』298 頁。

3) 交渉のタイミング

　労使関係は流動的なので、紛争が起こったならば早期に処理・解決することが要請される。不当労働行為の除斥期間の定め（労組法 27 条 2 項）がなされるゆえんである。団交要求についても同様な要請があり、合理的期間内に申し入れをする必要がある（オンセンド事件・東京地判平成 20.10.8 労判 973 号 12 頁）。とりわけ、過去の紛争の蒸し返しについては団交拒否の正当性が認められる場合がある。たとえば、解雇後 8 年 10 月後になされた団交要求を拒否したことが正当とされている（三菱電機鎌倉製作所事件・東京地判昭和 63.12.22 労判 532 号 7 頁）。

　もっとも、解雇後 6 年 10 月後にされた団交の申し入れにつき拒否は許されないとされる（日本鋼管事件・最三小判昭和 61.7.15 労判 484 号 21 頁）。また、雇い止めを争っていた場合には、6 年 11 月後に加入した組合からの団交要求を拒否しえないと判示されている（国鉄清算事業団救済命令取消事件・大阪高判平成 7.5.26 労民集 46 巻 3 号 956 頁、原審・大阪地判平成 6.1.24 労民集 45 巻 1・2 号 1 頁）。

4) いわゆる重複交渉

　合同労組たる申立組合からの団交要求がなされる以前に同人の問題につき企業別組合と団交が重ねられていたことが問題となることもある。まず、別組合脱退者の問題であることは、団交拒否の正当事由とはみなされない（関西汽船事件・東京地判昭和 60.5.27 労判 454 号 10 頁）。

　また、申立組合は独自の観点から団交要求をしているので、拒否することは原則として許されないが、企業別組合との一連の団交経緯は誠実性判断の際に考慮される。全くの蒸し返しの場合は拒否が正当とされる場合もある。この点につき、前掲・三菱電機鎌倉製作所事件・東京地判は次のように説示している（前掲・国鉄清算事業団救済命令取消事件・大阪高判も同旨）。

　「原告と会社との関係は、解雇撤回の闘争を続けていた I が原告組合に加入したことによって初めて生じたもので、ほかに会社の現従業員である者がその組合員となっていることも認められないから、両者の関係は、I の解雇問題を除くと懸案事項が全くないという極めて特殊かつ限定的なものである

ことも看過することができない。したがって、仮に原告の申入れに基づいて団体交渉を行うとしても、その対象が限られたものとなるのは勿論のこと、右交渉は、原告にとっては初めてであっても、会社にとっては支部との間で八年一〇か月前に行った協議の再現となるのは必至であって、殆ど蒸し返し同様のものとなることは容易に推認されるところである。このことは、原告の申し入れた団体交渉が、一般に団体交渉の機能として認められている、労働条件に関する取引の集合化、労使関係に関するルールの合意による形成、労使間の意思疎通のいずれかの機能をも持ち得ないことを意味するものである。」

企業内組合と合同労組の二重交渉の適否が正面か争われた事案として鴻池運輸事件があり、東京地判（平成16.3.4 労判874号89頁）は、使用者が組合間において交渉権限が調整・統一されるまで団体交渉を拒否することは正当な理由があると解されるが、単に二重在籍であるとの理由のみで団交に応じないことは正当な理由にあたらず、二重在籍の場合には各組合はそれぞれ独自の立場でその労働者を代表して団交する権利がある、と判示している。

5）組合組織の不明確性ゆえの拒否

団交拒否の理由として組合の実態が不明確であるという主張がなされることがある。企業内組合に比し合同労組については頻繁にこの点が問題になる。交渉代表としての正統性を対外的に明確にする独自の手続き（たとえば、アメリカ法上の排他的交渉代表制）がないことがこのようなトラブルの原因でもある。

近時の裁判例は事案ごとの個別的事情に応じて次のような判断を示している。日本工業新聞社事件は、組合規約・役員名簿・組合員名簿等の提出がないこと等を理由とする団交拒否の正当性が争われ、東京地判（平成22.9.30 労経速2088号3頁）は、次のように説示して拒否の正当性を認めた。「使用者にとっては、団体交渉を申し入れをしたものが労組法上の労働組合かどうかの確認は、労組法11条所定の適合証明を受けていない労働組合については、組合規約等の書類や当該労働組合の活動実績の認識によって行うことになると考えられるところ、特に設立したばかりの労働組合については、その活動

実績自体がなかったり、仮にあったとしてもそれを把握する機会がなかったりして、その確認は一般的に困難な場合があると考えられる。」

　他方、不利益取扱い等のおそれが現実化している場合や正統性への疑義がもっぱら団交回避のための場合は別の判断が示されている。ゼンショー事件・東京高判（平成 24.7.31LEX/DB25482313）は、「一旦合意していた平成 19 年 2 月 5 日の団体交渉開催の方針を覆し、補助参加人及び青年ユニオンに対し、団体交渉事項や労組法上の保護適格についての説明を繰り返し求めたり、自らは具体的な事実を示すことなく、過度な要求等をしたり（本件資格審査決定書への疑問、組合員名簿の提出要求等）しており、こうした姿勢は、不明な点を明らかにして団体交渉開催の環境を整えるというよりは、団体交渉の回避・拒否など別の目的があったのではないかとの疑問を生じさせるところである」と判示している。

　また、組織事情がはっきりしないこと等を理由とする団交拒否が不当労働行為とされた例として、医療法人社団亮正会事件・東京地判（平成 2.11.8 労判 574 号 14 頁、東京高判平成 3.6.19 労判 594 号 99 頁）もあり、同地判は、使用者からの「右照会の内容は、それまでの補助参加人側からの回答や申入れを顧慮することなく、『補助参加人分会は真実適法に結成されたのか』と補助参加人分会の存在そのものを疑問視したり、『補助参加人支部に従属した手足に過ぎない下部組織なのか』などと挑発的とも受け取れる言葉を用いたり、分会長及び分会役員の権限・責任などの組合内部の組織問題を殊更に問題にするなど、補助参加人分会をなかば愚弄しているかのような印象すら与えるものであって、真摯に疑義を問い質そうとするものとは認め難いから、補助参加人らが右照会に明確な回答をしなかったからといって、それが信義に反するということはできない。」と説示している。

　では、どう考えるべきか。組合結成とともに団交開始についての明確なルールがないためにこのような紛争が起こりやすくなっている。団交が協約締結を目的としている場合は当然としてそれ以外の場合でも、団交を円滑に進めるためには原則として組合役員・組合員資格・組合員数・組合規約等の情報は使用者に開示すべきものと思われる。使用者サイドと同様に組合サイドの不信感も意味のある団交を阻害しているからである[13]。

関連して、経営情報の開示のあり方も問題になっている。学校法人文際学園事件では、合同労組に対し財産目録等の閲覧を情報の漏洩等の理由から拒否することが不当労働行為にあたるかが争われ、大阪地判（平成30.2.28LEX/DB25549576）は支配介入にあたると判示している。

4 労働協約

合同労組との協約については、企業ごとの支部がある場合には労働条件基準に関するものもあるが、多くは個別の人事に関する合意である。形は労働協約であっても、実質は個別合意としての効力しかないので、それをどう法的に構成すべきかが問われる。その点では協約法理上の人事協議条項の履行と類似した論点が提起されるので、この問題も検討したい。

1) 協約の作成・解釈

個別人事に関する紛争を解決するために、組合と使用者間の合意がなされると通常は書面化される。好例は、労働委員会にける和解案もしくは斡旋案といえる。この書面は、組合員の処遇等に関する、組合と使用者間の合意でありかつ書面化され署名されている。形式は「労働協約」に他ならない。しかし、その内容は労働条件基準に関するものではなく、あくまで特定個人の処遇（典型は、自主退職と解決金の支払い）に関する。したがって、労組法16条の規範的効力の問題は発生しない。

むしろ、組合は特定の組合員を「代理」して交渉し、合意をしているとみなされる。実質的な契約主体は労働組合ではなく、組合員個人に他ならないわけである。そこで、労働委員会としては、当該和解案につき本人の同意も必要であるとして、（関係者）として署名してもらうことがある。本人が同席していない場合には、組合に対する委任状を作成してもらっている場合もある。団交といっても実質は組合による「代理」交渉に他ならないわけである。

---

(13) 拙稿「団交権『保障』の基本問題（下）」法時89巻8号（2017年）104頁。

2) **人事協議条項との異同**

　個別の人事に対する労働組合によるチェックは、協約上の人事協議（同意）条項に基づいてもなされる（本人同意の例もある。よみうり事件・名古屋高判平成 7.8.23 労判 689 号 68 頁）。特定の人事がなされる前のチェックなのでより効果的なものと評価できる。実際には、同意条項は少ないので以下では協議条項について検討する。

　合同労組による団交は、団交とはいえ基本的に当該人事だけを対象にする。その点では人事協議と同様な役割を果たしているので、ここでは主に人事協議の法律問題に着目することによって、当該団交・協議の持つ組合活動上の意味や法理を明らかにしたい。

　人事協議をめぐる法律問題の１つは、当該条項違反の人事の効力であり、論争は主にこの点をめぐって行われた。基本的な立場は、無効とする見解と必ずしも無効とせず、違反行為を理由とする損害賠償を認めるものに二分される。前者については、その理由づけとして、規範的効力、制度的効力、さらに特段の理由づけを行わない見解に区分される。後者は債務的効力に着目している。紛争事例が減ったこともあり、現在は詰めた議論がなされていない。

　なお、ここで注目すべきは、協議義務自体の履行が直接求められてはいないことである。あくまで適正な人事の実現を目的としているので、当該人事を無効とすることがもっと効果的な強制方法になるからであろう。不当労働行為制度の一環としての団交権保障とは明確に異なっている。

　その２は、協議がなされたか否か、つまり協議条項「違反」の基準である。全くなされない場合は別として、一定の話し合いがなされるとその判断は困難となる。誠実交渉義務と同様に適切な説明（説得）が必要となり（東京金属ほか事件・水戸地下妻支決平成 15.6.16 労判 855 号 70 頁）、当該人事の具体的内容・必要性、根拠規定、配慮事項等の説明が中心となり、協議の結果人事を取りやめることもある。

　協議の程度の判断はデリケートであり、一定の説明をした場合には協議がなされたと判断される（マガジンハウス事件・東京地判平成 20.3.10 労経速 2000 号 26 頁、塚腰運送（人事異動）事件・京都地判平成 16.7.8 労判 884 号 79 頁）。ま

た、組合が協議を拒否した場合には義務違反とはみなされていない（大阪築港運輸事件・大阪地決平成 2.8.31 労判 570 号 52 頁）。

その 3 は、組合の組合員との関連における「協議」義務である。学説・判例上この点が正面から争われていないが、組合が適正な協議をしない場合、組合員はなんらかの請求を組合に対しなしうるかの問題である。「公正協議義務」ともいうべき論点である[14]。

協約上の協議義務以外についても解雇等に対する組合の対応の仕方につき同様な問題が提起されている。たとえば、組合が出向問題を取り上げないことは違法とはならないとされ（神戸製鋼所ほか事件・東京地判平成 2.12.21 労判 581 号 45 頁）、また、団交との関連で組合員の懲戒処分につき使用者と協議調整義務があるという主張がなされたが、認められてはいない（N社ほか事件・大阪地判平成 22.2.26 労経速 2072 号 26 頁）。

5　組合法への視座

合同労組は現代でも多様な形態をとっている。企業内に一定の組織基盤があり支部や分会を構成できるケースについては、企業別組織の連合体とみなし、基本的には個別の組合に着目して理論構築することが可能である。これに対し、基本的に企業内に組織基盤をほとんど持たない個人加盟のケースについては企業別組合を前提とした法理の適用は困難である。そこで、最後にもっぱら個人加盟のケースを想定して、そのような合同労組の提起する法的な問題を考えてみたい。

1）組織原理

まず、企業を超えている点において企業別組合を前提としたルールとの齟齬がみられる。実務的には、資格審査との関連において、組合員資格につき「利益代表者」の線引きが不可能である。また、組合民主主義との関連における同盟罷業について適切な投票方式も困難といえる。相手とすべき直接の

---

[14] 拙稿「人事協議・同意条項を巡る判例法理の展開 (1) (2)」労判 447 号・448 号（1985 年）参照。本書 138 頁。

使用者が異なるからである。
　もっとも、運動論的には地域的連帯としての意義は重要である。基本的な組織化戦略としては産業別と地域密着の構想があるが、前者はどうしても企業別組合の連合体になる傾向がある[15]。他方、地域密着型は、労働者の長期的なライフサイクルの観点からも重要性が高まっており、実際のニーズもある。この点は多くの論者が指摘している。アメリカにおいてもソーシャルユニオニズムとして論じられている[16]。また、職場で発生しているビビッドな多様な紛争が持ち込まれるため、組合活動の課題や問題状況を発見する手立てともなる。
　問題はその具体的担い手の力量に他ならない。特定の合同労組だけでの運動では、財政的、マンパワーの面においてとうてい無理である。現在、組合総体としての取組がなされ始めているが、必ずしも明確な展望はみられない。また、使用者サイドも、企業外の組織であることからそれを排除するという古典的な対応が一般的である。一定の地域において労使が労働条件の確保をするという発想は希薄であり、パートナーとしての中小企業等協同組合の役割も低下している[17]。地域レベルの実効性のある雇用問題の論議・解決システムの構築は緊急の課題である。

2) 団結権のとらえ方

　合同労組運動が広がりに欠けるのは、企業別組合主導の団結権把握に由来する側面があると思われる。組合結成や加入行為に対する不利益取扱いは1号違反とされているが[18]、企業外部からの組織化につき現行不当労働行為

---

[15] 全般的には、鈴木玲＝早川征一朗編著『労働組合の組織拡大戦略』（御茶の水書房、2006年）参照。
[16] グレゴリー・マンツィオス編『新世紀の労働運動』（緑風出版、2001年）、ケント・ウォン編『アメリカ労働運動のニューボイス』（彩流社、2003年）、国際労働研究センター編著『社会運動ユニオニズム』（緑風社、2005年）、山田信行『社会運動ユニオニズム』（ミネルヴァ書房、2014年）等。
[17] 峰村光郎「協同組合の団体交渉能力」『野村平爾教授還暦記念論文集　団結活動の法理』（日本評論社、1962年）、村瀬時郎「協同組合と合同労組との労働協約締結に関して」民商46巻5号（1962年）参照。
[18] 拙著『不当労働行為の成立要件』（信山社、2007年）143頁。

制度は適切な保護をなしていないからである。つまり、一定の組織化の過程で「組合員」もしくは「組合員になろうとした者」が解雇等をされた場合には、当該組合員との関連で使用者の行為として1号違反とみなしうる[19]。3号違反も構成しうる。他方、組合員化以前の組織化段階においては、1号違反は想定しにくい。せいぜい、相談や学習会参加を「組合加入（準備）行為」と把握するぐらいである。問題は、組織化活動の主体たる組合に対する使用者の行為（たとえば、学習会参加の禁止措置、黄犬契約の締結等）を支配介入とみなしえないかである。

組織化は一定の関係に由来する場合と一定の関係を形成する場合が想定される。後者のケースでは必ずしも雇用関係自体は存在しないので会社の行為を労組法7条本文にいう「使用者」の行為とみなしうるかは問題となる。関係を作る権利における「使用者」をどう位置づけるべきかという点では最近の団交拒否事案における「労働者」「使用者」概念と類似した論点を提起している。

特定のエリアや職種における組織化の観点からは、組織化を開始した時点で労使関係的な利害が生じる。この点、アメリカ法上は排他的交渉代表制度があるので、外部組織化についての不当労働行為ルールを想定しやすい。実際にも、外部オルグの施設内における組織化活動については一定の判例法理が確立している[20]。他方、わが国では、企業別組合的な団結権把握なので、外部からの組織化と関連づけたルール設定は困難である。したがって、組織化が成功し、従業員が組合員になって初めて当該組合と使用者との間に「労使関係」が発生する。しかし、外部からの組織化の権利を独自の観点から構成すべき時期ではないであろうか。そのためには、合同労組運動との関連における「使用者概念の拡張」が不可避である。ここでは、企業別組合を越えた形の団結権とはなにかが問われている。労働力の流動化や労働者の自立は強調されているが、労使関係形成法理に関する柔軟な議論はおそろしく低調である[21]。本書222頁参照。

---

(19) 辻村昌昭「組合員・未組織労働者の自発的活動」日本労働法学会編『現代労働法講座　第8巻　組合活動』（総合労働研究所、1981年）73頁。
(20) 中窪裕也『アメリカ労働法　第2版』（弘文堂、2010年）52頁。

3) 団交権と構成できるか

　合同労組の法律問題の中核は団交権のあり方である。具体的には拒否理由との関連では、①合同労組が労組といえるか、②要求事項が義務的交渉事項といえるか、③使用者の対応が誠実交渉といえるか、等が争われている。また、④救済命令のあり方も問題になる。理論的には、②が難問であり、「被解雇者・退職者」に関する「個別人事」が争われることが多く、「要求時期のタイミング」も問題となる。また、不当労働行為事件としてだけではなく、調整事案としても申請される。

　①の問題は、職種別な合同労組については、組合員がはたして労組法（3条）上の「労働者」といえるかが問題となる。これはホットなテーマであるが、労組法全体の中で論ずべきテーマといえる。

　他方、退職者・被解雇者の駆込み訴えのケースに着目すれば、②③④はほぼ合同労組に特化した論点である。組合加入前の解雇等の個別人事であっても、交渉要求時点において「組合員の処遇」に関するので義務的交渉事項に他ならない。また、誠実交渉義務の要請から解雇撤回の意図がなくとも解雇理由等の説明が必要である[22]、というのが判例法理といえる。

　なお、実際には、団交といっても労働条件基準に関するものではなく、また、多様な労働条件に関するバーゲンというより、実質は個人の特定人事に関する苦情処理に他ならない。したがって、事件処理においては、救済命令が出されることは少なく、和解的処理として解雇理由の説明とともに当該解雇事件自体の解決（多くは解決金の支払い）[23]が図られるのが普通である。個別人事につき斡旋的な事案処理がなされているわけである。組合も本人もそれを望んでいる場合が多い。その意味では、将来的な労働条件基準の設定という側面は希薄である。

　もっとも、次の2点にも留意すべきである。その1は、個別人事に関する

---

(21) 街宣活動をめぐる論点については、前掲・名古論文33頁。
(22) 誠実交渉義務については、拙著『労使関係法における誠実と公正』（旬報社、2006年）96頁参照。
(23) 団交は解決金を目的としているという主張もなされるほどである。オンセンド事件・東京地判平成20.10.8労判973号12頁。

決定とはいえ、使用者サイドからすれば先例を作ったことになり。将来の労務管理に一定の影響がある。基準設定的な機能は否定できないわけであり、集団的側面は見逃せない。その2は、それなりの和解がなされるためには、団交拒否を許さない上述の判例法理の存在が決定的である。

　このような処理実態から、この種紛争を団交権保障の観点から論ずるべきではないという見解[24]もある。しかし、独自の苦情処理法理がない現状においては団交紛争として処理するのはやむをえないと思われる[25]。

　むしろ理論的に検討すべきは、個別組合員の意向を「団交過程」においてどう適正に代表、というより代理すべきかの問題である。不当労働行為事件にせよ調整事件にせよ、実務的にはこの点は難問である。人事協議条項における労働組合の公正代表（代理）義務と類似の論点である。実際の事件においても、協約締結課程における「個別合意」の位置づけをめぐっては論議がある（秋保温泉タクシー事件・仙台高決平成15.1.31労判844号5頁、三信自動車事件・東京高判平成15.9.11労判864号73頁、最三小決平成16.2.10）。

---

(24)　小嶌典明「労使関係法と見直しの方向」学会誌96号（2000年）134頁、大内伸哉「労働委員会制度に未来はあるか」季労252号（2016年）64頁。
(25)　団交紛争パターンに応じた団交促進のあり方については、拙稿「団交権『保障』の基本問題（下）」法時89巻8号（2017年）105頁。

第8章 非正規差別と労使関係法

　非正規労働者の増加にともない非正規労働者に関する差別禁止法も整備されつつある（パートタイム労働法8条、9条、労契法20条、労働者の職務に応じた待遇の確保等のための施策の推進に関する法律等）。とりわけ、労働者の職務に応じた待遇の確保等のための施策の推進に関する法律1条は、「この法律は、近年、雇用形態が多様化する中で、雇用形態により労働者の待遇や雇用の安定性について格差が存在し、それが社会における格差の固定化につながることが懸念されていることに鑑み、それらの状況を是正するため、労働者の職務に応じた待遇の確保等のための施策に関し、基本理念を定め、国の責務等を明らかにするとともに、労働者の雇用形態による職務及び待遇の相違の実態、雇用形態の転換の状況等に関する調査研究等について定めることにより、労働者の職務に応じた待遇の確保等のための施策を重点的に推進し、もって労働者がその雇用形態にかかわらず充実した職業生活を営むことができる社会の実現に資することを目的とする。」と宣言している[1]。

　その後、働き方改革の関連法として2018年の第189国会において「短時

---

(1) 非正規雇用をめぐる全般的問題については、佐藤博樹編著『パート・契約・派遣・請負の人材活用　第2版』（日本経済出版社、2008年）、鶴光太郎＝樋口美雄＝水町勇一郎『非正規雇用改革』（日本評論社、2011年）、労働政策研究・研修機構編『非正規就業の実態とその政策課題』（労働政策研究・研修機構、2012年）、水町勇一郎「非正規雇用と法」『岩波講座　現代法の動態3　社会変化と法』（岩波書店、2014年）29頁、2012年3月「非正規雇用のビジョンに関する懇談会報告書」等。2012年報告書では、非正規雇用層に対する施策として以下があげられている。①若者の雇用の場の確保、②正規雇用・無期雇用への転換促進、③雇用形態に中立的な税・社会保障制度の構築、④公正な処遇の確保、不合理な格差の解消、⑤正規・非正規間の均等・均衡処遇の効果的実施、⑥非正規雇用で働く労働者の職業キャリアの形成への支援、⑦非正規労働者の雇用のセーフティーネットの強化。

間労働者及び有期労働者の雇用管理の改善等に関する法律（パート・有期雇用労働法）」が成立し、2020年4月1日からの施行が予定されている（中小企業主に対しては2021年から）。同法8条は不合理な相違の禁止を、また9条は差別的取扱いの禁止を定めた。今後、同法の解釈・適用をめぐる紛争が多発するものと思われる。

　同時に、差別行為の違法性を争う裁判も増加し、それを（一部）認める判断も示されている（パートタイム労働法につき、ニヤクコーポレーション事件・大分地判平成25.12.10労判1090号44頁、京都市立浴場運営財団ほか事件・京都地判平成29.9.20労判1167号34頁。労働契約法につき、ハマキョウレックス事件・大津地彦根支判平成27.9.16労判1135号59頁、大阪高判平成28.7.26労判1143号5頁、長澤運輸事件・東京地判平成28.5.13労判1135号11頁、日本郵便事件・東京地判平成29.9.14労判1164号5頁、日本郵便事件・大阪地判平成30.2.21労判1180号26頁、日本郵便（佐賀）事件・福岡高判平成30.5.24労経速2352号3頁、井関松山製造所事件・松山地判平成30.4.24労経速2346号18頁、井関松山ファクトリー事件・松山地判平成30.4.24労経速2346号33頁等）。なお、請求を認めていない例もある（長澤運輸事件・東京高判平成28.11.2労判1144号16頁、メトロコマース事件・東京地判平成29.3.23労判1154号5頁、ヤマト運輸事件・仙台地判平成29.3.30労判1158号18頁、日本郵便（佐賀）事件・佐賀地判平成29.6.30労経速2323号30頁、日本郵便（新東京局）事件・東京地判平成29.9.11労判1180号56頁、大阪医科薬科大学事件・大阪地判平成30.1.24労経速2347号18頁、医療法人A会事件・新潟地判平成30.3.15労経速2347号36頁等）[2]。

　その後最高裁はハマキョウレックス事件（最二小判平成30.6.1労判1179号20頁）および長澤運輸事件（最二小判平成30.6.1労判1179号34頁）で特定の

---

(2)　労契法20条については、特集「労働契約法20条裁判」労旬1839号（2015年）、特集「労働契約法20条の研究」労旬1853号（2015年）、水町勇一郎「不合理な労働条件の禁止と均等・均衡処遇（労契法20条）」野川忍＝山川隆一＝荒木尚志＝渡邊絹子編『変貌する雇用・就労モデルと労働法の課題』（商事法務、2015年）311頁、特集「労働契約法20条の解釈──長澤運輸事件」労旬1868号（2016年）、特集「労働契約法20条の法理論的検討」学会誌128号（2016年）、荒木尚志「定年後嘱託再雇用と有期契約であることによる不合理格差禁止──労働契約法20条の解釈」労判1146号（2017年）5頁、神吉知郁子「労働法における正規・非正規『格差』とその『救済』」日本労働研究雑誌690号（2018年）64頁、毛塚勝利「労契法20条をめぐる裁判例の動向と均等均衡処遇法理の課題」労判1172号（2018年）5頁等参照。

手当てにつき 20 条違反を認める見解を示した。今後この最判の適用として事案処理がなされることになるであろう[3]。

　さらに、明文の差別類型ではない年齢差別（オートシステム事件・東京地判平成 28.8.25 労判 1144 号 25 頁）や差別としてではなく公平処遇を求める事案もみられる（丸子警報機事件・長野地上田支判平成 8.3.15 労判 690 号 32 頁、京都女性協会事件・大阪高判平成 21.7.16 労判 1001 号 77 頁、那覇市学校臨時調理員事件・福岡高判平成 15.1.16 労判 855 号 93 頁）。その後、同一労働同一賃金原則の立法化がなされ（パート・有期雇用労働法）、非正規差別の是正は労働法のホットな論点となっている[4]。

　一方、労使関係法との関連については非正規に対する労働条件決定過程における協議のあり方が問題になる。就業規則の不利益変更事案と実質的に類似する論点といえようか。たとえば、長澤事件東京高判は、不合理性判断の一要素たる「その他の事情」（労契法 20 条）につき以下のように判示している。「平成 24 年 3 月以降、定年後再雇用者の労働条件について本件組合との間で団体交渉を実施しており、その過程で、定年後再雇用者の基本賃金の 2 万円の増額（前提事実（4）エ（ウ））、無事故手当と基本賃金の改定（同（4）オ（ウ））、老齢厚生年金の報酬比例部分の未支給期間について調整給の支給（同（4）カ（イ））、同調整給の増額（同（4）カ（エ））等の労働条件の改善を実施してきたことが認められる。これらの労働条件の改善は、いずれも、控訴人と本件組合が合意したものではなく、控訴人が団体交渉において本件組合の主張や意見を聞いた後に独自に決定して本件組合に通知したものであり、また、控訴人は、本件組合が、定年後再雇用者の賃金水準について実質的な交渉を行うために、現状と異なる賃金引下げ率による試算や経営資料の提示等を繰り返し求めてきたのに対し、その要求に一切応じていない（同（4）エ（イ）、（エ））という事情はあるものの、控訴人と本件組合の間で、定年後再雇用者の賃金水準等の労働条件に関する一定程度の協議が行われ、控訴人

---

(3)　これらの判決については、水町勇一郎「有期・無期契約労働者間の労働条件の相違の不合理性」労判 1179 号（2018 年）5 頁等。
(4)　水町勇一郎『「同一労働同一賃金」のすべて』（有斐閣、2018 年）、北岡大介『「同一労働同一賃金」はやわかり』（日経文庫、2018 年）参照。

が本件組合の主張や意見を聞いて一定の労働条件の改善を実施したものとして、考慮すべき事情である。」(5)

　労使交渉に留意すべきことは、長澤運輸事件最判でも次のように指摘されている。「労働者の賃金に関する労働条件は、労働者の職務内容及び変更範囲により一義的に定まるものではなく、使用者は、雇用及び人事に関する経営判断の観点から、労働者の職務内容及び変更範囲にとどまらない様々な事情を考慮して、労働者の賃金に関する労働条件を検討するものということができる。また、労働者の賃金に関する労働条件の在り方については、基本的には、団体交渉等による労使自治に委ねられるべき部分が大きいということもできる。そして、労働契約法 20 条は、有期契約労働者と無期契約労働者との労働条件の相違が不合理と認められるものであるか否かを判断する際に考慮する事情として、「その他の事情」を挙げているところ、その内容を職務内容及び変更範囲に関連する事情に限定すべき理由は見当たらない。」

　具体的な判断との関連においても、「嘱託乗務員の歩合給に係る係数は、正社員の能率給に係る係数の約 2 倍から約 3 倍に設定されている。そして、被上告人は、本件組合との団体交渉を経て、嘱託乗務員の基本賃金を増額し、歩合給に係る係数の一部を嘱託乗務員に有利に変更している」とか「嘱託乗務員は定年退職後に再雇用された者であり、一定の要件を満たせば老齢厚生年金の支給を受けることができる上、被上告人は、本件組合との団体交渉を経て、老齢厚生年金の報酬比例部分の支給が開始されるまでの間、嘱託乗務員に対して 2 万円の調整給を支給することとしている」という説示もなされている。

　形式的には、「その他の事情」といえるが実質的には、協議を通じてどの程度の差別解消措置がなされたかを問題にしていると思われる。一定程度の不利益解消措置は 20 条違反にあたらないという判断に結びつき、とりわけ労働者サイドの意向による場合にそう考えられがちである。しかし、協議の程度や仕方を独自に問題にするアプローチは妥当か。不利益変更の「合理性」を問題とする就業規則法理のアプローチとの性質の異同が問題になる。

---

(5) 日本郵便事件・東京地判平成 29.9.14 労判 1164 号 5 頁も参照。

また、使用者の取扱が 20 条違反として「無効」となった場合の是正方法として、どのような団交がなされるか、またそれに基づいた労使協定は有効か等の問題も生じる（日本郵便事件・大阪地判平成 30.2.21 労判 1180 号 26 頁等）。

　総じて、学説上は 20 条をめぐる労使関係法上の課題についてほとんど論議されていない[6]。そこで本章では次の 2 つの観点から労使関係法上の課題について考察することにした。その 1 は、非正規労働者（有期労働者やパート等）[7] を含んだ労働者の利益代表システム自体の見直しの問題である。これは従業員代表制構想に他ならず、今後の最大の立法的課題と思われる。その 2 は、非正規労働者をめぐる労組法上の個別の解釈問題である。非正規労働者の組織化という古典的な問題とともに非正規差別[8]の是正の観点からの見直しも必要とされているからである。

　なお、「非正規労働者の組織化と労働組合機能に関する研究」[9]によると、均衡処遇実現のための組合活動上の要点として、①組合運営に非正規労働者が関与すること、②人事処遇制度に関する情報の共有、③非正規労働者の賃金制度が正社員の賃金制度と接合するか、両者に同一の制度を適用すること、をあげている。

---

(6)　比較法的な議論については、前掲注（3）・水町論文 337 頁。

(7)　2015 年平均の各雇用形態別に占める有期労働者の割合は、契約社員 287 万人、嘱託 100 万人、パート 563 万人、アルバイト 270 万人、派遣労働者 105 万人、その他 59 万人で、非正規全体の（1980 万人）の 70％（1385 万人）を占める。同時に正社員についても 123 万人（3.8％）が有期である。荒木尚志『労働法　第 3 版』（有斐閣、2016 年）475 頁。

(8)　20 条については、差別禁止ではなく「不合理な労働条件」の禁止であり一定の裁量が認められるという見解もあるが（富永晃一「雇用社会の変化と新たな平等法理」前掲『岩波講座　現代法の動態 3　社会変化と法』59 頁、本章では、それは差別の相当性判断の要素の 1 つであり、さらに同規定はあくまで有期雇用であることを理由としているので、とりあえず広義の差別禁止の問題として論じていきたい（西谷敏『労働法の基礎構造』（法律文化社、2016 年）200 頁参照）。なお、毛塚勝利「非正規労働の均等処遇問題への法理論的接近方法──雇用管理区分による処遇格差問題を中心に」日本労働研究雑誌 636 号（2013 年）14 頁、同「労働法における差別禁止と平等取扱──雇用差別法理の基礎理論的考察」角田邦重先生古稀記念『労働者人格権の研究　下巻』（信山社、2011 年）3 頁も参照。より詳しい私見については、ハマキョウレックス事件最判評釈・法時 2019 年 3 月号。

(9)　JILPT・資料シリーズ 174 号（2016 年）。前浦穂高「非正規雇用者の組織化と発言効果」日本労働研究雑誌 691 号（2018 年）61 頁は、②の側面を重視している。また、中村圭介「非正規と地域──再生への 2 つのチャンス」社会科学研究 62 巻 3・4 号 57 頁（2011 年）等参照。

1 従業員代表制構想

　非正規差別については、差別かどうかの基準や救済のあり方、さらにそれをふまえた働き方の見直しについて職場集団の関与が不可欠である。たとえば、厚労省の「同一労働同一賃金ガイドライン案」（平成28年12月20日）は労使の話合いの重要性を次のように指摘している。
　「○我が国の場合、基本給をはじめ、賃金制度の決まり方が様々な要素が組み合わされている場合も多いため、同一労働同一賃金の実現に向けて、まずは、各企業において、職務や能力等の明確化とその職務や能力等と賃金等の待遇との関係を含めた処遇体系全体を労使の話し合いによって、それぞれ確認し、非正規雇用労働者を含む労使で共有することが肝要である。
　○今後、各企業が職務や能力等の内容の明確化と、それに基づく公正な評価を推進し、それに則った賃金制度を、労使の話し合いにより、可能な限り速やかに構築していくことが、同一労働同一賃金の実現には望ましい。」
　さらに、長澤事件東京高判は、20条違反にあたるか否かの判断に際し、「定年後再雇用者の賃金水準等の労働条件に関する一定程度の協議が行われ、控訴人が本件組合の主張や意見を聞いて一定の労働条件の改善を実施した」ことを考慮すべき事情と判示している。同事件最判も、「労働者の賃金に関する労働条件の在り方については、基本的には、団体交渉等による労使自治に委ねられるべき部分が大きいということもできる」と判示している。
　その関与の仕組みとして労働組合が想定されるが、厚労省サイドからは、職場代表機能を重視して従業員代表制構想が提起されている。そこで、ここではこの集団的労使関係システム整備の提言について考えてみたい。この問題は非正規に関するものにとどまらず、労使関係法全体の見直しに直結するからでもある。

1) 厚労省の調査

　平成29年労働組合基礎調査によると組合の推定組織率は17.1％であり、パートタイム労働者のそれは7.9％（120.8万人、27年は102.5万人）である。

全労働組合員に占める割合も 12.2% である。それだけ、パートの組織化は進んでいるといえる。

とはいえ、全体としてパート等の非正規労働者が職場において一定の声をあげる状況にあるわけではない。この点の解明のために代表性のあり方について次のような調査が最近なされている。厚労省自体の危機意識の表れといえるかもしれない。たとえば、平成 24 年「団体交渉と労働争議に関する実態調査」は、労使間の話合いの状況として「正社員以外の労働者に関する事項についての話合い状況」を、平成 26 年「労使コミュニケーション調査」は、労使協議機関や職場懇談会に正社員以外の労働者の参画状況を調査している。

とりわけ、平成 27 年「労使間の交渉等に関する実態調査」ははっきりと正社員以外の労働者に関する状況を独立の項目とし、①事項別話合いの状況、②事項別労働協約の規定の状況、③組合加入資格、組合員の有無について質問している。

③の結果は、正社員以外の労働者の種類ごとにそれぞれの労働者が事業所にいる労働組合について「組合加入資格がある」割合をみると、「パートタイム労働者」35.6％（平成 25 年調査 32.6％）、「有期契約労働者」39.9％（同 38.9％）、「派遣労働者」11.1％（同 17.7％）、「嘱託労働者」35.6％（同 34.0％）となっている。また、実際に「組合員がいる」割合は「パートタイム労働者」24.9％（同 20.5％）、「有期契約労働者」29.7％（同 25.5％）、「派遣労働者」1.3％（同 3.1％）、「嘱託労働者」26.2％（同 22.0％）となっている。

では、組織拡大の実態はどうか。平成 28 年労働組合活動等に関する実態調査によると、組織拡大を重点課題として取り組んでいる労働組合の有無をみると、「取り組んでいる」31.9％（平成 25 年調査 34.1％）、「取り組んでいない」66.0％（同 65.8％）となっている。組織拡大の取組対象として最も重視している労働者の種類についてみると、「新卒・中途採用の正社員」47.1％（平成 25 年調査 36.7％）が最も高くなっており、次いで「パートタイム労働者」17.8％（同 13.2％）、「有期契約労働者」14.4％（同 15.7％）、「在籍する組合未加入の正社員」13.7％（同 22.9％）などとなっている。

なお、協約の適用状況については平成 23 年労働協約等実態調査によると、

「パートタイム労働者」への労働協約の適用状況をみると、「労働協約があり、その全部又は一部がパートタイム労働者に適用される」とする労働組合は41.9％となっており、パートタイム労働者に労働協約が適用される事項（複数回答）をみると、「人事等に関する事項」60.7％、「賃金に関する事項」78.6％、「労働時間・休日・休暇に関する事項」90.4％、「福利厚生に関する事項」73.2％、「安全衛生に関する事項」74.8％となっている。

また、「有期契約労働者」への労働協約の適用状況をみると、「労働協約があり、その全部又は一部が有期契約労働者に適用される」とする労働組合は45.0％となっており有期契約労働者に労働協約が適用される事項（複数回答）をみると、「人事等に関する事項」63.5％、「賃金に関する事項」79.0％、「労働時間・休日・休暇に関する事項」93.6％、「福利厚生に関する事項」76.2％、「安全衛生に関する事項」78.1％となっている。

以上のように組合サイドも非正規の組織化や労働条件への関与を深めている。しかし、7割近くは組合加入自体を認めず、また組織拡大の動きも鈍い。

2) 集団的労使関係システム整備についての提言

厚労省サイドからは職場において非正規の声を吸い上げるシステムについての提言も以下のようになされている。将来の立法的課題とみなされていると思われる。なお、その他の提言としては、水町勇一郎＝連合総研編『労働法改革』（日本経済新聞出版社、2010年）48頁、連合「労働者代表法案要綱骨子」等がある。

非正規雇用の現状と問題点を包括的に検討した「非正規雇用のビジョンに関する懇談会報告書（2012年3月）」では、「個々の企業では、公正な処遇の確保に向けた様々な試みが行われているが、こうした仕組みが有効に機能している例を見ると、制度設計の段階から労働組合が議論に参画するなど、労働者側が積極的な役割を果たしている。正規雇用と非正規雇用の労働者の間の公正な処遇の確保は、労働者と使用者が待遇についての話し合いを重ね、相互に納得性を高める努力を続けることによって可能になるものであり、非正規雇用の労働者を含む個別企業の労使協議を基礎に、協力して取組を進めることが有益である。このため、労働契約の締結等に当たって、個々の企業

で、労働者と使用者が、自主的な交渉の下で、対等の立場での合意に基づき、それぞれの実情を踏まえて適切に労働条件を決定できるよう、集団的労使関係システムが企業内のすべての労働者に効果的に機能する仕組みの整備が必要である。」と論じている。

この集団的労使関係システムとしては従業員代表制構想が「様々な雇用形態にある者を含む労働者全体の意見集約のための集団的労使関係法制に関する研究会報告書（平成25年7月）」において次のように提起されている。厚労省サイドの一応の回答といえようか。

「現在の我が国の企業においては、正規・非正規労働者、高齢者・若年者、ワーク・ライフ・バランスを重視する者・そうでない者など、様々な利害を有する労働者が存在しているが、近年、特にこれらの労働者間の労働条件の格差が問題視されている。労使協議や団体交渉を通じて安定的な雇用の確保・維持に成果を挙げてきた企業別労働組合も、こうした問題に対して十分な対応ができているとはいいがたく、また、組合組織率の低下により労働組合による集団的労働関係システムの存在しない環境に置かれる労働者への対応が喫緊の課題となっている。

以上のような状況から、組合員であるか否かにかかわらず、全ての従業員の利害を調整するという集団的労働条件の設定システムの構築が待望されている。今回の検討では、この大きな課題に取り組むための最初のステップとして、法定基準の解除の担い手に関する課題とその解決のための方向性を中心に検討を行った。この過程で、過半数代表者の機能の強化（複数化・常設化）、過半数労働組合の過半数代表としての機能の強化、新たな従業員代表制の整備について検討を行ったが、こうした取組により、法定基準の解除を担う集団的発言チャネルの機能が高まり、モニタリングや苦情・紛争処理等をも担う制度として定着・発展していくことも期待される。

過半数代表者が全従業員のために苦情処理機能を担うようになれば、労働組合によって代表されない非正規労働者等の不満や苦情の受け皿としての役割を果たすことになるであろう。このように、現在指摘されている正規労働者と非正規労働者の処遇格差に対しては、国レベルでの実体規制により是正することも選択肢の一つであるが、分権化した労使レベルでの苦情処理機能

を活用することにより問題を解決していくという方策も十分考えられる。こうして非正規労働者も含めた形での集団的発言チャネルが整備されることにより、正規労働者と非正規労働者の処遇の格差問題について、現場の労使当事者の納得を踏まえた労働条件設定が行われるようになることも期待される。

　今回の検討は、こうした集団的労働条件の設定システムの検討を本格化させるための最初のステップに過ぎない。この最初のステップにおける集団的発言チャネルの発展如何によっては、今後、当該チャネルに対して労働条件設定への直接的な関与等といった法定基準の解除以外の機能を担わせることとするのか、それとも、法定基準の解除機能を超えた機能を果たそうとする以上は労働組合への転換を促す方向を指向するのかなど、特に慎重な検討が必要な課題についても議論が深まっていくと考えられる。

　このため、今回提案した取組により我が国の集団的発言チャネルが今後どのように発展していくのかといった点や、それを踏まえた今後の判例法理等も見据えながら、集団的発言チャネルの労働条件設定機能を高めるための方策について引き続き検討していくことが必要である。」

　ところで、従業員代表制の機能強化の観点から次のような指摘もなされている。「まず、従業員代表制は、法定基準の解除等に関する使用者との協議において、十分な交渉力を確保することが重要である。①Aのシナリオの〈過半数代表者の交渉力を高めるための代表者の複数化〉でも議論したように、従業員代表制における従業員代表（委員）は、一つの事業場で複数名を選出することで、従業員代表間の相談・協力による交渉が可能となり、交渉力も増すこととなろう（交渉力の確保）。

　次に、従業員代表制は、労働者の意思ではなくその事業場所属に着目してその事業場の全ての労働者を代表するものであるから、多様化した労働者集団を代表する制度としての正統性を確保するための方策が必要となる。このため、公正に、かつ、多様性を反映した従業員代表の選出を行う必要があり、また、選出された従業員代表にあっては多様な労働者の意見を集約して意思決定を行うといった仕組みを整えるべきである（正統性の確保）。」

　なお、本章で問題にしている非正規差別に関し、「多様な労働者の意見を集約して意思決定を行うといった仕組み」をどのように構築するかまでは検

討されていない。実際には、労働者相互の意思疎通はそれなりにできるかもしれないが、決定段階となると会社サイドの強力なリーダーシップがなければ困難と思われる。議論を深めることはかなり難しい。

3) 従業員代表制構想の問題点

非正規労働者との格差解消について、「非正規労働者も含めた形での集団的発言チャネルが整備されることにより、正規労働者と非正規労働者の処遇の格差問題について、現場の労使当事者の納得を踏まえた労働条件設定が行われるようになることも期待される。」という同報告書の指摘はもっともである。また、「過半数代表者の機能の強化（複数化・常設化）、過半数労働組合の過半数代表としての機能の強化、新たな従業員代表制の整備」という選択肢も理解しうる。これらの構想の中核を占めるのは、常設の従業員代表制と思われるのでここでは同構想の問題点について考えてみたい。

たしかに、なんらかの形で労働者の意向・声を結集するシステムの必要性は広く認識されており、そこでは、労働組合よりは従業員代表制や労使委員会に期待するという論議が進んでいる。実際にも過半数従業員代表制は多くの法律において導入されている[10]。また、最終的に法案化されなかったとはいえ、労働契約法上の就業規則の不利益変更システムにつき同様な構想が提起されていた。問題はその常設化と権限である[11]。

(a) 労基法等の過半数従業員代表制

従業員代表制構想は、労基法等の過半数従業員代表制がその出発点となるので、同制度の基本的特徴を確認しておきたい。

---

(10) 歴史的経緯等については、小嶌典明「従業員代表制」日本労働法学会編『講座21世紀の労働法 第8巻 利益代表システムと団結権』（有斐閣、2000年）50頁。

(11) 全体的状況については、労働政策研究・研修機構編『労働条件決定システムの現状と方向性』（労働政策研究・研修機構、2007年）、最近の研究としては、「労働関係の変化と労働組合法の課題」学会誌119号（2012年）、特集「企業内労働者代表制度の展望」日本労働研究雑誌630号（2013年）、浜村彰「従業員代表制をめぐる三つの論点」『毛塚勝利先生古稀記念・労働法理論変革への模索』（信山社、2015年）695頁、特集「集団的労働関係法の時代」法時88巻3号（2016年）、竹内（奥野）寿「従業員代表制と労使協定」日本労働法学会編『講座労働法の再生 第1巻 労働法の基礎理論』（日本評論社、2017年）159頁等。

第1に、制度目的として、労働条件の決定等につき労働者代表に一定の関与する機会を付与する点があげられる。関与の仕方は、意見聴取や協議とともに、協定の締結という方法がある。協定締結といっても、労働条件の決定システムとしてのそれではなく実質は使用者提案に対する「拒否権」といえる。その意味ではかなり片面的な関与・参加と評価できる。

第2に、過半数代表の権限につき過半数組合がある場合と同様にない場合にも、代表者選出プロセスやその権能がかなり異なるにもかかわらず同様の権限を付与している。制度形成過程においては、代表として過半数「組合」が一般化するであろうことが予想されていたと思われるが、そのような事態にならなかったのは周知のとおりである。内部手続の民主性がとくに問題になるのは過半数代表のケースである。

第3に、過半数代表制は特定事項・案件ごとに代表するものであり、常設性に欠ける。その点労使委員会は、従業員代表制ではないが、労働条件に関する事項の調査審議や使用者に対する意見の具申等をも目的とし一定程度の常設性が付与されている。もっとも、労使対立下における民主的決定手続をどう構築するかというデリケートな問題がある（労基法38条の4第1項参照）。

第4に、過半数代表が締結した労使協定につき一定の私法的効力が認められる場合がある。たとえば、36協定については免罰効果と協定の範囲において労使間の合意を有効とする効果である。

ところで、この過半数従業員代表制には、関与もしくは意見反映システムとしての不十分さという基本的な問題があると指摘されている。とくに、過半数代表者についてそのようにいえる。具体的には、選出手続が整備されずまた代表者に対する労働者の意見表明の機会が十分に与えられていないこと、さらに交渉（といえるかは問題であるが）過程に関する適切な保障がなされていないことがあげられる。基本的に使用者の発議による代表制なので、制度の設計や決議内容について常に一定の方向づけの圧力が作用しているので、使用者との関係における独立性のなさは決定的である。

(b) 従業員代表制の構想

では、従業員代表制につき学説上どのような構想が提起され、どのような

論争がなされているか。

まず、常設化の是非が争われそれにそれ自体に疑問を呈する見解がある[12]。

次に、常設化が必要であるとしても、過半数組合が存在しない場合に限るか否かが主要な論点となる。組合がある場合にも必要とする併存型と組合がない場合を想定する補完型の対立である。併存型の必要性について西谷教授は「過半数組合は、非組合員や他組合員を含めた事業場の全労働者を当然に代表する正統性をもつわけではない。ユニオン・ショップにもとづく『全員加盟』組合でも、パートタイマーや嘱託などの非正規従業員を除外していることが多い。そうだとすれば、労働者の過半数を組織する労働組合が存在する場合においても、改めて全労働者によって選出される労働者代表委員会を設置することに十分な合理性があるというべきである」と指摘している[13]。

これに対し、労働組合の立場を阻害するとして補完型の主張[14]やあくまで労働保護法との関連で構想すべきであるという見解[15]も有力といえる。さらに、現行の労使委員会制度を活用し企業内労使関係の再構築をすべきであるという構想[16]も提起されている。そこでは、実際の労働組合をどう評価するかも問題になっており、この点は従業員代表制の裏のテーマに他ならない。

従業員代表法制については以上のように多くの構想が提起されているが、ほぼ共通の特徴ともいうべきものは以下になると思われる。

第1に、制度構築の理由について、組合の組織率の低下等により組合の規制力が弱体化したために、それに替わる、もしくはそれを補完するシステムが必要である。そのために労基法等による運営実績のある過半数代表制が一応のモデルになる。

---

(12) 拙稿「21世紀の労働組合と団結権」前掲・日本労働法学会編『講座21世紀の労働法 第8巻 利益代表システムと団結権』17頁。
(13) 西谷敏「過半数代表と労働者代表委員会」日本労働協会雑誌356号（1989年）12頁。
(14) 毛塚勝利「わが国における従業員代表法制の課題」学会誌79号（1992年）153頁。
(15) 籾井常喜「労働保護法と『労働者代表』制」外尾古稀記念『労働保護法の研究』（有斐閣、1994年）50頁。
(16) 毛塚勝利「『労使委員会』の可能性と企業別組合の新たな役割」日本労働研究雑誌485号（2000年）13頁。

第2に、具体的な制度内容については、①常設であること、②多様な従業員の利害を代表しうる民主的手続が必要なこと、③組合機能を阻害しないこと、④労働条件決定に関与すること、がほぼ共通の了解といえる。もっとも、③の側面については論者によりかなりの温度差があり、過半数組合が存在しないことを前提とするか否かについて見解が分かれている。

(c) 従業員代表制構想への疑問

ところで、私は従業員代表法制の立法化については慎重な立場である。次のような基本的問題があるためである。

まず、法制化自体の問題としては、強制設置という構想のために、労働者の主体性・自主性よりも会社のイニシアティヴによる設立という事態が予測される。こうなると、その設置や運営につき使用者の関与をどう排除するかという課題に直面する。「第二労務部」「御用組合」という古典的な問題が再現するわけである。ところが、このレベルの問題を念頭においた具体的構想は明確には提示されてはいない。現実の過半数代表制度が適切に機能していないことはほぼ共通の了解になっているのにかかわらず安易に当該構想を持ち出すことは無責任といえる。労働者サイドの自主性に期待できないゆえの構想と開き直ることはできるかもしれないが。

さらに、労働組合機能を阻害しない補完型のアイデアについても、リアルに考えると決定的疑問がある。つまり、一旦従業員代表制度が成立すると、従業員代表の仕事は会社の経済的負担でかつ「会社の仕事」となる。そうすると自分たちで組合費を拠出してまで、さらに会社ににらまれるというリスクを負ってまで労働組合を作るというインセンテブは決定的に損なわれる。労働組合とのフェアな競争の基盤自体が失われ新規の組合結成だけでなく既存の組合運営も大きく阻害されると思われる。

次に、議論の仕方にも問題がある。今後の論議のために是非押さえておくべき事項である。

その1として、現行の過半数代表制度の実態やそれに対する評価が十分になされていない。「労使委員会」についてもそういえる。まず、多くの論者から指摘されている現行制度自体の問題点を是正・整備し、その成果をふま

えて常設化構想を出すべきである。

たしかに非正規問題だけに焦点を当てると、その声を結集するシステムとしての従業員代表制構想はそれなりに魅力のあるものといえる。しかし、法制化の前に実際このような制度がどの程度あるのか、またそれがうまく機能しているのか、していないのならその原因はどこにあるのか等の実態調査も不可欠と思われる。立法化はしたけれどこんなはずではなかった例は少なくない。

その2として、多くの論者は現行の労働組合（法）に問題があると指摘しているにもかかわらず、その原因の解明や組合法の見直し（たとえば、管理職の組合加入や便宜供与のあり方）にはほとんど関心を示していない。その点の見直しをすることなしに、または組合法との調整なしに一挙に従業員代表制構想を提示することは無謀である。さらに、労働組合については実際の組合を念頭に置き、他方従業員代表制については「モデル」を想定しての比較はアンフェアといえる。

全体として、労働組合法の存在を前提とすれば従業員代表制は「無いよりまし」の問題とは思われない。とりあえず組合法の見直しこそが必要であろう。また、現行の過半数従業員代表制について、組合活動の活性化の観点から追求すべき課題も多い。とりわけ、従業員代表的機能との関連において労組法も多くの法的課題がある[17]。

もっとも、従業員代表制は非正規労働者の保護の観点からは示唆的なアイデアであることは否定できない。現行労組法は後述のとおり非正規差別の是正の点では、運動論レベルではともかく解釈上の問題は少なくないからである。

2 組合法上の解釈問題

従業員代表制構想に問題があるのであれば、現行の労組法システムがこの非正規差別をどう是正できるか、そのために非正規をどう組織化し、組合内

---

(17) 詳しくは、拙稿「集団法からみた就業規則法理（上）（下）」労旬1869号、1871号（2016年）参照。本書16頁。

部において彼らの利益をどう代表しうるかが重要な課題となる。具体的には、①非正規労働者が主体となる組合結成、②企業内組合による非正規の組織化、③企業外部のコミュニティ・ユニオンによる組織化、④組合内部における公正代表の実現、等の論点がある。

①については、非正規の労働者性が認められる限り、組合結成につき不当労働行為法理等の適用があるので法的にはそれほど独自の問題はない。実際は②③と関連して問題になることが多い。正規労働者が組織する組合からの妨害行為の例もないわけではないが、これが許されないのは当然である。

②については、非正規労働者の組合加入権（義務）、非正規労働者（非組合員の場合）の労働条件は義務的交渉事項に該当するか、労働協約の職場内一般的拘束力制度の適用問題等を想定しうる。雇用形態に基づく労働条件の差別禁止法理に対応した運動のあり方が問われ、同時に法理の見直しも不可欠になっている。組合に加入している正規労働者の利益を守るためでもある。

③については、実際に企業外部組合（産業別組合もしくはコミュニティ・ユニオニオン）の組織化活動や街宣活動がなされている。しかし、「労使関係」が明確に形成されない場合については、労組法7条にいう「使用者」に該当しないという理由で不当労働行為制度上の保護を受けることができないという問題が提起されている[18]。企業別組合を前提にした団結権法理の見直しが必要になっているわけである[19]。

④については雇用形態に基づいて組合内部手続において異なった取扱いをすることや差別的な内容の協約が組合民主主義や公正代表義務に反しないか、さらに労契法20条に違反しないかが問題になる。団結自治の要請もあり、運動論的にも法理的にも難問といえる。

以下、本節では②を中心に基本的な論点について検討を加える。③については本書171頁参照。④について労使協議の際に非正規の利益も重視すべきであるとはいえるが、雇用形態の違う組合員をどう公正に代表（利害調整をして）して協約を締結するか（とりわけ、正社員の賃金が減額する場合）、また20条に反するような協約の効力は認められるか[20]という法的な課題について

---

(18) 教育社労働組合事件・東京地判平成25.2.6労判1073号65頁参照。
(19) 詳しくは、拙稿「非正規労働者の組織化と法」労旬1801号（2013年）12頁参照。

他日を期したい。雇用形態による働き方の違い、それにともなう処遇の違いが実際の労使関係に強固にビルドインされているのでこの解明は難題である。

1）非正規労働者の組合加入

組合に加入する権利については、使用者との関連ではそれを制約する行為は不当労働行為として禁止される[21]。では、組合が加入を認めなかった場合はどうか。組合は、その規約において自主的に組合員資格を決めることができる。特定の企業に所属するものという規定は一般的であり、一定の管理職や非正規労働者の加入を制限する規定も珍しくない。

もっとも、労組法5条2項4号は、「何人も、いかなる場合においても、人種、宗教、性別、門地又は身分によつて組合員たる資格を奪われないこと。」と定めている。「資格を奪われない」とい文言であるが、資格自体を認めないことも許されないであろう。したがって、以上の事由に基づいて組合加入を制限することも許されないと解されている[22]。

組合加入権についての主要な争点は、組合員資格のないものが加入を求めてきた場合にそれを拒否することは許されるかである。若干の裁判例（全ダイエー労組事件・横浜地判平成1.9.26労判557号73頁）はあるものの、ほとんど本格的な議論はなされていない。

横浜地判は、「労働組合は労働者が自己の利益を擁護するため自主的に結成する任意団体であるから、組合員資格をどのように定めるかについては、労働組合法上労働組合に与えられている特別の権能、すなわち、団体交渉によって組合員をはじめとする労働者の労働条件を規定する権能とこれを法的に強化するための諸々の保護との関係で一定の制約を受けるほか、原則として組合の自治に委ねられると解するのが相当である。殊に、従業員の職種、地位、職位、資格その他の種類等労働者の利害関係の相違を基準として加入

---

(20) 比較法的な論点については、水町勇一郎「非正規雇用と法」前掲『岩波講座　現代法の動態3　社会変化と法』37頁参照。また、派遣法上の労使協定方式については、水町・前掲『「同一労働同一賃金」のすべて』104頁。
(21) 詳しくは、拙著『労働組合法の基礎と活用』（日本評論社、2018年）52頁参照。
(22) 菅野和夫『労働法　第11版補正版』（弘文堂、2017年）797頁。

資格を制限することは、いかなる範囲の労働者を結集することが労働運動上効果的であるかという組織構成の決定の問題であって、組合自治の領域に属するものというべきであるから、被告が、訴外会社の資格制度上副主事以上の者を組合員の除外資格とする組合規約に基づき、原告の加入を承認しなかったことは、何ら違法を招来するものでない。憲法二八条及び労働組合法一条が、個々の労働者に対し、特定の労働組合に加入する権利ないし資格を保障するものでない」と判示した。ほぼ通説的な立場といえる。

次に組合員資格がある者についてはどうか。この点については加入を認めない相当な事由があれば別だが原則として加入を拒否することは許されないと思われる。古い事案であるが、裁判例も「労働組合は、自主的団体であるから組合が労働者につき組合の存立を否定する言動をなす等の理由により団結権又は団体秩序の維持に有害であり、または有害と認めるについて正当の事由を有するときはこれら労働者の加入を拒否することは是認さるべき」という判断を示している（東邦亜鉛事件・東京地判昭和31.5.9労民集7巻3号462頁）。

私は、労働組合は職場における利害の共通性がその存立の基盤になると考えており、職場を組織基盤とする組合に加入するメリットが大きいので、加入資格の制限や個別の加入申請の拒否は、利害の共通性に欠ける等の相当な理由がない限り許されないと考える。その点では、団結権は結社権と明確に異なる。ユニオン・ショップ協定の効力が認められるゆえんでもある。

では、組合員資格のあり方については、最近の雇用形態に由来する差別禁止法制の整備や実際の裁判例の出現にともない一定の見直しが必要であろうか。労働条件決定主体たる労働組合の代表性についての公的性質が新たな視角から問題になるわけである。もっとも、雇用形態は組合の存立基盤でもあるので組合員資格につき法的に一律に規制することはその自主性を決定的に阻害することも否定できない。したがって現時点では組合員資格の拡大は、法理的な要請というより運動論的課題といえようか。将来的には、立法的課題である。なお、組合資格については義務的交渉事項のあり方とも関連するのでその点からの考察も必要とされよう[23]。

一方、加入義務についてはユニオン・ショップとの関連が問題になる。ユ

ニオン・ショップ協定の効力については、学説上強力な疑義が示されているが、判例法上は有効とされそれに基づく解雇も有効とされている（日本食塩製造事件・最二小判昭和 50.4.25 民集 29 巻 4 号 456 頁）。しかし、同協定の締結過程、とりわけ、新規に非正規を組織化する仕方についてはあまり論じられていない。

通常は次のような過程をたどるものと思われる。①非正規に対する組合員資格の付与、②全従業員の過半数の組織化、③ユニオン・ショップ協約の締結。協定の有効性の前提には、①②の事実が必要と思われる。とりわけ、ユニオン・ショップを通じて新たにパートを組織化するためにパート全体の意向をどう具体的に反映させるべきかの課題は残されている[24]。なお、2018 年に成立した「パート・有期雇用労働法」7 条もパートタイム労働法 7 条と同種規定をおいている。

2）非正規労働者の組織化と義務的交渉事項

非正規労働者の組織化の端的な方法はその組合員資格を認めることである。非正規が組合に加入すると彼らの労働条件が義務的交渉事項[25]になることには異論はない。では、非正規が組合に加入していない時点において非組合員の労働条件についての団交要求をすることが認められるか。

この点、根岸病院事件では、「非正規」ならぬ「非組合員」の初任給の事案であるが、初任給について組合員の賃金額決定に影響あるとして義務的交渉事項にあたるという以下のような判断が示されている（東京高判平成 19.7.31 労判 946 号 58 頁、原審は東京地判平成 18.12.18 判時 1968 号 168 頁、上告

---

[23] 加入権との関連では、「二重加入」のあり方も重要である。具体的には特定の企業別組合の組合員が外部のコミュニティ・ユニオンに加入することの適否が主に問題になる。

[24] 就業規則との関連であるが、パートタイム労働法 7 条は、「事業主は、短時間労働者に係る事項について就業規則を作成し、又は変更しようとするときは、当該事業所において雇用する短時間労働者の過半数を代表すると認められるものの意見を聴くように努めるものとする」と定め、パートの意向の反映をはかっている。とはいえ、同規定は労基法 90 条と比較すると、①努力義務であること、②雇用する短時間労働者の「過半数を代表すると認められるもの」という具体的選出方法つき必ずしもはっきりしない表現が使われていることから、実効性に疑問がもたれ、実際に利用されているかもはっきりしない。

[25] 義務的交渉事項については、前掲・拙著『労働組合法の基礎と活用』157 頁。

は棄却・不受理最一小決平成20.3.27労判959号186頁)。本件は必ずしも非正規の事例ではないが、非正規の組織化の過程で発生する紛争と類似しているのでここで取り上げたい。

「労働組合法7条2号の趣旨に照らすと、誠実な団体交渉が義務付けられる対象、すなわち義務的団交事項とは、団体交渉を申し入れた労働者の団体の構成員たる労働者の労働条件その他の待遇、当該団体と使用者との間の団体的労使関係の運営に関する事項であって、使用者に処分可能なものと解するのが相当である。

そして、非組合員である労働者の労働条件に関する問題は、当然には上記団交事項にあたるものではないが、それが将来にわたり組合員の労働条件、権利等に影響を及ぼす可能性が大きく、組合員の労働条件との関わりが強い事項については、これを団交事項に該当しないとするのでは、組合の団体交渉力を否定する結果となるから、これも上記団交事項にあたると解すべきである」[26]。

では、どう考えるべきか。この点の解明のためには、組合と(非)組合員との関係の位置づけが必要になる。基本的に2つのアプローチが可能であろう。

第1は、「組合員代理的」アプローチであり、団交は実際の組合員を代理してなされると立論する。非組合員の労働条件は原則的に義務的交渉事項とはならず、組合員の労働条件と関連するという特別事情がある場合にのみ義務的交渉事項にあたると解される。本件判旨の見解といえる。

第2は、「職場代表的」アプローチである。組合員となりうる者を含む労

---

[26] 以上のフレームに基づき、①初任給につき一定の情報を組合に開示していた事実、②(組合員の)賃金体系上、初任給額がベースになること、③初任給の引き下げが組合員間格差を生じさせること、④新規採用者が短期間にZ組合に加入していたこと、等から、「労使間の交渉において、賃金の高い労働者の賃金を抑制する有形無形の影響を及ぼすおそれがあるのみか、労働者相互の間に不満、あつれきが生ずる蓋然性が高く、このことは組合員の団結力に依拠し賃金水準の向上を目指す労働組合にとって看過しがたい重大な問題というべきである」と判示している。本件の問題点については、拙稿「本件解説」判例評論594号 (2008年) 189頁参照。また、水町勇一郎「団体交渉は組合員の労働契約のためにあるのか」西谷敏先生古稀記念論集『労働法と現代法の理論 (下)』(日本評論社、2013年) 101頁は、労働者全体に適用される一般的な基準・制度にかかわる問題か等の観点から判断すべきとする。

働者の多様な利害を代表して団交を行うモデルといえる。この職場代表的アプローチをとった場合に、非組合員の位置づけにつき2つのケースを想定しうる。

その1は、必ずしも組合員とはなっていないが組合員資格自体はあるケースである。本件はこのケースといえる。この場合には当該労働者（グループ）についても組合加入の可能性から一定の代表性は認められるべきものと考える。その理由は、当該グループの組織化のために関連する労働条件につきあらかじめ交渉するニーズが高いからである。とりわけ、具体的な組織化の動きがあった場合や組合加入の実績があるケース、さらに交渉事項については職場全体の労働条件の決定に密接に関連するケースについてそういえる（非組合員に対するセクハラをなした営業本部長の行為を批判したHP記事の掲載は、職場環境に関わる問題なので正当な組合活動とされている。連合ユニオン東京V社ユニオンほか事件・東京地判平成30.3.29労判1183号5頁）。こう解すると、非正規のケースについても、非正規につき組合員資格を認めているかが主要な基準になると思われる。

その2は、組合員資格自体がない場合である。団交権能を明らかにするためには一応両者を区別する必要があると思われる。つまり、後者の場合は、組合が組合員（加入）資格自体を認めていないので、これらの労働者グループとの関連での代理性は原則として認められないことになる。義務的交渉事項については、第1の場合（組合員代理的）と同様に、つまり特別事情がある場合だけ認められると考えることができる。

もっとも、非正規につき組合員資格を認めていない場合でも、その組織化を計画している場合にはその一環として彼らの労働条件を適切に知る必要があるので義務的交渉事項になるであろう。さらに差別禁止法の要請から職場における差別の是正を目的として非正規の労働条件の開示が要求されたならばそれは認められるべきであろう。職場代表的側面があるからである。

では、開示された情報を前提として非正規の労働条件について交渉することまで使用者に義務づけられるか、そのレベルまでの「職場代表的」権能が組合に認められるべきであろうか。労組法16条は協約の規範的効力の適用を組合員に限定しているので、組合員資格のない非正規の労働条件について

協約を締結する権能はないともいえるからである。

　また、労組法17条の適用についても、組合員資格を認めていない労働者については「同種の労働者」といえるかは疑問である[27]。たとえば、日野自動車事件・東京高判（昭和56.7.16労判458号15頁、最一小判昭和59.10.18労判458号4頁）は次のように説示している。

　「労組法第一七条の趣旨とするところは、協約当事者である労働組合及びその組合員の団結権の保護にあるのであつて、協約外の少数労働者の保護を直接の目的とするものではないから、当該労働協約が協約外の少数労働者に拡張適用されるか否か、換言すれば、当該協約の拡張適用につき、協約外の労働者と協約当事者である労働組合の組合員たる労働者が前記法条にいう『同種の労働者』にあたるか否かは、作業内容の性質によつてこれを決すべきではなく、労働協約の趣旨や協約当事者である労働組合の組織等の関連においてこれを決するのが相当であると解されるところ、前掲乙第一四号証及び証人Ｙの証言によれば、本件の場合、組合は控訴人のような準社員は組合に加入させず、その組織範囲から排除しており、しかも、労働協約のうち、少なくとも前記の『労働時間中の組合活動に関する申合せ事項』の部分は非組合員にまでこれを適用することは予定していないことが認められるから、右の事情を考慮すれば、前記延長職懇の開催に関する労働協約の適用については、控訴人のような非組合員と組合員とは『同種の労働者』とはいえず、従つて、協約中少なくとも右の部分は控訴人に対しては拡張適用されないと解されるからである。」

　そう考えていくと、団交・協約を通じて非正規差別を是正するためには非正規に対する組合員資格の付与がポイントとなると思われる。当該組合が非正規労働者の利益を公正に代表しうるかが問題になるからである。しかし、労組法は、この組合員資格の付与につき当該組合の裁量の問題としており、実際に組合員にしている例は約3分の1にすぎない。また非正規に組合加入のニーズがない等の組織化にともなう課題も多い[28]。この点は運動論だけ

---

[27] 同種性については、西谷敏＝道幸哲也＝中窪裕也『新基本法コメンタール　労働組合法』（日本評論社、2011年）209頁（村中孝史執筆）、野川忍『労働協約法』（弘文堂、2015年）338頁等参照。

ではなく、緊急の立法的課題といえよう。従業員代表制の議論をする以前に論ずべき問題である。

結語

　雇用形態差別是正における組合の役割を団交のあり方から考えると、非正規につき組合員資格を認めている場合は非正規の労働条件・処遇は義務的交渉事項となる。組合員資格を認めていなくとも、組織化や差別是正を目的としている場合は同様に考えられよう。しかし、労働条件や雇用の仕方に関する関連情報の入手以上の是正に関する具体的な交渉レベルになると組合の交渉権能として彼らの利益を適切に代表しうるかが問題になる。とりわけ非正規につき組合員資格を認めていない場合にそういえる。また、組合員資格を認めたとしても労働者相互間の利害調整は必ずしも容易ではない。

　具体的な団交の仕方についても、形式的な差別パターンはともかく、基本給等については雇用形態の違いに由来する差別の相当性の判断はデリケートであり、採用の仕方や働き方・働かせ方自体も争点にならざるをえない。雇用形態の違いは働き方・働かせ方自体の違いを意味することが多く、労働条件上の差別がそれとどう関連するかが争われるからである。また、個々人の労働能力についての判定レベルまでも問題になると組合の力量を超えるのではと思われる[29]。

　さらに、労使間合意の効力を直接問題にする協約法理との関連では、その内容が労契法20条等に違反する場合に（団交の仕方・内容が違反の有無の判断に一定の影響を与えうることは別として）規範的効力がストレートに認められるか等の論点も残されている。20条の強行性の程度が問題になる。非正規差別問題につき、団交協約法理によって正面から処理することには多くの

---

(28)　厚労省22年調査によればパートを組織化する上での問題として、①組合への関心が薄い（60.7％）、②組合費の設定・徴収が困難（49.3％）、③執行部側の人的・財政的余裕がない（42.4％）があげられている。また、地域的一般的拘束力制度との関連での議論につき、拙稿「協約の地域的拡張適用制度の基本問題」判タ579号（1986年）12頁参照。
(29)　職務分析等の専門家の養成は不可欠になる。他方、組合運動の広がりについては、拙著『労働組合の変貌と労使関係法』（信山社、2010年）107頁。

課題があるわけである(30)。

　もっとも、労働組合の役割として職場における雇用管理や労働条件の実態について情報を入手し、使用者や組合員に対し一定の見解を述べることはきわめて有用である。その過程で非正規労働者の苦情や不満を集約し会社に伝えたり、問題があれば非正規労働者の権利主張を支援することも無視しえない重要な役割といえる。

　ところで、雇用形態差別の是正は本来従業員代表の役割ということになると組合よりも従業員代表制のほうが適切であるという基本問題も提起される(31)。さらに、差別是正はあくまで使用者の義務ととらえると、労使交渉の意義を、使用者の措置の適否を過半数代表がチェックする就業規則法制と関連づけるほうがリアリティがあるかもしれない(32)。議論ははじまったばかりである。

　なお、2018年に働き方改革の一環として、パート・有期雇用労働法の新設、派遣法の改正により、待遇差の内容・理由等に関する説明の義務化が図られ、また、派遣法上の均等・均衡ルールの特例として一定の労使協定の締結が規定された。これらの改正は団交法理に影響があるものと思われる。同時に、非正規だけではなく正規職員の労働条件の明確化・合理化も要請されることとなり、集団法的な見直しも必要になると思われる。まさに「働き方改革」になるわけである。

---

(30)　2018年改正派遣法30条の4参照。また、協約締結主体たる労働組合の力量や主体性も問題になる（桑村裕美子『労働者保護法の基礎と構造』（有斐閣、2017年））。
(31)　この点については、毛塚勝利「企業統治と労使関係システム——ステークホルダー民主主義論からの労使関係の再構築」石田眞＝大塚直編『早稲田大学21世紀COE叢書　企業社会の変容と法創造　第6巻　労働と環境』（日本評論社、2008年）47頁参照。
(32)　組合法からみた就業規則法制の特徴については、前掲・拙稿「集団法からみた就業規則法理（下）」労旬1871号42頁。本書16頁。

第9章　非正規労働者の組織化と法

　最近の雇用状況の顕著な特質は、パート、アルバイト、嘱託、派遣等の非正規労働者の増加である。非正規労働は一般的に、有期雇用の不安定就労、低賃金、不十分なキャリア形成がその特徴とされ、社会保険についても未加入者が多いといわれる。法的な保護が必要な状態である。

　そこで非正規を組織化してその利益を擁護する必要が指摘されている。組合組織化の実態は、平成29年労働組合基礎調査によるとパートタイム労働者の労働組合員数は120万8千人で、前年の113万1千人より7万7千人（6.8％）増加した。全体の労働組合員数に占める割合は12.2％、推定組織率は7.9％である。なお、5年前の平成24年労働組合基本調査によれば、パートの組織率は6.3％であり、全組合員に占めるパート組合員の割合は8.5％であった。もっとも、組合員資格まで認めている例はそれほど多くはない。平成27年「労使間の交渉等に関する実態調査」によると、「パートタイム労働者」35.6％、「有期契約労働者」39.9％、「派遣労働者」11.1％、「嘱託労働者」35.6％となっている。組合員資格さえ認めていない組合がパートにつき全体の3分の2、派遣労働者につき9割を占める。それでも労働組合が組織拡大の対象者としている労働者としてパートをあげる組合は31.8％（2008年厚労省調査）である。

　とはいえ、非正規の組織化には多くの課題がある[1]。厚労省22年調査に

---

(1) 組織化一般については、浜村彰＝長峰登記夫『組合機能の多様化と可能性』（法政大学出版局、2003年）、中村圭介＝連合総合生活開発研究所『衰退か再生か──労働組合活性化への道』（勁草書房、2005年）、鈴木玲＝早川征一郎編著『労働組合の組織拡大戦略』（御茶ノ水書房、2006年）等参照。

よるとパートを組織化する上での問題として、①組合への関心が薄い（60.7％）、②組合費の設定・徴収が困難（49.3％）、③執行部側の人的・財政的余裕がない（42.4％）があげられている。また、フルタイムの非正規労働者については、組合への関心が薄い（54.5％）、組合費の設定・徴収が困難（43.9％）、組織化を進める執行部側の人的・財政的余裕がない（39.4％）であり、派遣労働者については、組合費の設定・徴収が困難（53.7％）、組合への関心が薄い（49.3％）、組織化を進める執行部側の人的・財政的余裕がない（41.2％）となっている。

　非正規の組織化方法や経験については活発な議論がなされているが[2]、組織化「法理」についての研究はきわめて低調である。法的には、紛争は組織化のレベルではなく、団交拒否事案、とりわけ合同労組への駆込み訴え事案[3]として現れ、それに見合った法理が形成されている[4]。また、企業外部からの組織化については、企業別組合を前提とした団結権把握が、「使用者」概念を制限する観点から独自の法理の形成を大きく阻害していると思われる。

　本章では、非正規の組織化を支援する法理を労働契約と関係した側面と集団法レベルに区分して検討したい。

---

(2)　非正規の組織化については、中村圭介＝佐藤博樹＝神谷拓平『労働組合は本当に役に立っているのか』（総合労働研究所、1988年）134頁、呉学殊「パートタイムの組織化と意見反映システム」日本労働研究雑誌527号（2004年）31頁、橋本秀一「企業別組合における非正規従業員の組織化事例の示すこと」41頁、新谷信幸「請負・派遣労働者に対する労働組合の対応」51頁、いずれも日本労働研究雑誌591号（2009年）、中村圭一「壁を壊す」（第一書林、2009年）、伊藤大一『非正規雇用と労働運動』（法律文化社、2013年）、後藤嘉代「組合員ニーズの拡がり」日本労働研究雑誌636号（2013年）77頁、特別企画「非正規労働者の組織化」労旬1801号（2013年）等。

(3)　合同労組や個人加盟ユニオンの研究も蓄積されている。前掲・浜村＝長峰『組合機能の多様性と可能性』、木下武男『格差社会にいどむユニオン』（花伝社、2007年）、特集「合同労組」日本労働研究雑誌604号（2010年）、松井保彦『合同労組運動の検証——その歴史と論理』（フクイン、2010年）、橋口昌治『若者の労働運動』（2011年、生活書院）、呉学殊『労使関係のフロンティア』（労働政策研究・研修機構、2011年）、遠藤公嗣編著『個人加盟ユニオンと労働NPO』（ミネルヴァ書房、2012年）、木下武男『若者の逆襲　ワーキングプアからユニオンへ』（旬報社、2012年）、小谷幸『個人加盟ユニオンの社会学』（御茶ノ水書房、2013年）等参照。

(4)　拙稿「合同労組の提起する法的課題」日本労働研究雑誌604号（2010年）75頁、拙稿「混迷する団交法理」労旬1747号（2011年）28頁、本書171頁参照。

1 労働契約関係での試み

　労働条件決定過程は、正規であっても非正規であっても基本的に違いはない。原則として雇用関係として労働法の適用がある。ただ、派遣については雇用関係と指揮命令関係が分かれているため特別の規制がなされる。また、社会保険の適用関係については労働時間等により適用除外の例もある。

1) 差別禁止、平等取扱い

　非正規をめぐる労働契約関係上の主要な論点は正社員との間の差別禁止、平等取扱いの要請に関するものである[5]。とりわけ、賃金に関しては同一労働同一賃金の法理が強調されており、その背景には均等処遇（労契法3条2項）の原則や、パートについては、パートタイム労働法8－11条、有期労働者については労契法20条、派遣労働者については派遣法30条の2の各規定があり、多くの裁判例が蓄積されつつある。理論的には、均等と均衡との関連等が争点となっている[6]。2018年には「パート・有期雇用労働法」が成立し、施行後は同法の解釈・適用が問題になる。

　これらの差別や不合理な取扱いの禁止は、契約解釈問題であるが集団的側面もあり、その実現のためには集団の意向の反映が効果的といえる[7]。具体的には、比較対象者をも含めた賃金等の情報（賃金システム、賃金額）を入手し、非正規の意向を集約し、使用者と交渉することによるルール作りである。ところが労働契約法等において制度的にそのような仕組みは想定されていない。

　非正規労働者の集団的意向を効果的に反映させるためには、何らかの形で組織化することが必要である。彼らを主体とする労働者組織の結成、具体的には独自の組合結成や過半数従業員代表制度が考えられる。

---

[5] 鶴光太郎＝樋口美雄＝水町勇一郎編著『非正規雇用改革』（日本評論社、2011年）。
[6] 詳しくは本書192頁。
[7] 正社員への登用に関するルール作りについても同様のニーズがある。

2) 就業規則の作成

　実際の労働条件を決定しているのは多くの場合に就業規則である。労基法は、その作成につき従業員の過半数代表（組合）の意見を聴くことを規定している（90条）。では、従業員の中に非正規も含まれている場合はどうなるか。過半数代表が非正規の労働条件について意見を述べる例もあるが、通常は正社員の利益が追求されがちである。さらに、就業規則規定が主に正規労働者を対象にしているという理由で非正規が基礎となる「全従業員」から排除されることも少なくない。総じて、就業規則の作成・変更につき非正規の利害は適切に反映されにくいわけである。

　そこで、パートタイム労働法7条は、「事業主は、短時間労働者に係る事項について就業規則を作成し、又は変更しようとするときは、当該事業所において雇用する短時間労働者の過半数を代表すると認められるものの意見を聴くように努めるものとする」と定め、パートの意向の反映をはかった。とはいえ、同規定は労基法90条と比較すると、①努力義務であること、②雇用する短時間労働者の「過半数を代表すると認められるもの」という具体的選出方法つき必ずしもはっきりしない表現が使われていることから[8]、実効性に疑問がもたれ、実際に利用されているかもはっきりしない[9]。非正規労働者サイドとしても、このような規定を利用して集団的な意向を表明する試みをしている例もあまり聞かない。なお、2018年成立の「パート・有期雇用労働法」7条も同様な規定を定めている。

　非正規として、就業規則に関する意見聴取を通じて従業員利益を確保することも考えられるが、意見聴取にすぎず作成過程において労働者の意向を反映させる規定が整備されていないこと、就業規則に不利益変更効（労契法10

---

[8] 平成19.10.1の基発1001016号（パートタイム労働法の一部を改正する法律の施行について）は、選出方法については、「①その者が短時間労働者の過半数を代表することの適否について判断する機会が当該事業所の短時間労働者に与えられており、すなわち、使用者の指名などその意向に沿って選出するようなものであってはならず、かつ、②当該事業所の過半数の短時間労働者がその者を支持していると認められる民主的な手続がとられていること、すなわち、短時間労働者の投票、挙手等の方法により選出されること等が考えられること。」と規定している。

[9] それでも、平成21年度のパートタイム労働法の施行状況では、7条に関する相談は180件であり、全体の3.4％を占め、1435件の指導件数がある。なお、平成28年度においては1622件の指導件数がある。

条）までが認められていることから[10]、必ずしも適切に実現しないと思われる。もっとも、パートタイム労働法7条の趣旨を生かし、独自に就業規則の作成に関与することによって非正規の組織化の契機になる可能性は否定できない[11]。

2　集団法での試み

　非正規の組織化は2つのアプローチで考えることができる。第1は、「非正規による」組織化であり、第2は、「非正規に対する」組織化である。実際には、両者は関連して問題になるが、ここでは一応区別して検討したい。

1)　非正規による自主的な組織化

　雇用関係がある限り非正規についても独自の組合を結成する権利や既存の組合に加入する権利は保障されている。具体的に次の3つの方法がある。このような行為を阻害する使用者の行為は不当労働行為とみなされる。

　第1は、独自に組合を結成することである。法的には容易であるが、非正規については全体として組織化のモチベーションは弱い。たとえば、パートについては、賃上げについては103万円の壁に直面する「主婦パート」層は熱心ではなく、時短は収入減を意味し、職場に不満があれば転職によって解決するのが一般的である。また、組合を結成することによって上司と対立し、キャリア上も不利になることも少なくないからである。有期労働者の場合には、更新拒否のおそれもある。

　また、使用者以外のたとえば正社員の組合による組合結成・運営に対する

---

[10]　労働契約法の制定時に、過半数代表組合との合意に基づく就業規則の不利益変更には合理性が認められる等の構想があった。この点については、拙著『労働組合の変貌と労使関係法』（信山社、2010年）239頁。

[11]　過半数代表制度については、立法構想として多様な常設化のアイデアがあり（労働政策研究・研修機構編『労働条件決定システムの現状と方向性』（労働政策研究・研修機構、2007年））、非正規の意見反映方法の試みもなされている（西谷敏「過半数代表と労働者代表委員会」日本労働協会雑誌356号（1989年）12頁）。たしかに常設化は、従業員の意見を反映しやすくし、組合組織化の契機となるかもしれない。しかし、職場の現状からは意味のある常設化がなされる可能性は少なく、むしろ新規の組合結成を阻害する側面が強いと思われる。

阻害行為も考えられる。それらは使用者の行為とはみなされないので行政救済の対象とはならない。しかし、司法救済、とりわけ損害賠償事案では団結権侵害行為と解される余地があり、実際もそのような事例がある(12)。司法救済の利点といえる。このような使用者以外からの侵害行為をもチェックしうる団結権概念の拡張は、もっとも弱い立場にある非正規については強く要請される。労組法7条本文の「使用者」概念の見直しにも連動する視点に他ならない。

　第2は、既存の企業別組合への積極的な加入である。非正規につき組合員資格を認めている場合には一応問題がない。しかし、関連して次のような問題はある。

　その1は、資格を認めていないケースでは非正規に組合に加入する権利があるかが争われる。組合員資格は、組合結成の中核的論点なので、それを法的にチェックし、加入を認めることは困難であろう（全ダイエー労組事件・横浜地判平成1.9.26労判557号73頁参照）。組合員資格決定の自由については組合の「公的」な側面はそれほど重視されていない(13)。その2は、非正規につき組合費を低く徴収することは許されるか。また、それを理由として組合員の権利につき一定の差別をすることはどうか（労組法5条2項）。その3は、合同労組への加入等二重組合所属は統制事由になるか（東京税関労組事件・東京地判昭和55.5.7労判341号23頁は、競合組合との共同行為等を理由とする除名処分を有効としている）(14)。

　第3は、合同労組への加入である。地域単位の合同労組は組合員資格につ

---

(12) 必ずしも非正規のケースではないが、別組合、組合内反対派の労働者個人を被告にしている例があり、使用者の反組合的行為に荷担したかがポイントである（日産プリンス千葉販売事件・東京地判平成19.2.22労判944号72頁、東春運輸事件・名古屋地判平成6.2.25労判659号68頁）。組合活動への阻害ケースでは組合相互間の紛争も生じている。東日本鉄道産業労働組合事件は、別組合役員による組合の掲示物撤去の違法性が争点となり、東京地判（平成13.5.28労経速1774号19頁）は、別組合役員による自力救済を認めず違法と判示するとともに組合員の行為につき組合自身の使用者責任を認めた。また、総評全国一般大阪地連全自動車教習所労組事件・大阪地決（平成4.3.27労判611号70頁）は、「御用組合」等を記載した機関誌・ビラ等を別組合が掲載、配布することを違法として、当該行為を禁止する仮処分命令の申立を認容した。

(13) 三井正信「組合のなかの集団と個人」日本労働法学会編『講座21世紀の労働法　第8巻　利益代表システムと団結権』（有斐閣、2000年）20頁。

きほとんど制限がないので加入は容易である。そうすると合同労組自身が「雇用する労働者の代表者」として同人の労働条件等につき団交を要求しうることになる[15]。

2) 非正規に対する組織化

非正規に対する組織化は、企業内組合による場合と企業外の合同労組による場合に大別しうる。

(a) 企業内組合による組織化

企業内組合による場合は日常的な組織化活動以外に以下の2つの試みが注目される。法的な問題も多い。

第1は、ユニオン・ショップによるものである。ユニオン・ショップ協定の効力については、学説上強力な疑義が示されているが、判例法上は有効とされ、それに基づく解雇も有効とされている（日本食塩製造事件・最二小判昭和50.4.25民集29巻4号456頁）。しかし、同協定の締結過程、とりわけ、新規に非正規を組織化することについてまではあまり論じられていない。

通常は次のような過程をたどるものと思われる。①非正規に対する組合員資格の付与、②全従業員の過半数の組織化、③ユニオン・ショップ協約の締結。協定の有効性の前提には、①②の事実が必要と思われる。とりわけ、ユニオン・ショップを通じるパートの組織化のためにパート全体の意向をどう反映させるべきかの課題は残されている。

第2は、非組合員の労働条件に関する団交要求であり、それが義務的交渉事項にあたるかの問題である。この点、最近の根岸病院事件では、非組合員の初任給について、組合員の賃金額決定に影響があるとして義務的交渉事項にあたるという判断が示された（東京高判平成19.7.31労判946号58頁、原審は東京地判平成18.12.18判時1968号168頁、上告審最一小決平成20.3.27労判959

---

(14) 団交・協約法理との関連では両組合の権限配分につきデリケートな問題が発生する（鴻池運輸事件・東京地判平成16.3.4労判874号89頁）。
(15) このケースにおける団交のあり方については、拙稿「団交権『保障』の基本問題（下）」法時89巻8号（2017年）106頁。

号186頁)。本件は、必ずしも非正規の組合加入問題ではないが、組合の代表性については示唆的な論点である。

(b) 合同労組による組織化

　合同労組は、孤立した労働者の権利実現につき一定の役割を果たしているが、その活動に広がりと深さに欠ける。その原因の1つとして、企業別組合主導の団結権把握に由来する側面があると思われる。「従業員」による組合結成や加入行為に対する使用者の不利益取扱いは1号違反とされているが、企業外部からの組織化につき現行不当労働行為制度は適切な保護をなしていないからである。外部からの「組織化」自体を保護する独自のシステムや法理がないわけである。

　では、合同労組等の企業外部の組合からの組織化についてどのような問題があるか。一定の組織化の過程で「組合員」もしくは「組合員になろうとした者」が解雇等をされた場合には、当該組合員との関連で「使用者」の行為として1号違反とみなしうる。3号違反も構成しうる。「組合員」だけではなく「組合員になろうとした者」との関連で労使関係の存在を想定することは可能である。不当労働行為制度は、組合活動の保護を目的としているので、個別労働者の行為が組合機能とどう関連するかが争われるからである。はっきりと組合に加入した、もしくは、しようとした前述のようなケースについては、加入行為を理由とする不利益取扱いは不当労働行為にあたることに問題はない。加入の相談も加入（準備）行為に含まれるであろう。

　デリケートなのは、組合に対する一般的な「労働相談」のレベルである。この点は、2つの観点から考えられる。

　その1は、相談者に対する不利益取扱いにあたるかである。行為態様をたんなる「労働相談」とみないで「組合結成の契機になることを内包した」労働相談とみなし、組合としてのアドバイスや対応を期待していると位置づけることができる。つまり、加入のための「準備」行為との評価が一応可能となろう[16]。より一般的には、労働条件基準に関する個人の苦情申出等の集団志向的行為や従業員代表としての行為を不当労働行為制度上どう評価すべきかは労使関係法の観点からは重要な論点といえる[17]。

その2は、組合サイドからすると、労働相談は組合活動の一環に他ならず、合同労組の重要な役割とされている[18]。そこで、相談をしたことを理由とする不利益取扱いは、組合活動自体を抑制する行為に他ならないので外形上3号違反とみなされよう。もっとも、相談者は組合員になるとは限らないので、合同労組との関係において当該使用者を「不当労働行為法上の使用者」（労組法7条）にあたるかの問題は残る。また、組織化活動に対する使用者の行為、たとえば、学習会参加の禁止措置、黄犬契約の締結、街宣活動の禁止等も問題となる。企業外部の労組の組織化活動自体を保護する法理の確立が要請されているわけである。「使用者概念の拡張」の合同労組版といえようか。

　このような問題関心からは企業施設前のビラ配布や街宣活動の権利も一定程度保護する必要がある[19]。しかし、組織化活動の一環としての街宣活動に対しては、その場所や方法との関係で使用者から厳しいチェックがなされている。損害賠償・差し止め請求等（東京・中部地域労働組合（街宣活動）事件・東京高判平成17.6.29労判927号67頁、最三小決平成18.3.28労経速1943号10頁、連帯ユニオン関西地区生コン支部事件・大阪地判平成23.9.21労判1039号52頁、日本労組総連合会福岡県連合会ほか事件・福岡地小倉支判平成23.11.8労判1035号161頁、ミトミ建材センターほか事件・大阪地決平成24.9.12労経速2161号3頁、全日本建設運輸連帯労組関西地区生コン支部（関西宇部）事件・大阪地判平成25.11.27労判1087号5頁等）が認められているケースも少なくない。

　理論的には、団体行動権保障につき次の2つの観点から制限がなされていることが注目される。

---

(16) 試用期間満了日の解雇が、権利主張をしたことにより組合加入を恐れたためという判断を示す例もある（新光美術事件・大阪地決平成11.2.5労経速1708号9頁）。

(17) たとえば、雇い止め告知対応メールの送信を理由とする譴責処分が争われた東和エンジニアリング事件・東京地判（平成25.1.22労経速2179号7頁）は、当該行為につき、「自分を含めて被告に勤務する非正規社員が不当に雇止めされないようとの考えの下に、本件発言の事実を他の非正規社員に知らせることで問題意識を喚起、共有し、非正規社員全体の立場が不当に弱められることを防止しようとする意図に出たものであって、それなりに理解できる行動であったというべきである」と評価されている。

(18) 相談機能が組合結成に寄与する具体例については、前掲・木下『若者の逆襲』146頁参照。

(19) 詳しくは、名古道功「コミュイティ・ユニオンと労働組合法理」学会誌119号（2012年）33頁、特集「労働争議における組合の街宣活動の適法性」労旬1778号（2012年）参照。

その1は、憲法28条が適用されるためには一定の労使関係の存在を必要とするという判断である。教育社労働組合事件・東京地判（平成25.2.6労判1073号65頁）は、以下のように労組法上の使用者か否かを問題としている。
　差止めを請求している原告会社の「法人格が一体のものであると評価することはできず、原告会社らが被告らと教育社との間の労働契約関係に近似ないし隣接した関係を有する者に該当するということはできないし、原告会社らがその法人格を濫用したものと認めることもできないから、被告らとの関係において、原告会社らが労組法上の使用者であると認めることはできない」。そこで、「被告らは、原告会社らに対する関係で、団体交渉権等の労働基本権を有していないことになる。したがって、被告らによる原告会社らに対する組合活動としての街宣活動等は、憲法28条ないし労組法の保護を受ける余地のないものといわざるを得ない。」
　また、フジビグループ分会組合員ら（富士美術印刷）事件・東京高判（平成28.7.4労判1149号16頁）は、「直接には労使関係に立たない者に対して行う要請等の団体行動も」憲法28条の保障の対象となるが、争議行為に比し団体行動権はより制約されるという次のような判断を示している。
　「一般に、労働条件は、使用者を取り巻いて現実に存する社会、経済その他の要因によって大きく左右され得るものであり、そのような実質を考えると、労働組合が労働条件の改善を目的として行う団体行動である限りは、それが直接労使関係に立つ者の間の団体交渉に関係する行為ではなくても、同条の保障の対象に含まれ得るものと解するのが相当である。すなわち、同条の保障の対象は、労働契約関係にある労働者と使用者との間の労働契約関係の内容をなす労働条件に関し、労働者が団結して労働組合を組織し、これを自主的に運営する行為、争議行為その他の団体行動並びにその労働組合が使用者との間において行う団体交渉及びこれに直接関係する行為が本体となるが、それだけでなく、上記労働条件の改善を目的として労働組合が直接には労使関係に立たない者に対して行う要請等の団体行動も、同条の保障の対象となり得るものと解されるのである。
　しかしながら、このような団体行動については、同条の保障の本体となる行為のうち集団的な労務の不提供を中心的内容とする争議行為と異なり、自

ずから限界があるものというべきで、団体行動を受ける者の有する権利、利益を侵害することは許されないものと解するのが相当であるから、これを行う主体、目的、態様等の諸般の事情を考慮して、社会通念上相当と認められる行為に限り、その正当性を肯定すべきである。」[20]。

その2は、司法上の確定的な判断がなされた場合には、団体行動権が制約されるとするものである[21]。東京・中部地域労働組合（第二次街宣活動）事件・東京地判（平成25.5.23労判1077号18頁）は、憲法上の権利との関連につき次のように説示している。

「法治国家における権利実現方法として基本的な手段というべき民事訴訟において、解雇事件判決の確定により、原告会社の被告B7に対する解雇が有効であり、原告会社と被告B7との間には雇用契約関係が存在しないことが公権的に確定しているところであり、被告らが、なお原告会社に対して、解雇の撤回や再雇用について再考を求めること自体が許容され得るとしても、そのための活動の範囲・内容は、解雇事件判決の確定によって、当然に影響を受けるものといわざるを得ない。そして、解雇事件判決の確定に加え、前訴差止事件判決が確定し、平成21年仮処分事件、平成23年仮処分事件における決定がされ、原告会社による任意の解雇撤回等が期待し難い状況にあることなどからすれば、被告らが、なお本件解雇の撤回等を原告会社に求めるために前記前提事実のような街宣活動等を繰り返し行うことは、自らの要求を容れさせるべく、原告会社に対して殊更に不当な圧力をかけようとするものといわざるを得ず、憲法上、労働組合に保障された団体交渉権及び団体行動権に属する正当な行為ということはできないというべきである」[22]。

ところで、憲法28条をめぐる前述の事案は、外部組合からの組織化活動

---

[20] 東海商船（荷役）事件・東京地判（平成10.2.25労判743号49頁、東京高判平成11.6.23労判767号27頁も同旨）により、憲法28条につき「団体行動については、同条の保障の本体となる行為のうち、集団的な労務の不提供を中心的内容とする争議行為と異なり、自由権的効果に同条の保障の意義があり、そのような団体行動を受ける者の有する権利、利益を侵害することは許されないものと解するのが相当であるから、これを行う主体、目的、態様等の諸般の事情を考慮して、社会通念上相当と認められる行為に限り、その正当性を肯定すべきである。」との判示もなされている。

[21] 団交権との関連については、拙稿「不当労働行為法理の課題」季労252号（2016年）33頁。

をどう評価するかと関連する。たとえば、組織化過程の雇用関係が（まだ）ないケースについて、不当労働行為事件（たとえば、街宣活動に対し損害賠償を請求することが支配介入となるか等）として争われたらどうであろうか。街宣活動が団結権の行使の一態様であるにもかかわらず、不当労働行為法上の保護がなされないことになるのだろうか。この点においても「使用者概念の拡張」のニーズがある。

　この点、アメリカ法は、排他的交渉代表制をとっているため。交渉代表になる過程が保護されており、交渉過程も制度化されている。まさに外部からの組織化を前提とした法理といえる(23)。

　組織化は一定の関係に由来する場合と一定の関係を形成するための場合が想定される。後者のケースでは必ずしも雇用関係自体は存在しないので会社の行為を労組法7条本文にいう「使用者」の行為とみなしうるかは問題となる。関係を作る権利との関係での「使用者」をどう位置づけるべきかという点では最近の団交拒否事案における「労働者」概念と類似した論点を提起しているわけである(24)。

　特定のエリアや職種における組織化の観点からは、組織化を開始した時点で労使関係的な利害が生じる。しかし、企業別組合的な団結権把握からは、外部からの組織化と関連づけたルール設定は困難である。したがって、組織化が成功し、従業員が1人でも組合員になって始めて当該組合と使用者との間に「労使関係」が発生するとみなされるからである。

　しかし、非正規の組織化のニーズの高まりから、外部からの組織化の権利

---

(22)　同旨の判断として、X労働者組合事件・東京地判平成26.9.16労経速2226号22頁、介護ヘルパーほか事件・東京高判平成27.2.26労判1124号68頁がある。

(23)　たとえば、中窪裕也『アメリカ労働法　第2版』（弘文堂、2010年）によると、外部オルグの企業施設内での活動（52頁）やNLRBを通じる交渉代表選挙の投票資格を有する被用者の氏名・住所リストの入手（109頁）が問題となる。排他的交渉代表制の抱える問題については、拙稿「団交権『保障』の基本問題（上）」法時89巻6号（2017年）104頁。

(24)　INAXメンテナンス事件（最三小判平成23.4.12労判1026号27頁）、新国立劇場運営財団事件（最三小判平成23.4.12労判1026号6頁）、ビクターサービスエンジニアリング事件最判（最三小判平成24.2.21労判1043号5頁）。労基法・労契法上の労働者概念とは異なり、労働組合法上のそれは組織化の経緯・実態さらに「団交関係形成の可能性」も判断材料になるのではと考える。拙稿「団交関係形成の法理」労旬1687・88号（2009年）64頁。

を独自の観点から構成すべき時期ではなかろうか。そのためには、産別による組織化や合同労組運動との関連における「使用者概念の拡張」が不可避である。ここでは、企業別組合を超えた形の団結権とはなにかが問われている。労働力の流動化や自立性は強調されているが、新規の労使関係形成法理の議論はおそろしく低調である。

　なお、労組法7条ではなく憲法28条に着目すると、使用者以外の別組合員や上司個人による団結権侵害を想定することはできる[25]。新たな28条論が必要な時機でもある。

---

(25)　前掲・拙著『労働組合の変貌と労使関係法』173頁。

あとがき

　本書は、労働関係の個別化にともない労働法上どのような問題が発生しているか、それにどう対処すべきかを論じたものである。労働契約、就業規則さらにハラスメントに関する問題については活発な議論がなされ法理としての精緻さが追究されている。上司・部下の権力関係・人間関係の世界を法的な世界とした点では一定の成果といえる。また、契約の意思解釈につき労働者の真意や納得を重視する判例法理もリアルな職場認識に基づいている。

　しかし、個々人に着目したために、紛争が生じている職場というフィールドをどうみるか、適切な解決とはなにかという問題関心は希薄であった。職場全体の問題として把握するアプローチが弱く、結局は個々人の権利義務の問題とされる傾向があった。生身の人間が働く職場はどうあるべきか、同僚も含んだわれわれの問題であるという視点が欠如するようになった。職場の閉塞感は、個人の「能力」重視の労務管理だけではなく、個別化を重視する労働法理がそれを促進しているという側面もある。最近のハラスメント紛争を見聞きする度に「法律家は悪しき隣人」という昔のことわざがよみがえる思いである。

　個別化に対応する戦略として労働組合（法）の再生のアイデアがある。もっとも、労組法上の集団性については次のような基本問題があり、適切な労使関係の形成を阻害している側面がある。組合運動の低迷の原因ともいえる。

　その1は、組合結成や団交開始についての不明瞭なルールである。それらをめぐる権利については法的に保障されているが、組合の正統性を対外的に明確にするルール・制度は整備されていない。さらに組合内民主主義法理も十分に形成されていないので、組合結成や団交開始をめぐる紛争が生じやすい。組合内部的にも、対使用者との関係でも、対社会的にもそういえる。組合に対する社会的評価が高まらない理由である。

　その2は、職場全体への影響力が不十分な点である。組合の結成は至極容

易であり、企業内に複数の組合が併存することも珍しくない。企業外部のコミュニティ・ユニオンのケースでは特定企業の組合員が1人という例さえある。また、組合員資格決定について広汎な裁量を有し、かつ排他的交渉代表制が採用されていないので各組合がそれぞれ使用者と自主交渉をし、労働協約も原則的に組合員にしか適用されない（労組法16条）。さらに、使用者側の利益代表者の組合加入が禁止されている（労組法2条1号）ので、職場において全従業員を適格に代表するための法制度が形成されておらず、労働条件の統一化の要請を満足できない場合が多い。ここに就業規則による労働条件決定が利用され、従業員代表制の構想が生まれる原因がある。

労組法というより集団法の全面的な見直しが必要な状況にあり、より具体的には以下のような課題に直面していると思われる。

第1は、「労働組合」以外について労使関係の集団的決定を支える従業員代表制や就業規則法制をどう評価するか。実際にもこれらは大きな役割を果たしているが集団「法」的観点からは本格的に論じられていない。ここに組合法に特化しない集団法のアイデア、さらにその集団的性質や正統性を検討する課題がある。とりわけ多様な利害を有する従業員をどう適正・公正に代表するかが問題になる。

第2は、コミュニティ・ユニオンによる駆込み訴え事案のように実質は個別紛争とみられる事象をどう評価するか。形式的には個別化が顕著であるが、労使の「話し合い」のために、事実関係や就業規則等の関連規定の説明、さらに関連情報の開示が必要とされ、誠実交渉が要請される。組合にとって、労務管理のあり方を知る良い機会となり、恣意的な労務管理をチェックする機能をも果たすこと等から集団的性質が見られる。労働審判や裁判とは違う形態の紛争解決方法といえる。この点は強調しておきたい。

第3は、個々の労働者（組合員）の自律性をどの程度重視するかである。素朴な団結必然説に対し最近の学説は個別意思や個別責任を重視する傾向が顕著である。このような方向が団結を阻害するか強化するかは案外難問である。集団化の前提としての個々人の参加意思を問題にするアプローチは、示唆に富むものである。しかし、労働組合は意見の一致ではなく職場というフィールドにおける利害の一致に由来する集団と思われるので一定の組織強制

（つきあいユニオニズム）は許されるであろう。もっとも組合民主主義の要請は重視されるべきであるが。

　集団化の基礎となる利害の共通性をどう可視化するかこそが課題といえる。

　本書は、職場における労働条件決定過程の集団的側面を可視化して組合の新たな役割を検討したものである。この集団化は、それによって交渉力を強化することと、それによって自己主張・利益を抑制するという2つの側面がある。これまでの組合運動はある種の強固な連帯意識があったために両者をそれなりにうまく調整し得たといえる。調整し得ない場合には組合分裂で「解決」してきた。

　しかし、労働関係の個別化は、集団化の2つの側面を失わせている。交渉力強化は個人中心となり自己抑制もうまく機能しなくなっている。この集団化の2つの側面をどう調整・強化するかが組合の新たな役割であり、本書はそのためのささやかな現状分析と法的考察である。これを運動としてどう具体化するかは組合運動の課題といえる。

　なお、本書の企画や作成に当たり、日本評論社の上村真勝さんには前書『労働組合法の基礎と活用』に引き続き大変お世話になりました。また、校正につきUC法律事務所の弁護士倉茂尚寛君、北海学園大学院院生の小野寺学の両君にも援助を得ることができました。どうもありがとうございます。

　北大法学部で労働法に興味を持ち研究を始めてから半世紀になろうとしている。その間に、妻真里子をはじめ家族から多大なサポートも受けた。この本は、多様な個性をもつかわいい孫達、河口里々菜（中学1年）、萌々春（小学3年）、中嶋千皓（7歳）、和希（4歳）、秋元ベイビィ（2月出産予定）に捧げたい。日頃遊んでくれてありがとう。こらからもよろしくね。

事項索引

[あ]

意見聴取……………………………47

[か]

駆込み訴え………………91, 172, 230
過半数代表………………………43
過半数代表組合…………………44
過半数代表者……………………46
管理運営事項……………………180
企業継承…………………………178
企業風土…………………………146
規範的効力…………………121, 140
義務的交渉事項………48, 144, 179, 209
協議調整…………………………134
協約解消…………………………108
協約自治…………………………95
協約の作成………………………184
協約法理……………………55, 213
苦情処理…………………………189
組合員資格…………………208, 220
組合員擁護義務…………………137
組合活動……………………93, 175
組合加入…………………………206
組合加入資格……………………197
組合規約…………………………175
組合組織…………………………182
組合内部手続……………………131
契約内容補充効…………………74
憲法28条…………………………225
権利主張…………………………154
合意の真意性………………13, 67, 69
交渉の誠実性……………………109
公正代表義務……………………65
合同労組……………………171, 222
公平処遇……………………72, 193
個別合意…………………………81
個別人事……………………92, 179
個別紛争…………………………158
個別紛争処理……………………5

個別紛争処理制度………………xi
コミュニティ・ユニオン………171

[さ]

最低基準効………………………74
差別禁止…………………………217
資格審査…………………………186
時季変更権………………………164
指揮命令…………………………160
自己決定…………………………xi
実質的周知………………………27
従業員代表制……………………196
従業員代表制構想………………201
就業規則……………6, 17, 73, 218
就業規則の作成・変更…………42
集団化……………………………231
集団志向的行為…………………15
集団性……………………………2
集団的視点………………………87
周知…………………………27, 76, 161
使用者……………………………178
使用者概念の拡張…………188, 227
情宣活動…………………………144
職場環境…………………………169
自律性……………………………4
人事協議…………………………184
人事協議条項………………117, 136
誠実交渉…………………………180
誠実交渉義務……………………107
整理解雇…………………………153
組織化……………………………219
組織化活動………………………188

[た]

退職勧奨…………………………152
多数組合……………………20, 57
団結権……………………………187
団体行動権………………………223
重複交渉…………………………181
賃金減額…………………………70

事項索引 233

同意条項 …………………………………123
同一労働同一賃金 ………………………196

[な]

二重組合所属 ………………………175, 220
人間関係紛争 ……………………………168
年休 ………………………………………164
能力主義 ……………………………………x

[は]

パートタイム労働法 ……………………192
パート・有期雇用労働法 ………………192
排他的交渉代表制（度）………………45, 188
働き方改革 ………………………………214
働き方改革の関連法 ……………………191
ハラスメント ……………………………166
非正規雇用 ………………………………198
非正規労働者 ………………………191, 215
秘密条項 ……………………………………8
複合的差別 …………………………………1
不利益変更 …………………………18, 31, 76
不利益変更効 ……………………………75
ポストノーティス ………………………94

[ま]

メンタルヘルス …………………………168

[や]

ユニオン・ショップ ………………208, 221

[ら]

利益代表者 ………………………………173
労使慣行 ……………………………11, 72, 144
労使交渉 ……………………………104, 194
労使コミュニケーション ………………119
労使自治 ……………………………112, 159
労組法第17条 …………………………212
労働関係の個別化 …………………………x
労働協約 …………………………………184
労働組合の定義 …………………………173
労働契約 ……………………………………5
労働契約書 ………………………………12
労働契約法 …………………………67, 83
労働時間 …………………………………159
労働時間概念 ……………………………160
労働時間管理義務 ………………………163
労働者 ……………………………………174
労働条件の一方的決定 …………………115
労働相談 ……………………………176, 222

[わ]

ワークルール教育 ………………………xiii

判例索引

[最高裁判所]

最大判昭和 27.10.22 民集 6 巻 9 号 857 頁(朝日新聞小倉支店事件)……………27
最一小判昭和 29.1.21 民集 8 巻 1 号 123 頁(池貝鉄工事件)………………………126
最大判昭和 43.12.25 民集 22 巻 13 号 3459 頁(秋北バス事件)……………17, 42, 77
最二小判昭和 48.1.19 判時 695 号 107 頁(シンガーソーイングメシーン事件)………67
最二小判昭和 50.4.25 民集 29 巻 4 号 456 頁(日本食塩製造事件)………138, 209, 221
最一小判昭和 51.6.3 判時 817 号 39 頁(都城郵便局事件)…………………………144
最三小判昭和 52.12.13 労判 287 号 7 頁(富士重工事件)……………………91, 134
最一小判昭和 55.7.10 労判 345 号 20 頁(下関商業高校事件)………………………67
最一小判昭和 57.3.18 労判 381 号 20 頁(電電公社此花電報電話局事件)…………164
最二小判昭和 58.11.25 判時 1101 号 114 頁(タケダシステム事件)…………………18
最一小判昭和 59.10.18 労判 458 号 4 頁(日野自動車事件)………………………212
最三小判昭和 61.7.15 労判 484 号 21 頁(日本鋼管鶴見造船所事件)………92, 180, 181
最二小判昭和 62.7.10 労判 499 号 19 頁(弘前電報電話局事件)……………………164
最三小判昭和 63.2.16 労判 512 号 7 頁(大曲農協事件)……………………………114
最一小判昭和 63.9.8 労判 530 号 13 頁(京セラ事件)………………………………93
最一小判平成 1.1.19 労判 533 号 7 頁(日本チバガイギー事件)……………………144
最三小判平成 1.7.4 労判 543 号 7 頁(電電公社関東電気通信局事件)………………164
最一小判平成 1.9.7 労判 546 号 6 頁(香港上海銀行事件)…………………………109
最二小判平成 1.12.11 労判 552 号 10 頁(済生会中央病院事件)……………………45
最一小判平成 1.12.14 労判 553 号 16 頁(日本シェーリング事件)…………………165
最二小判平成 2.11.26 労判 584 号 6 頁(日新製鋼事件)……………………………67
最三小判平成 3.4.23 労判 589 号 6 頁(国鉄事件)…………………………………144
最三小判平成 4.2.18 労判 609 号 12 頁(エス・ウント・エー事件)…………………165
最二小判平成 4.7.13 労判 630 号 6 頁(第一小型ハイヤー事件)……………20, 49, 75
最三小判平成 4.12.15 労判 624 号 9 頁(奈良学園事件)…………………………92, 180
最一小判平成 5.3.25 労判 650 号 6 頁(エッソ石油事件)…………………………xii, 4
最二小判平成 5.6.25 労判 636 号 11 頁(沼津交通事件)………………………46, 165
最二小判平成 6.1.31 労判 648 号 12 頁(朝日火災海上保険事件)……………………78
最三小判平成 7.2.28 労判 668 号 11 頁(朝日放送事件)……………………………178
最二小判平成 7.3.9 労判 679 号 30 頁(商大八戸ノ里ドライビングスクール事件)………11
最三小判平成 7.9.5 労判 680 号 28 頁(関西電力事件)………………………………7
最二小判平成 7.9.8 労判 679 号 11 頁(オリエンタルモーター事件)…………………44
最三小判平成 8.3.26 労経速 1591 号 3 頁(朝日火災海上保険事件)…………………38
最二小判平成 9.2.28 労判 710 号 12 頁(第四銀行事件)……………17, 20, 49, 75, 114, 143
最三小判平成 9.7.15 労判 737 号 79 頁(社会福祉法人陽気会事件)………………107
最三小判平成 11.4.27 労判 761 号 15 頁(駸々堂事件)……………………………12
最一小判平成 12.3.9 判時 1709 号 122 頁(三菱重工業〈会社上告〉事件)…………159
最三小判平成 12.7.26 労判 789 号 6 頁(中根製作所事件)…………………………138

最一小判平成 12.9.7 判時 1733 号 17 頁（みちのく銀行事件）……………………21, 50
最三小判平成 12.9.12 労判 788 号 23 頁（羽後銀行（北都銀行）事件）………………21, 50
最二小判平成 12.9.22 労判 788 号 17 頁（函館信用金庫事件）…………………………21, 50
最三小判平成 12.11.28 労判 797 号 12 頁（中根製作所事件）………………………………131
最三小判平成 13.3.13 労判 805 号 23 頁（都南自動車教習所事件）…………………………58
最二小判平成 13.6.22 労判 808 号 11 頁（トーコロ事件）……………………………………43
最一小判平成 14.2.28 労判 822 号 5 頁（大星ビル管理事件）……………………………159, 160
最一小判平成 15.10.10 労判 861 号 5 頁（フジ興産事件）………………………………31, 162
最一小判平成 15.12.18 労判 866 号 14 頁（北海道国際航空事件）…………………………67
最小決平成 16.2.10 労経速 1861 号 14 頁（三信自動車事件）………………………………190
最一小決平成 17.10.20 労判 901 号 90 頁（NTT 西日本事件）……………………………30, 113
最小決平成 18.3.28 労経速 1943 号 10 頁（旭ダイヤモンド工業事件）……………………223
最二小判平成 19.2.2 判時 933 号 5 頁（東芝労働組合小向支部事件）……………………4, 175
最二小判平成 19.10.19 労判 946 号 31 頁（大林ファシリティーズ事件）……………………159
最一小決平成 20.3.27 労判 959 号 186 頁（根岸病院事件）………………………………210, 221
最二小決平成 20.3.28 労経速 2000 号 22 頁（ノイズ研究所事件）………………………40, 115
最二小判平成 22.7.12 労判 1010 号 5 頁（日本 IBM 事件）…………………………………71
最三小判平成 23.4.12 労判 1026 号 6 頁（新国立劇場運営財団事件）……………………174, 226
最三小判平成 23.4.12 労判 1026 号 27 頁（INAX メンテナンス事件）……………………174, 226
最一小決平成 23.11.10 別冊中労時 1418 号 46 頁（住友ゴム工業事件）……………………92, 177
最一小判平成 24.2.21 労判 1043 号 5 頁（ビクターサービスエンジニアリング事件）
　………………………………………………………………………………………………174, 226
最一小判平成 24.2.23 労経速 2142 号 3 頁（JR 東日本事件）………………………………12, 72
最一小判平成 24.3.8 労判 1060 号 5 頁（タックジャパン事件）……………………………13
最一小決平成 25.12.19 労判 1102 号 5 頁（茨城大学事件）…………………………………168
最二小判平成 26.1.24 労判 1088 号 5 頁（阪急トラベルサービス（第 2）事件）……………161
最一小判平成 26.10.23 労判 1100 号 5 頁（広島中央保健生協事件）………………5, 13, 36, 117
最二小判平成 28.2.19 労判 1136 号 6 頁（山梨県民信用組合事件）
　………………………………………………………xii, 5, 25, 36, 61, 65, 69, 81, 106, 117, 135, 143
最三小判平成 29.2.28 労判 1152 号 5 頁（国際自動車事件）…………………………………159
最三小決平成 29.8.22 判例集未登載（フジビグループ分会組合員ら（富士美術印刷）事
　件）……………………………………………………………………………………………………4
最小決平成 29.9.12 労経速 2331 号 17 頁（JR 東海事件）…………………………………144
最一小判平成 30.2.15 労判 1181 号 5 頁（イビケン事件）…………………………………142
最二小判平成 30.6.1 労判 1179 号 20 頁（ハマキョウレックス事件）………………………192
最二小判平成 30.6.1 労判 1179 号 34 頁（長澤運輸事件）……………………………143, 192

[高等裁判所]

大阪高判昭和 38.4.26 労民集 14 巻 2 号 651 頁（阪神電気鉄道（仮処分異議）事件）……132
東京高判昭和 49.4.26 労民集 25 巻 1・2 号 183 頁（富士重工事件）…………………91, 134
東京高判昭和 56.7.16 労判 458 号 15 頁（日野自動車事件）………………………………212
東京高判昭和 57.10.7 労判 406 号 69 頁（日本鋼管鶴見造船所事件）………………………92
東京高判昭和 60.12.24 労判 467 号 96 頁（日本チバガイキー事件）………………………144

東京高判昭和 61.5.29 労民集 37 巻 2・3 号 257 頁（洋書センター事件）……………128
東京高判昭和 61.11.13 労判 487 号 66 頁（京セラ事件）………………………………93
名古屋高判平成 2.5.31 労判 580 号 53 頁（ナトコペイント事件）……………………123
東京高判平成 2.11.21 労判 583 号 27 頁（オリエンタルモーター事件）………………44
東京高判平成 2.12.26 労判 583 号 25 頁（駿河銀行事件）………………………………107
大阪高判平成 3.1.16 労判 581 号 36 頁（龍神タクシー（異議）事件）……………11, 72
東京高判平成 3.6.19 労判 594 号 99 頁（医療法人社団亮正会事件）…………………183
大阪高判平成 3.11.29 労判 603 号 26 頁（奈良学園事件）………………………………92
東京高判平成 5.3.31 労判 629 号 19 頁（千代田化工建設事件）………………………155
大阪高判平成 5.6.25 労判 679 号 32 頁（商大八戸ノ里ドライビングスクール事件）………11
福岡高判平成 6.3.24 労民集 45 巻 1・2 号 123 頁（三菱重工業事件）………………164
大阪高判平成 7.5.26 労民集 46 巻 3 号 956 頁（国鉄清算事業団救済命令取消事件）………181
名古屋高判平成 7.8.23 労判 689 号 68 頁（よみうり事件）……………………125, 185
大阪高判平成 9.2.21 労判 737 号 81 頁（社会福祉法人陽気会事件）…………………107
仙台高秋田支判平成 9.5.28 労判 716 号 21 頁（羽後銀行（北都銀行）事件）………54
札幌高判平成 9.9.4 労判 722 号 35 頁（函館信金事件）…………………………………52
東京高判平成 9.11.17 労民集 48 巻 5・6 号 633 頁（トーコロ事件）…………………43
大阪高判平成 10.7.22 労判 748 号 98 頁（駸々堂事件）…………………………………12
東京高判平成 11.6.23 労判 767 号 27 頁（東海商船（荷役）事件）……………………225
大阪高判平成 12.6.30 労判 792 号 103 頁（日本コンベンションサービス事件）………31, 34
東京高判平成 12.12.27 労判 809 号 82 頁（更生会社三井埠頭事件）……………………69
大阪高判平成 13.8.30 労判 816 号 23 頁（ハクスイテック事件）……………39, 40, 115
東京高判平成 14.11.26 労旬 1548 号 32 頁（日本ヒルトン事件）………………………151
福岡高判平成 15.1.16 労判 855 号 93 頁（那覇市学校臨時調理員事件）………………193
仙台高決平成 15.1.31 労判 844 号 5 頁（秋保温泉タクシー事件）……………………190
東京高判平成 15.4.24 労判 851 号 48 頁（キョーイクソフト事件）……………………111
東京高判平成 15.9.11 労判 864 号 73 頁（三信自動車事件）……………………………190
東京高判平成 16.1.14 労判 875 号 78 頁（パワーテクノロジー事件）…………………151
大阪高判平成 16.5.19 労判 877 号 41 頁（NTT 西日本事件）……………30, 37, 40, 76, 113
東京高判平成 17.6.29 労判 927 号 67 頁（東京・中部地域労働者組合（街宣活動）事件）
…………………………………………………………………………………………93, 223
大阪高判平成 18.2.17 労判 922 号 68 頁（熊谷組事件）…………………………………13
東京高判平成 18.6.22 労判 920 号 5 頁（ノイズ研究所事件）……………………40, 115
大阪高判平成 19.1.19 労判 937 号 135 頁（クリスタル観光バス事件）…………………32
札幌高判平成 19.1.19 労判 937 号 156 頁（空知土地改良区事件）……………………39
東京高判平成 19.7.31 労判 946 号 58 頁（根岸病院事件）…………………92, 209, 221
東京高判平成 19.10.30 労判 964 号 72 頁（中部カラー事件）………………30, 37, 76
東京高判平成 20.2.13 労判 956 号 85 頁（日刊工業新聞社事件）………………………53
東京高判平成 20.3.25 労判 959 号 61 頁（東武スポーツ事件）……………………37, 111
東京高判平成 20.3.27 労判 959 号 18 頁（ノース・ウエスト航空事件）……121, 124, 140
東京高判平成 20.4.23 労判 960 号 25 頁（中央建設国民健康保険組合事件）…………65
東京高判平成 20.6.26 労判 978 号 93 頁（インフォーマテ事件）………………………34
東京高判平成 21.7.15 別冊中労時 1388 号 56 頁（広島県教育委員会事件）……………180

大阪高判平成 21.7.16 労判 1001 号 77 頁（京都女性協会事件）……………………193
東京高判平成 21.8.19 労判 1001 号 94 頁（医療法人光仁会事件）…………………180
大阪高判平成 21.12.16 労判 997 号 14 頁（日本通運事件）……………………………30
大阪高判平成 21.12.22 労判 994 号 81 頁（住友ゴム工業事件）………………92, 177, 179
大阪高判平成 22.3.18 労判 1015 号 83 頁（協愛事件）……………………………24, 79
東京高判平成 22.10.19 労判 1014 号 5 頁（社会福祉法人賛育会事件）………40, 53, 76, 112
仙台高秋田支判平成 23.7.27 労経速 2123 号 3 頁（秋田港湾事件）…………………71
福岡高判平成 23.9.27 労経速 2127 号 3 頁（大分県商工会連合会事件）……………112
東京高判平成 24.3.7 労判 1048 号 6 頁（阪急トラベル（第 2）事件）………………161
東京高判平成 24.3.14 労判 1057 号 114 頁（エクソンモービル事件）………………141
大阪高判平成 24.4.6 労判 1055 号 28 頁（日能研関西ほか事件）……………………165
東京高判平成 24.7.31LEX/DB25482313（ゼンショー事件）…………………………183
札幌高判平成 24.10.19 労判 1064 号 37 頁（ザ・ウインザー・ホテルズインターナショナル事件）……………………………………………………………………………68
東京高判平成 24.12.26 労経速 2171 号 3 頁（三晃印刷事件）………………………116
東京高判平成 25.4.25 労経速 2177 号 16 頁（淀川海運事件）…………………154, 157
大阪高判平成 25.4.25 労判 1076 号 19 頁（新和産業事件）…………………………152
東京高判平成 25.10.10 労判 1111 号 53 頁（とうかつ中央農協事件）………………14
広島高判平成 25.12.24 労判 1089 号 17 頁（近畿機械工業事件）……………………158
東京高判平成 26.2.26 労判 1098 号 46 頁（シオン学園事件）…………………………60
東京高判平成 27.2.26 労判 1124 号 68 頁（介護ヘルパーほか事件）………………226
東京高判平成 27.8.26 労判 1122 号 5 頁（神奈川 SR 経営センターほか事件）………8
大阪高判平成 27.9.29 労判 1126 号 18 頁（ANA 大阪空港事件）……………………34
東京高判平成 27.10.28 労経速 2268 号 3 頁（T 大学事件）………………………31, 60
大阪高判平成 27.12.16LEX/DB25541920（大阪市事件）………………………………45
東京高判平成 27.12.28 労判 1137 号 42 頁（富士運輸事件）…………………………32
大阪高判平成 28.3.25LEX/DB25542305（大阪市別事件）……………………………45
東京高判平成 28.7.4 労判 1149 号 16 頁（フジビグループ分会組合員ら（富士美術印刷）事件）……………………………………………………………………………4, 224
名古屋高判平成 28.7.20 労判 1157 号 63 頁（イビケン事件）………………………142
大阪高判平成 28.7.26 労判 1143 号 5 頁（ハマキョウレックス事件）………………192
福岡高判平成 28.10.14 労判 1155 号 37 頁（広告代理店 A 社元従業員事件）………158
東京高判平成 28.11.2 労判 1144 号 16 頁（長澤運輸事件）……………………192, 193
東京高判平成 28.11.24 労判 1153 号 5 頁（山梨県民信用組合事件）……25, 65, 69, 81, 143
東京高判平成 29.3.9 労判 1173 号 71 頁（JR 東海事件）……………………………144
大阪高判平成 29.4.20 労経速 2328 号 3 頁（学校法人早稲田大阪学園事件）………113
広島高判平成 29.7.14 労判 1170 号 5 頁（A 不動産事件）……………………………33
東京高判平成 29.10.18 労判 1179 号 47 頁（A 社長野販売ほか事件）………………170
福岡高判平成 29.11.10LEX/DB25548214（国立大学法人佐賀大学事件）……………30
東京高判平成 30.2.15 労判 1173 号 34 頁（国際自動車事件）………………………159
大阪高判平成 30.2.27 労経速 2349 号 9 頁（紀北川上農協事件）……………………51
福岡高判平成 30.5.24 労経速 2352 号 3 頁（日本郵便（佐賀）事件）………………192

[地方裁判所]

東京地判昭和 31.5.9 労民集 7 巻 3 号 462 頁（東邦亜鉛事件）……………………………208
大阪地判昭和 35.5.10 労民集 11 巻 3 号 455 頁（阪神電気鉄道（仮処分異議）事件）……131
東京地判昭和 43.8.31 労民集 19 巻 4 号 1111 頁（日本電気事件）…………………………137
横浜地決昭和 51.4.9 判時 824 号 120 頁（昭光化学工業（仮処分）事件）…………………127
山口地下関支判昭和 52.2.28 判時 872 号 118 頁（ニチモウ事件）…………………………137
東京地判昭和 53.6.30 労民集 29 巻 3 号 432 頁（日本育英会事件）…………………………179
大阪地判昭和 53.12.1 労判 310 号 52 頁（旭東電気（仮処分異議）事件）……………132, 140
横浜地判昭和 55.3.28 労経速 1046 号 3 頁（昭光化学工業（仮処分異議審）事件）………127
東京地判昭和 55.5.7 労判 341 号 23 頁（東京税関労組事件）……………………………175, 220
大阪地決昭和 58.1.24 労判 403 号 52 頁（三和電器製作所事件）………………130, 133, 140
大阪地決昭和 58.7.22 労判 414 号 59 頁（イサヲ製作所事件）……………………………122
名古屋地判昭和 58.8.31 労判 422 号 25 頁（東海カーボン事件）………………………132, 140
福岡地判昭和 59.2.29 労判 428 号 17 頁（五十川タクシー事件）……………………………45
東京地判昭和 60.4.25 労判 452 号 27 頁（日本チバガイギー事件）…………………………144
東京地判昭和 60.5.27 労判 454 号 10 頁（関西汽船事件）……………………………………181
新潟地高田支判昭和 61.10.31 労判 485 号 43 頁（日本ステンレス・日ス梱包事件）……131
大阪地判昭和 62.11.30 労判 508 号 28 頁（四條畷カントリー倶楽部事件）………………179
大阪地判昭和 62.12.3 労判 508 号 17 頁（堺市・堺市教委事件）…………………………180
新潟地判昭和 63.6.6 労判 519 号 41 頁（第四銀行事件）………………………………………50
名古屋地判昭和 63.7.15 労判 525 号 41 頁（ナトコペイント事件）…………………123, 138
東京地判昭和 63.12.22 労判 532 号 7 頁（三菱電機鎌倉製作所事件）…………178, 180, 181
大阪地判平成 1.6.29 労判 544 号 44 頁（大阪フィルハーモニー交響楽団事件）…………123
横浜地判平成 1.9.26 労判 557 号 73 頁（全ダイエー労組事件）…………………………207, 220
静岡地判平成 2.3.23 労判 567 号 47 頁（ネッスル静岡出張所事件）………………………125
東京地判平成 2.5.30 労判 563 号 6 頁（駿河銀行事件）……………………………………107
大阪地決平成 2.8.31 労判 570 号 52 頁（大阪築港運輸事件）……………………126, 129, 186
大阪地決平成 2.10.1 労判 572 号 68 頁（日本タクシー事件）……………………………126, 129
仙台地判平成 2.10.15 労民集 41 巻 5 号 846 頁（日魯造船事件）……………………………55
東京地判平成 2.10.29 労判 572 号 29 頁（日本書籍出版協会事件）……………………59, 109
東京地判平成 2.11.8 労判 574 号 14 頁（医療法人社団亮正会事件）………………………183
東京地判平成 2.12.21 労判 581 号 45 頁（神戸製鋼所ほか事件）………………………134, 186
大阪地判平成 3.8.29 労判 595 号 37 頁（エッソ石油事件）…………………………………125
千葉地判平成 4.3.25 労判 617 号 57 頁（千種運送店事件）……………………………14, 149
大阪地決平成 4.3.27 労判 611 号 70 頁（総評全国一般大阪地連全自動車教習所労組事件）
　………………………………………………………………………………………………………220
大阪地判平成 6.1.24 労民集 45 巻 1・2 号 1 頁（国鉄清算事業団救済命令取消事件）……181
名古屋地判平成 6.2.25 労判 659 号 68 頁（東春運輸事件）…………………………………220
旭川地決平成 6.5.10 労判 675 号 72 頁（損害保険リサーチ事件）……………………………67
大阪地決平成 6.8.5 労判 668 号 48 頁（新関西通信システムズ事件）……………………155
大阪地判平成 6.8.10 労判 658 号 56 頁（JR東海事件）……………………………………126
東京地判平成 6.10.25 労判 662 号 43 頁（トーコロ事件）…………………………………149

岡山地判平成 6.11.30 労判 671 号 67 頁（内山工業事件）…………………………125
東京地判平成 7.3.7 労判 679 号 78 頁（三協事件）……………………………………51
長野地判平成 7.3.23 労判 678 号 56 頁（川中島バス事件）…………………………129
札幌地室蘭支判平成 7.3.27 労判 671 号 29 頁（伊達信用金庫事件）………………51
大阪地堺支部判平成 7.7.12 労判 682 号 64 頁（大阪府精神薄弱者コロニー事業団事件）…39
東京地判平成 7.7.20 労判 682 号 51 頁（東北測量事件）……………………………49
東京地判平成 7.10.4 労判 680 号 34 頁（大輝交通事件）……………………………53
大阪地決平成 7.12.21 労判 688 号 27 頁（インチケープ・マーケティング・ジャパン事件）………………………………………………………………………………125, 126
東京地判平成 7.12.25 労判 689 号 31 頁（三和機材事件）…………………………155
長野地上田支判平成 8.3.15 労判 690 号 32 頁（丸子警報機事件）…………………193
東京地判平成 8.3.28 労判 694 号 43 頁（エスエムシー事件）………………………173
神戸地判平成 8.5.31 労判 704 号 118 頁（社会福祉法人陽気会事件）……………107
横浜地判平成 8.7.18 労判 714 号 71 頁（大野シャーリング事件）…………………33
東京地決平成 8.7.31 労民集 47 巻 4 号 342 頁（ロイヤル・インシュアランス・パブリック・リミテッド・カンパニー事件）……………………………………………121
東京地判平成 8.8.20 労経速 1613 号 3 頁（神田法人会事件）………………………33
大阪地判平成 8.9.30 労判 708 号 67 頁（大藤生コン三田事件）……………………180
大阪地判平成 9.1.27 労判 711 号 23 頁（株式会社銀装事件）…………………90, 125
大阪地判平成 9.2.24 労判 721 号 65 頁（朝日自動車労働組合事件）………………140
大分地決平成 9.3.19 労経速 1639 号 5 頁（大分鉱業事件）……………………126, 129
釧路地帯広支判平成 9.3.24 労判 731 号 75 頁（北海道厚生農協連合会（帯広厚生病院）事件）………………………………………………………………………………127
東京地判平成 9.3.25 労判 718 号 44 頁（野本商店事件）………………………23, 78
東京地判平成 9.4.25 労判 731 号 85 頁（東京都人事委員会（大森高校）事件）…166
東京地判平成 9.6.12 労判 720 号 31 頁（安田生命保険事件）……………59, 107, 127
東京地決平成 9.9.11 労判 739 号 145 頁（土田株式会社事件）……………………125
東京地判平成 10.2.25 労判 743 号 49 頁（東海商船（荷役）事件）………………225
名古屋地金沢支判平成 10.3.16 労判 738 号 32 頁（西日本 JR バス事件）…………165
神戸地決平成 10.4.28 労判 743 号 30 頁（兵庫県プロパンガス保安協会事件）…91, 124
大阪地判平成 10.9.30 労判 748 号 80 頁（全日本空輸事件）………………………165
東京地判平成 10.10.5 労判 758 号 82 頁（東京油槽事件）………………………23, 78
大阪地判平成 10.10.23 労判 755 号 85 頁（フジ井株式会社事件）…………………39
大阪地判平成 10.10.30 労判 750 号 29 頁（丸一商店事件）…………………………151
大阪地決平成 11.2.5 労経速 1708 号 9 頁（新光美術事件）……………………176, 223
東京地判平成 11.12.17 労判 778 号 28 頁（日本交通事業社事件）……………55, 111
大阪地判平成 12.1.21 労判 780 号 37 頁（峰運輸事件）……………………………125
東京地判平成 12.2.14 労判 780 号 9 頁（須賀工業事件）……………………………27
大阪地判平成 12.2.28 労判 781 号 43 頁（ハクスイテック事件）…………………40, 115
徳島地判平成 12.3.24 労判 784 号 30 頁（徳島南海タクシー事件）…………………54
東京地判平成 13.2.27 労判 809 号 74 頁（テーダブルジュー事件）…………………33
東京地判平成 13.3.15 労判 818 号 55 頁（東京国際学園事件）………………………90
東京地判平成 13.5.28 労経速 1774 号 19 頁（東日本鉄道産業労働組合事件）……220

東京地判平成 13.7.6 労判 814 号 53 頁（ティアール建材・エルゴテック事件）……………178
大阪地決平成 13.12.26 労判 826 号 92 頁（大阪国際観光バス事件）……………………………59
東京地決平成 14.1.15 労判 819 号 81 頁（エム・ディー・エス（異議申立）事件）………121
宇都宮地判平成 14.1.17 労判 823 号 84 頁（全国農業協同組合連合会事件）………………134
東京地判平成 14.3.11 労判 825 号 13 頁（日本ヒルトン事件）…………………………………152
大阪地判平成 14.3.25 労経速 1812 号 3 頁（協和精工事件）……………………………………27
東京地八王子支判平成 14.6.17 労判 831 号 5 頁（キョーイクソフト事件）……………11, 53
大阪地岸和田支決平成 14.9.13 労判 837 号 19 頁（佐野第一交通事件）……………19, 56, 74
神戸地判平成 14.10.25 労判 843 号 39 頁（明石運輸事件）……………………………………19, 56
名古屋地決平成 15.2.5 労判 848 号 43 頁（日本オリーブ事件）………………………………151
東京地判平成 15.5.7 労経速 1852 号 3 頁（全国信用不動産事件）……………………………39
東京地判平成 15.5.27 労判 859 号 51 頁（芝浦工業大学事件）………………………………39
水戸地下妻支決平成 15.6.16 労判 855 号 70 頁（東京金属ほか事件）………90, 121, 122, 185
東京地判平成 15.7.7 労判 862 号 3 頁（カテリーナビルディング事件）……………………150
東京地判平成 15.7.25 労判 862 号 58 頁（パワーテクノロジー事件）………………………151
東京地判平成 15.10.29 労判 866 号 40 頁（日本航空事件）……………………………………106
東京地判平成 15.11.28 労経速 1860 号 25 頁（レキオス航空事件）……………………………31
東京地判平成 15.12.12 労判 869 号 35 頁（イセキ開発工機事件）…………………………23, 78
東京地判平成 16.3.4 労判 874 号 89 頁（鴻池運輸事件）……………………………175, 182, 221
京都地判平成 16.7.8 労判 884 号 79 頁（塚腰運送（人事異動）事件）………………90, 125, 185
鹿児島地判平成 16.10.21 労判 884 号 340 頁（牛根漁協協同組合事件）……………………106
津地判平成 16.10.28 労判 883 号 5 頁（第三銀行事件）……………………………………20, 51
鹿児島地判平成 17.1.25 労判 891 号 62 頁（宝林福祉会事件）………………………………155
大阪地判平成 17.3.17 労判 893 号 47 頁（大阪労働局事件）…………………………………162
青森地判平成 17.3.25 労判 894 号 66 頁（みちのく銀行（2 次、3 次訴訟）事件）………38, 50
東京地判平成 17.4.22 労経速 1903 号 34 頁（イーシップ事件）………………………………69
京都地判平成 17.7.27 労判 900 号 13 頁（洛陽総合学院事件）……………………………30, 43
大阪地判平成 17.9.21 労判 905 号 36 頁（日本郵便逓送事件）………………………………65
東京地判平成 18.1.13 判タ 1219 号 259 頁（学校法人 N 大学事件）……………………………11
東京地判平成 18.1.25 労判 912 号 63 頁（日音事件）……………………………………………35
函館地判平成 18.3.2 労経速 1932 号 14 頁（八雲会事件）………………………………………52
東京地判平成 18.3.29 労判 919 号 42 頁（クリスタル観光バス事件）…………………………39
札幌地滝川支部判平成 18.3.29 労判 937 号 165 頁（空知土地改良区事件）…………………39
東京地決平成 18.5.17 労判 916 号 12 頁（丸林運輸事件）………………………………………32
京都地判平成 18.5.19 労判 920 号 57 頁（ドワンゴ事件）……………………………………162
東京地判平成 18.5.29 労判 924 号 82 頁（日本郵政公社事件）…………………………………39
東京地判平成 18.10.6 労判 934 号 69 頁（日本システム開発研究所事件）……………………71
大阪地判平成 18.10.26 労判 932 号 39 頁（ジョナサンほか事件）……………………………67
東京地判平成 18.12.18 判時 1968 号 168 頁（根岸病院事件）………………………209, 221
東京地判平成 19.1.25 労判 912 号 63 頁（日音事件）……………………………………………32
東京地判平成 19.2.14 労判 938 号 39 頁（住友重機械工業事件）……………………………20, 51
東京地判平成 19.2.22 労判 944 号 72 頁（日産プリンス千葉販売事件）……………………220
大阪地判平成 19.4.19 労判 948 号 50 頁（中谷倉庫事件）………………………………………51

東京地判平成 19.8.27 労判 954 号 78 頁（AIG エジソン生命労組事件）……………65, 140
東京地判平成 19.10.5 労判 950 号 19 頁（中央建設国民健康保険組合事件）……………65
東京地判平成 19.11.26 労判 956 号 89 頁（岡部製作所事件）……………30, 32, 37
東京地判平成 20.1.25 労判 961 号 56 頁（日本構造技術事件）……………69, 70
大阪地判平成 20.3.6 労判 968 号 105 頁（住之江 A 病院事件）……………166
東京地判平成 20.3.10 労経速 2000 号 26 頁（マガジンハウス事件）……………91, 126, 129, 185
千葉地判平成 20.5.21 労判 967 号 19 頁（学校法人実務学園ほか事件）……………30, 40
大阪地判平成 20.9.26 労判 974 号 52 頁（日本通運事件）……………30, 51
東京地判平成 20.10.8 労判 973 号 12 頁（オンセンド事件）……………181, 189
さいたま地川越支判平成 20.10.23 労判 972 号 5 頁（初雁交通事件）……………20, 51
東京地判平成 20.12.19 労経速 2032 号 3 頁（野村総合研究所事件）……………39, 51
東京地判平成 21.2.18 労判 981 号 38 頁（医療法人光仁会事件）……………92, 180
東京地判平成 21.3.16 労判 988 号 66 頁（淀川海運事件）……………65, 154
大阪地判平成 21.3.19 労判 989 号 80 頁（協愛事件）……………23, 79
東京地判平成 21.3.27 労判 986 号 68 頁（大洋自動車事件）……………71
東京地判平成 21.4.13 労判 986 号 52 頁（日本メールオーダー事件）……………71, 140
大阪地判平成 21.6.12 労判 988 号 28 頁（シン・コーポレーション事件）……………32
福岡地判平成 21.6.18 労判 996 号 68 頁（学校法人純真学園事件）……………30
東京地判平成 21.10.28 労判 997 号 55 頁（キャンシステム事件）……………32, 76
大阪地判平成 22.2.3 労判 1014 号 47 頁（大阪京阪タクシー事件）……………20, 38, 52, 75
東京地判平成 22.2.22 別冊中労時 1394 号 43 頁（東急バス事件）……………144
大阪地判平成 22.2.26 労経速 2072 号 26 頁（N 社ほか事件）……………93, 134, 186
長野地判平成 22.3.26 労判 1014 号 13 頁（社会福祉法人賛育会事件）……………40, 53, 112
札幌地判平成 22.6.3 労判 1012 号 43 頁（ウップスほか事件）……………14, 150
大阪地判平成 22.6.18 労判 1011 号 88 頁（乙山産業事件）……………90, 124
東京地判平成 22.6.25 労判 1016 号 46 頁（芝電化事件）……………31
大阪地判平成 22.7.15 労判 1014 号 35 頁（医療法人大生会事件）……………163
大阪地判平成 22.9.24 労判 1018 号 87 頁（石原産業事件）……………90, 124
東京地判平成 22.9.30 労経速 2088 号 3 頁（日本工業新聞社事件）……………182
東京地判平成 22.11.10 労判 1019 号 13 頁（メッセ事件）……………33, 76
札幌地決平成 22.12.14 労旬 1739 号 75 頁（三和交通清田事件）……………30
東京地判平成 23.3.30 労経速 2110 号 3 頁（富士ゼロックス事件）……………67
東京地判平成 23.4.28 労判 1037 号 86 頁（医療法人共生会事件）……………69
東京地判平成 23.5.17 労判 1033 号 42 頁（技術翻訳事件）……………67
札幌地判平成 23.5.20 労判 1031 号 81 頁（ザ・ウインザー・ホテルズインターナショナル事件）……………68
東京地判平成 23.5.30 労判 1033 号 5 頁（エコスタッフ（エムズワーカース）事件）
……………71, 90, 121, 141
横浜地判平成 23.7.26 労経速 2121 号 13 頁（学校法人甲学園事件）……………76
東京地判平成 23.9.6 労経速 2177 号 22 頁（淀川海運事件）……………154
大阪地判平成 23.9.21 労判 1039 号 52 頁（連帯ユニオン関西地区生コン支部事件）……………223
神戸地判平成 23.10.6 労判 1055 号 43 頁（日能研関西ほか事件）……………165
横浜地判平成 23.10.20 労経速 2127 号 11 頁（房南産業事件）……………32, 76

東京地判平成 23.10.28 労経速 2129 号 18 頁（コムテック事件）……………………153
福岡地小倉支判平成 23.11.8 労判 1035 号 161 頁（日本労組総連合会福岡県連合会ほか
　事件）……………………………………………………………………………………223
東京地判平成 23.11.11 労判 1061 号 94 頁（朝日自動車事件）………………………65
東京地判平成 24.1.27 労判 1047 号 5 頁（学校法人尚美学園事件）…………………168
東京地判平成 24.2.27 労判 1048 号 72 頁（NEXX 事件）………………………………69
東京地判平成 24.2.29 労判 1048 号 45 頁（日本通信事件）……………………………155
大阪地判平成 24.3.9 労判 1052 号 70 頁（日本機電事件）………………………30, 43, 83
京都地判平成 24.3.29 労判 1053 号 38 頁（学校法人立命館事件）………………11, 72
東京地判平成 24.5.16 労経速 2149 号 3 頁（ニチアス事件）……………………………91
大阪地決平成 24.9.12 労経速 2161 号 3 頁（ミトミ建材センターほか事件）…………223
神戸地姫路支判平成 24.10.29 労判 1066 号 28 頁（兵庫県商工会連合会事件）………152
大阪地判平成 24.11.29 労判 1067 号 90 頁（新和産業事件）……………………………152
長野地判平成 24.12.21 労判 1071 号 26 頁（アールエフ事件）…………………………150
東京地判平成 25.1.11 労経速 2179 号 7 頁（東和エンジニアリング事件）………14, 148
東京地判平成 25.1.17LEX/DB25500219（日月東交通事件）………………………………32
東京地判平成 25.1.17 労判 1070 号 104 頁（音楽之友社事件）………………39, 59, 109
東京地判平成 25.1.22 労経速 2179 号 7 頁（東和エンジニアリング事件）……………223
東京地判平成 25.2.6 労判 1073 号 65 頁（教育社労働組合事件）………………206, 224
東京地判平成 25.2.26 労経速 2185 号 14 頁（X 銀行事件）……………………………112
東京地判平成 25.5.23 労判 1077 号 18 頁（東京・中部地域労働組合（第二次街宣活動）
　事件）……………………………………………………………………………………225
東京地判平成 25.7.17 労判 1081 号 5 頁（キュリオステーション事件）………………147
東京地判平成 25.9.20 労経速 2197 号 16 頁（Ｉ式国語教育研究所事件）………………13
東京地判平成 25.10.1 労判 1097 号 56 頁（東名運輸事件）………………………………32
大阪地判平成 25.10.29LEX/DB25502264（社会福祉法人健心会事件）……………………35
東京地判平成 25.11.12 労判 1085 号 19 頁（リコー事件）………………………………153
大阪地判平成 25.11.27 労判 1087 号 5 頁（全日本建設運輸連帯労組関西地区生コン支部
　（関西宇部）事件）……………………………………………………………………223
大分地判平成 25.12.10 労判 1090 号 44 頁（ニヤクコーポレーション事件）…………192
東京地判平成 26.1.17 労判 1092 号 98 頁（ベスト FAM 事件）…………………………15
熊本地判平成 26.1.24 労判 1092 号 62 頁（熊本信用金庫事件）………………24, 53, 80
水戸地判平成 26.4.11 労判 1102 号 64 頁（茨城大学事件）……………………………168
東京地判平成 26.9.16 労経速 2226 号 22 頁（X 労働者組合事件）……………………226
大阪地判平成 26.10.10 労判 1111 号 17 頁（WILLER EXPRESS 西日本事件）…………154
東京地判平成 26.12.24 労判 1116 号 86 頁（学校法人早稲田大学事件）………………158
大阪地判平成 27.1.21 労判 1116 号 29 頁（大阪市事件）…………………………………45
東京地判平成 27.2.18 労経速 2245 号 3 頁（甲商事件）…………………………23, 32, 165
東京地判平成 27.2.24LEX/DB25505867（PCS 事件）………………………………………28
福岡地小倉支判平成 27.2.25 労判 1134 号 87 頁（国家公務員共済組合連合会ほか事件）
　……………………………………………………………………………………………165
東京地判平成 27.3.27 労経速 2246 号 3 頁（レガシイ事件）……………………………154
東京地判平成 27.3.27 労経速 2251 号 12 頁（アンシス・ジャパン事件）…………7, 168

東京地判平成 27.6.2 労経速 2257 号 3 頁（KPI ソリューションズ事件）……………158
東京地判平成 27.6.26 労経速 2258 号 9 頁（N 社事件）……………………………158
東京地判平成 27.7.10 労経速 2256 号 10 頁（中外臨床研究センター事件）…………173
水戸地土浦支判平成 27.7.17LEX/DB25540763（大学共同利用機関法人高エネルギー加速器研究機構事件）………………………………………………………………55
東京地判平成 27.8.18 労経速 2261 号 26 頁（エスケーサービス事件）………………32
大津地彦根支判平成 27.9.16 労判 1135 号 59 頁（ハマキョウレックス事件）………192
東京地判平成 27.9.25 労経速 2260 号 13 頁（T 大学事件）……………………7, 169
東京地判平成 27.9.28 労判 1130 号 5 頁（ソクハイ事件）………………………………92
さいたま地判平成 27.11.27 労経速 2272 号 3 頁（新生銀行事件）……………………72
大分地中津支判平成 28.1.12 労判 1138 号 19 頁（中津市事件）……………………166
東京地判平成 28.2.5 労経速 2274 号 19 頁（甲化工事件）………………………………158
東京地判平成 28.3.29LEXDB25542607（OB ネットワーク事件）………………………32
大阪地判平成 28.4.28LEXDB25542865（南大阪センコー運輸整備事件）……………32
東京地判平成 28.5.13 労判 1135 号 11 頁（長澤運輸事件）……………………………192
東京地判平成 28.5.30 労判 1149 号 72 頁（無洲事件）…………………………………31
東京地判平成 28.7.1 労判 1149 号 35 頁（Agape 事件）…………………………14, 150
東京地判平成 28.7.7 労判 1148 号 69 頁（元アイドルほか事件）………………………158
東京地判平成 28.8.25 労判 1144 号 25 頁（オートシステム事件）……………………193
大阪地判平成 28.10.25 労判 1155 号 21 頁（学校法人早稲田大阪学園事件）………113
東京地判平成 28.11.30 労判 1152 号 13 頁（学校法人尚美学園事件）…………………11
東京地判平成 28.12.28 労経速 2308 号 3 頁（ドリームイクスチェンジ事件）……158, 163
松山地判平成 29.1.10LEX/DB25545216（ワジキ産業事件）……………………………37
東京地立川支判平成 29.2.9 労判 1167 号 20 頁（リオン事件）……………………59, 95
大阪地判平成 29.2.16LEX/DB25545414（ケイエムティーコーポレーション事件）…………38
東京地判平成 29.2.21 労判 1170 号 77 頁（代々木自動車事件）………………………36
甲府地判平成 29.3.14LEX/DB25545729（河口湖チーズケーキガーデン事件）………32
東京地判平成 29.3.23 労判 1154 号 5 頁（メトロコマース事件）……………………192
横浜地判平成 29.3.30 労判 1159 号 5 頁（プロシード元従業員事件）………………158
仙台地判平成 29.3.30 労判 1158 号 18 頁（ヤマト運輸事件）………………………192
大阪地判平成 29.4.10 労判 1165 号 3 頁（紀北川上農協事件）…………………………51
京都地判平成 29.4.27 労判 1168 号 80 頁（乙山彩色工房事件）……………32, 43, 53, 162
東京地判平成 29.5.31 労判 1167 号 64 頁（ビーエムホールディングほか 1 社事件）………81
佐賀地判平成 29.6.30 労経速 2323 号 30 頁（日本郵便（佐賀）事件）………………192
大阪地判平成 29.7.12LEX/DB25546524（大阪府理容生活衛生同業組合事件）……118
東京地判平成 29.8.25 労経速 2333 号 3 頁（グレースウイット事件）…………………32
東京地判平成 29.9.11 労判 1180 号 56 頁（日本郵便（新東京局）事件）…………192
東京地判平成 29.9.14 労判 1164 号 5 頁（日本郵便事件）……………………192, 194
京都地判平成 29.9.20 労判 1167 号 34 頁（京都市立浴場運営財団ほか事件）……192
前橋地判平成 29.10.4 労判 1175 号 71 頁（国立大学法人群馬大学事件）……………71
大阪地判平成 30.1.24 労経速 2347 号 18 頁（大阪医科薬科大学事件）……………192
福岡地小倉支判平成 30.2.1 労判 1178 号 5 頁（丸水運輸商事事件）…………………52
大阪地判平成 30.2.21 労判 1180 号 26 頁（日本郵便事件）…………………192, 195

東京地判平成30.2.22労経速2349号24頁（トライグループ事件）……………40, 46, 115
東京地判平成30.2.28労経速2348号12頁（ニチネン事件）………………………………71
大阪地判平成30.2.28LEX/DB25549576（学校法人文際学園事件）………………………184
新潟地判平成30.3.15労経速2347号36頁（医療法人A会事件）…………………………192
東京地判平成30.3.29労判1183号5頁（連合ユニオン東京V社ユニオンほか事件）
　………………………………………………………………………………………………169, 211
松山地判平成30.4.24労経速2346号18頁（井関松山製造所事件）………………………192
松山地判平成30.4.24労経速2346号33頁（井関松山ファクトリー事件）………………192

[労働委員会命令]
　滋賀労委平成29.8.7（Y農協事件）………………………………………………………108

道幸　哲也（どうこう・てつなり）

1947年　北海道函館市生まれ
1972年　北海道大学大学院法学研究科修士課程（民事法）修了
1976年　小樽商科大学商学部助教授
1982年　北海道労働委員会公益委員
1983年　北海道大学法学部助教授
1985年　北海道大学法学部教授
1988年　法学博士（北海道大学）
2000年　北海道大学大学院法学研究科教授、北海道最低賃金審議会会長
2008年　北海道労働委員会会長
2011年　放送大学教養学部教授
現　在　北海道大学名誉教授、日本ワークルール検定協会会長

［主要著書］
『不当労働行為救済の法理論』（有斐閣、1988年）、『労使関係のルール　不当労働行為と労働委員会』（旬報社、1995年）、『職場における自立とプライヴァシー』（日本評論社、1995年）、『不当労働行為の行政救済法理』（信山社、1998年）、『不当労働行為法理の基本構造』（北海道大学図書刊行会、2002年）、『労使関係法における誠実と公正』（旬報社、2006年）、『労働組合の変貌と労使関係法』（信山社、2010年）、『新基本法コンメンタール労働組合法（別冊法学セミナー）』（共編、日本評論社、2011年）、『労働法判例ナビゲーション』（共著、日本評論社、2014年）、『労働委員会の役割と不当労働行為法理』（日本評論社、2014年）、『雇用社会と法』（放送大学教育振興会、2017年）、『労働組合法の基礎と活用』（日本評論社、2018年）

労働組合法の応用と課題──労働関係の個別化と労働組合の新たな役割

2019年3月15日　第1版第1刷発行

著　者　道幸哲也
発行所　株式会社日本評論社
　　　　〒170-8474　東京都豊島区南大塚3-12-4
　　　　電話　03-3987-8621（販売）　　-8592（編集）
　　　　FAX　03-3987-8590（販売）　　-8596（編集）
　　　　振替　00100-3-16　https://www.nippyo.co.jp/
印刷所　平文社
製本所　井上製本所
装　幀　図工ファイブ
検印省略　Ⓒ T. Doko 2019
ISBN978-4-535-52407-1　Printed in Japan

JCOPY〈(社)出版者著作権管理機構　委託出版物〉
本書の無断複写は著作権法上での例外を除き禁じられています。複写される場合は、そのつど事前に、(社)出版者著作権管理機構（電話　03-5244-5088、FAX　03-5244-5089、e-mail: info@jcopy.or.jp）の許諾を得てください。また、本書を代行業者等の第三者に依頼してスキャニング等の行為によりデジタル化することは、個人の家庭内の利用であっても、一切認められておりません。

法的知識を身につけ、自然体で組合を作るための基礎を伝授する！

労働組合法の基礎と活用
労働組合のワークルール

道幸哲也【著】

●北海道大学名誉教授、
日本ワークルール検定協会会長

■A5判／280頁　■本体3,200円＋税

労働組合法を理解し、実践に活かそう！

◎労働組合法を基礎から学べるテキスト。
労組法の第一人者が現代日本の労働組合の意義と役割を鋭く分析し、具体的な活用法を論じる。

CONTENTS

第1部 労働組合法の基礎

第1章　変貌する雇用社会
第2章　労働条件の決定と紛争処理のシステム
第3章　労働組合に関する基礎知識

第2部 労働組合員として活動する

第4章　労働条件の集団的決定と不当労働行為
第5章　組合を作る・加入する
第6章　組合との距離──組合内部問題
第7章　組合員であること──不利益取扱いの禁止
第8章　不当労働行為の成否
　　　　──いわゆる不当労働行為意思論
第9章　組合活動をする──支配介入の禁止
第10章　使用者との協議・交渉
第11章　プレッシャー活動
第12章　労働協約
第13章　労働委員会を利用する
第14章　これからの労使関係法

日本評論社
https://www.nippyo.co.jp/